U0956108

分时图超短线实战

分时图捕捉买卖点技巧

郭建勇　编著

中国宇航出版社
·北京·

图书在版编目（CIP）数据

分时图超短线实战 ： 分时图捕捉买卖点技巧 / 郭建勇编著. — 北京 ： 中国宇航出版社，2020.1（2025.8重印）
ISBN 978-7-5159-1749-8

Ⅰ. ①分… Ⅱ. ①郭… Ⅲ. ①股票投资—基本知识 Ⅳ. ①F830.91

中国版本图书馆CIP数据核字(2019)第301761号

责任编辑　白希国　　　　装帧设计　宇星文化

出版发行　中国宇航出版社
社　址　北京市阜成路8号　　　　邮　编　100830
(010)60286808　　　　(010)68768548
网　址　www.caphbook.com
经　销　新华书店
发行部　(010)60286888　　　　(010)68371900
(010)60286887　　　　(010)60286804(传真)
零售店　读者服务部
(010)68371105
承　印　三河市君旺印务有限公司
版　次　2020年1月第1版　　　　2025年8月第10次印刷
规　格　710×1000　　　　开　本　1/16
印　张　17.25　　　　字　数　246千字
书　号　ISBN 978-7-5159-1749-8
定　价　49.00元

揭秘股价趋势强弱的“寻宝图”（代前言）

大多数股票投资者以短线操作为主，这主要是因为股市的魅力就在于股票价格能在短期内快速上涨。因此，分时图操作就成为众多短线投资者必须掌握的操盘技术。

在众多K线图中，分时图最能真实地反映出股价波动变化的趋势。或许，不少投资者认为，分时图不过像K线图一样，只是反映股价在每时每刻的变化。事实并非如此，通过分时图，投资者还能观察到一只股票短期趋势的强弱。要想准确把握股价趋势的强弱，就需要真正看懂分时图。

首先，分时图上除了反映股价走势的股价线，还有跟其他周期图上的均线一样的均价线，和代表股价强弱的昨日收盘线。在分时走势中，这3条线是能够反映股价强弱趋势最关键的线。

当股价线在昨日收盘线上方并向上运行时，股价线呈现明显的上涨趋势。即使期间出现向下运行的情况，只要不跌破昨日收盘线，股价趋势依然为强势。当股价线在昨日收盘线下方并向下运行时，股价线呈现明显的下跌趋势。即使期间出现向上运行的情况，只要没有突破昨日收盘线，股价趋势依然为弱势。

当股价线在均价线上方运行时，说明即时股价高于市场平均成本，市场资金关注较高。股价线越向上远离均价线，越代表股价处于强势。当股价线在均价线下方运行时，说明即时股价低于市场平均成本价，市场资金关注度较低。股价线越向下远离均价线，越体现股价处于弱势。

股价线、均价线、昨日收盘线，为判断趋势强弱提供了重要的参考。

其次，就是成交量柱线，这一点跟其他周期K线图相同，只是表现方式略有差异。在分时图操作中，成交量柱线与股价线的方向，是重要的判断股价变化趋势的依据。简单来说，就是持续量价齐升为买入信号，持续量价齐跌为卖出信号，上涨趋势中的缩量下跌是调整即将结束的征兆，下跌趋势中的缩量上涨是反弹无力的表现。要想准确判断趋势的强弱，必须结合昨日收盘线来判断：放量上涨中的股价线向上突破昨日收盘线，为转强的信号；放量下跌中的股价线向下跌破昨日收盘线，为转弱的征兆。

再就是分时图上的技术指标。虽然分时图反映的是股价的短期波动，但是由于开盘后技术指标在分时图上第一时间难以显现出来，加上技术指标显示较少，反映行情过快，所以根据分时图上的技术指标来判断行情走势，很容易出现失误。值得强调的是，有一个分时指标不容忽视，那就是交易日当天显示的量比指标，它是短线捕捉极强类股和回避极弱类股的重要参考。

量比指标应结合盘口的量比数据来分析，这就决定了分时图操作时需要关注另一个参考数据，即盘口信息。分时图上的盘口信息，与日线图上的显示是同步的，均是当前交易日中的盘口数据。分时图操作时，量比、外盘与内盘、买盘与卖盘等虽然同样重要，但最为关键的是换手率。尤其在捕捉涨停牛股时，换手率是否激增，往往是判断股价表现是否强势的特征之一。

最后需要指出的是，大盘分时图与个股分时图存在重大差别，这一点跟其他周期的K线图不同，差别主要表现在分时图上方区间的指标线含义不同。有效分辨出其不同，有利于准确把握股价的即时走势变化。

只有详细掌握这些分时图知识，了解分时图上的顶和底，才能根据分时图上股价线的细微变化，捕捉到短线大行情。日线上的风吹草动，都会在分时图上清晰地显现出来。只有有效观察分时图，才能在上涨初期买入短线转强股，卖出短线转弱股。分时图是揭示股价趋势强弱的“寻宝图”，只要找到准确研判分时图上股价强弱的方法，就一定能够成功寻宝，短期内获得大收益。这一过程，事实上就是通过观察股价的微观表现来窥测其宏观走势强弱的过程，因此，读懂和分析分时走势，可谓其乐融融，其利多多。

目　录

CONTENTS

第1章
分时图交易基础

只有清楚分时图的构成、分时盘口信息、实战中的术语，才能真正看懂分时图，并在实战中充分利用分时图上的数据和信息指导交易。因此，使用分时图之前，必须熟练掌握分时图基础知识。

第 1 节　分时图概述

分时图即分时走势图，又称为“即时图”，甚至在有些软件中，还被称为“闪电图”。

分时图反映的是股价或指数即时的波动变化，但大盘分时图与个股分时图是不同的。

1. 分时图

分时图是指大盘或个股的实时动态走势图，又叫走势图或即时走势图，体现盘中大盘或个股在每一秒每一分钟的即时走势情况，在实战中对股价或指数的趋势研判起着重要的作用。因为分时图走势反映的是股价或指数在盘中多空力量变化的实时表现，所以在看盘中占据重要的地位。

（1）案例解读

图 1–1 是浦发银行（600000）2019 年 5 月 15 日的分时图，从图中可以清楚地看到股价开盘时的情况，盘中具体的走势，以及收盘时的情况。左侧对应的是股价，右侧对应的是股价在盘中的涨跌变化比例，下方技术指标显示区域的下方，对应的是具体时间。从全天的分时走势来看，股价在昨日收盘价上方不断震荡走高，属于比较强势的股票。这就是分时图上一只股票的具体走势强弱情况。

（2）实战要点

第一，分时图上一只股票的走势，就是这只股价在一个交易日内即时变化的情况，如图 1–1 所示。

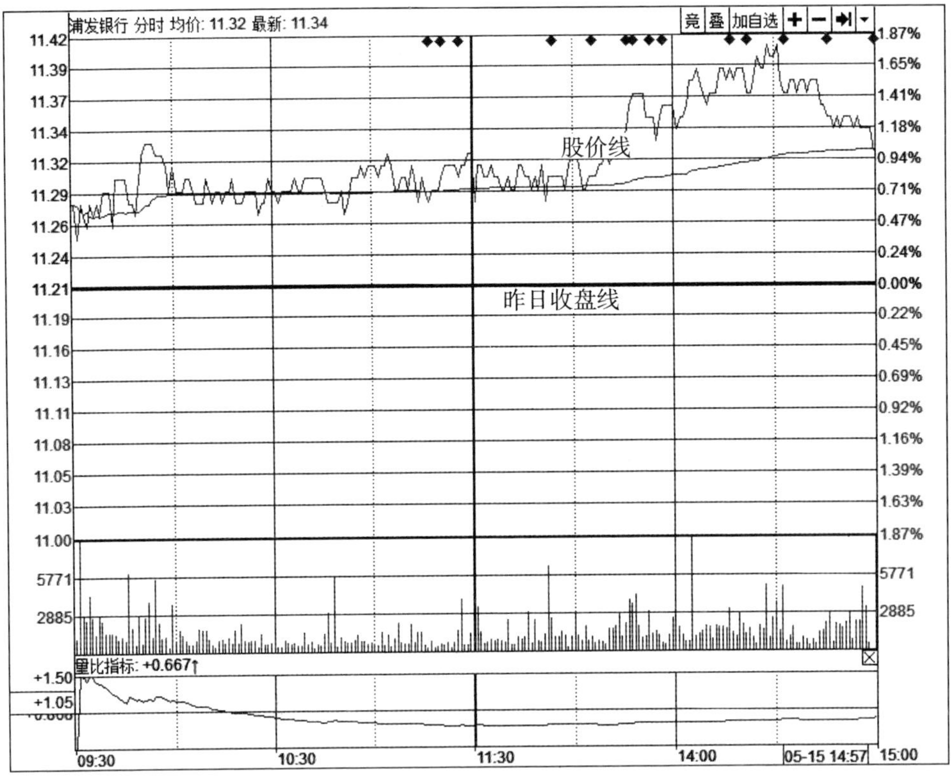

图 1–1　浦发银行（600000）分时走势图（2019.5.15）

第二，在观察分时图时，应注意左侧为股价，右侧为对应的涨跌幅，下方对应的是时间，如图 1–1 所示。

（3）小贴士

虽然分时图反映出的只是一只股票一日内的短暂走势变化，但窥一斑而知全豹，分时图上短时的多空力量对比，在极端情况下，往往更容易真实地反映出股价的短期趋势变化。

2. 大盘分时图

大盘分时图就是大盘指数的分时走势图，如上证指数、深圳成指、深市创业板指等。在实战中观察行情和趋势时，通常讲的大盘分时图是指的上证指数的分时图，因为上证指数包含股票数量最多，市场份额较高，所以，在谈到大盘时，都以上证指数为准。不过，在观察大盘分时图时，这几个指数有着很大不同。

大盘分时图上方主要包括领先线和最新线两条曲线，中间的区域为分时成交量显示区域，最下方为指标显示区域。大盘分时图与个股分时图最大的区别在于，分时图最上方区域显示的最新线和领先线。最新线表示的是大盘加权指数，即大盘实际指数。领先线是大盘不含加权的指数，即不考虑股票盘子的大小，将所有股票对指数的影响看作相同而计算出来的大盘指数。

最新线的走势反映大盘股走势的强弱，领先线反映小盘股走势的强弱。当领先线在最新线上方运行时，表明盘中小盘股的走势要强于大盘股。当领先线在最新线下方运行时，表明小盘股的走势要弱于大盘股走势。

（1）案例解读

图 1–2 是上证指数（000001）2019 年 5 月 24 日的分时图，从图中可看出，左侧为上证指数的具体点数，右侧为具体的涨跌幅度。分时图上方为代表小盘股指数的领先线和代表大盘股指数的最新线的具体走势情况，下方为分时成交量，最下方为技术指标显示区域，显示的是涨跌停数量情况。这就是上证指数的分时图。

（2）实战要点

第一，大盘分时图与个股分时图是略有区别的，主要区别在于上方股价显示区域的构成有所不同：大盘分时图上方由最新线与领先线构成，如图 1–2 所示；个股分时图上方则由股价线与均价线构成。

第二，在谈到大盘分时图时，如无特别指出，讲的均为上证指数的分时图，如图 1–2 即为上证指数的分时图，又可称为大盘分时图。在深圳成指、创业板指的分时图中，虽然同样为大盘分时图，但一个讲的是深市的大盘分时图，一个说的是创业板指数的分时图。

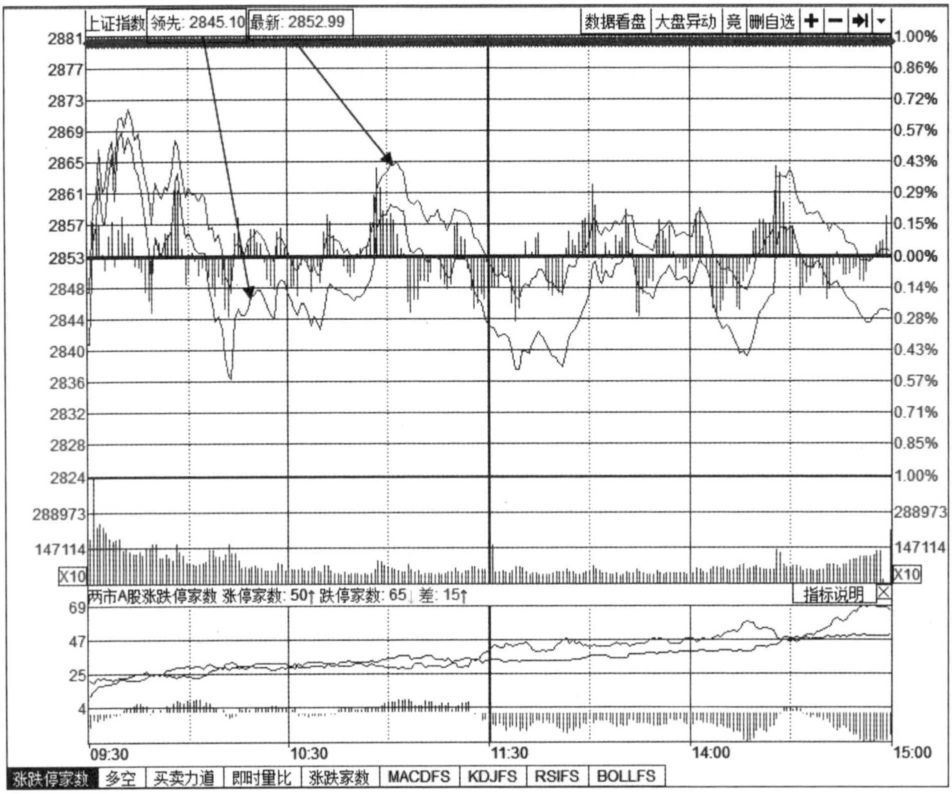

图 1-2　上证指数（000001）分时走势图（2019.5.24）

（3）小贴士

虽然大盘分时图包括上证指数、深圳成指、深市创业板指等内容，但谈到大盘分时图时，如果没有特别指出，那么往往指的是上证指数的分时图。这是因为上证指数的股票数量较大，更能真实地反映出整个大盘的走势。

3. 个股分时图

个股分时图是指盘中某只股票的分时走势图。与大盘分时图不同，个股分时图最上方的两条线为股价线和均价线。股价线显示的是股价当前的成交价格。均价线显示的是以盘口总成交额除以盘口总成交量得到的当日每股的平均成交价，是当日所有参与者的综合持仓成本。

在个股分时图中，股价显示区域的下方为分时量显示区域，最下方为指标显示区域。这两个部分，个股分时图与大盘分时图是一样的。

（1）案例解读

图 1–3 是白云机场（600004）2019 年 5 月 15 日的分时图。从图中可以看出，上方有昨日收盘线，为昨日收盘价的水平线，下方有代表即时股价的股价线，和平均价格的均价线，再下方为分时量显示区，最下面则是技术指标显示区，这就是个股分时图的情况。从中可以看出，全天个股股价一直在昨日收盘价下方运行，股价线呈弱势震荡下跌的状态。

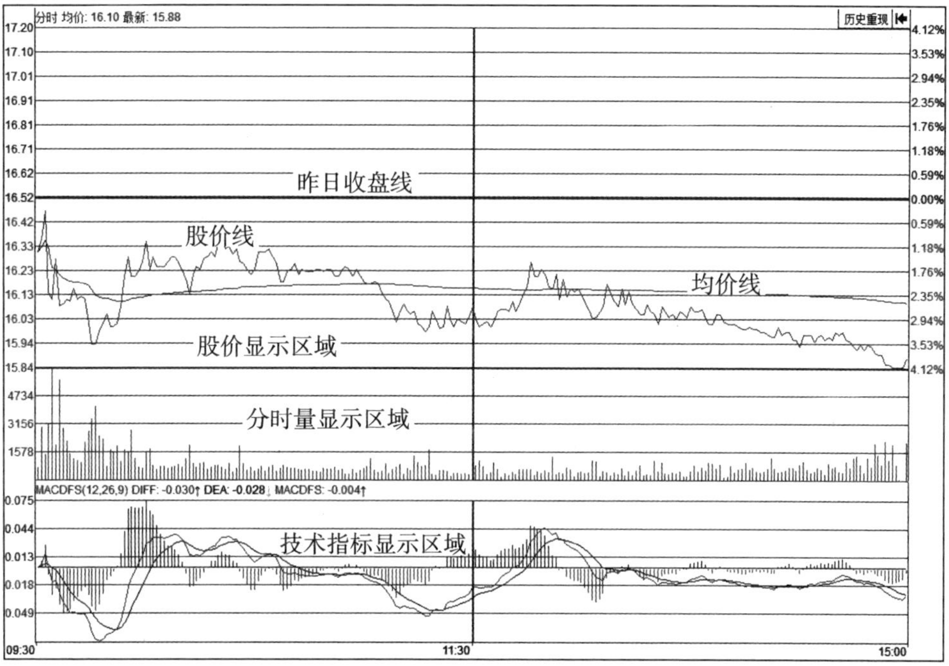

图 1–3　白云机场（600004）分时走势图（2019.5.15）

（2）实战要点

第一，个股分时图与大盘分时图一样，分为 3 个显示区域，即股价显示区域、分时量显示区域和技术指标显示区域，如图 1–3 所示。

第二，在观察个股分时图时，昨日收盘线为从上向下数第一根水平的黑色线，代表着昨日收盘价的水平，如图 1–3 所示。

（3）小贴士

在实际操盘中，大盘分时图往往只是作为一种参考，关键是看个股分时图的情况。投资者一定要认真分析个股分时图，以便在日后操作中能够熟练使用。

第 2 节　分时图区域构成

分时图主要有 3 个显示区域，即股价显示区域、分时量显示区域和技术指标显示区域。不同的区域，显示的信息内容是不一样的。

1. 股价显示区域

股价显示区域是指位于分时图最上方，显示面积较大的区域。个股分时图的股价显示区域只有两条曲线，即均价线和股价线。当股价线在均价线上方时，表示股价高于均价，意味着股价走势处于强势。当股价线在均价线下方时，说明股价低于均价，意味着股价走势处于弱势。

个股分时图的股价显示区域还有以下 3 条线，应引起注意。

第一条是位于显示区域中间的一条较粗的水平黑线，为昨日收盘线，代表的是昨日收盘价。当股价线在昨日收盘线上方运行时，表示走势较强。当股价线在昨日收盘线下方运行时，表示走势较弱。当股价线在昨日收盘线附近反复震荡时，说明股价围绕昨日收盘价波动。

第二条是位于股价显示区域最上方的边界线。当股价出现涨停时，股价线就会与这条线重合，意味着股价封于涨停。

第三条是位于股价显示区域最下方的边界线。当股价出现跌停时，股价线就会与这条线重合，意味着股价封于跌停。

（1）案例解读

图 1–4 是东风汽车（600006）2019 年 5 月 15 日的分时图。图中最上方较大的区域为股价显示区域，其中包括股价线、均价线的运行情况，还包括那条水平黑线的昨日收盘线。从全天的走势看，股价线一直在昨日收盘线上方震荡，为标准的强势上涨形态。

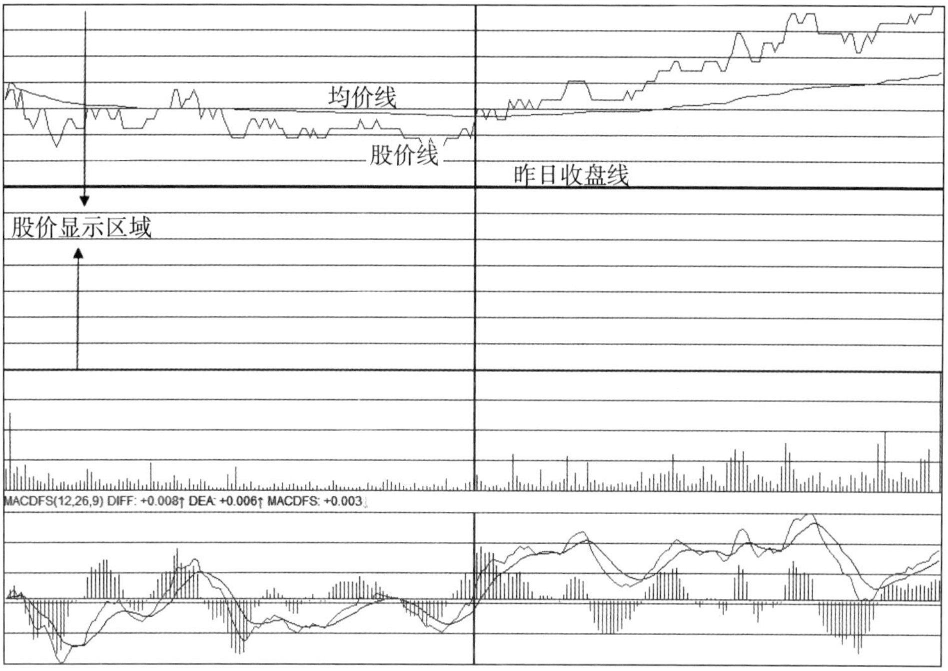

图 1–4　东风汽车（600006）分时走势图（2019.5.15）

（2）实战要点

第一，在个股分时图上，股价显示区域是指最上方的部分，是分时图中面积最大的一个区域，如图 1–4 所示。

第二，个股分时图中的股价显示区域，包含股价线、均价线和昨日收盘线。在观察股价显示区域时，一定不要将昨日收盘线误认为股价显示区域最下方的线，要记住分时量显示区域上方的所有位置，均为股价显示区域，如图 1–4 所示。

（3）小贴士

分时图上的股价显示区域，其实跟其他周期 K 线图上的显示是一样的。区别在于上方区域：其他周期的 K 线图上方显示的是 K 线和均线；分时图上方显示的是股价线和均价线，以及昨日收盘线。

2. 分时量显示区域

分时量显示区域位于整个分时图的中间部分，即股价显示区域的下方，显示为一根根竖立的细线，每一根竖立的细线均代表着当时的成交量，即为分时量。

不同的炒股软件上，分时量的显示是不同的。

以同花顺为代表的炒股软件，分时量的显示是有区别的：黄色竖线为分时阳量，说明此时的成交是在股价上涨时高价买入的；绿色竖线为分时阴量，说明此时的成交是在股价下跌中逢低成交的；蓝色竖线为平价分时量，说明此时的成交量是以现价成交的。

在以大智慧为代表的炒股软件中，在分时量显示区域，分时量柱线没有颜色之分。在研判行情时，以分时量柱的长短来区分：股价线上行时，分时量柱变长为放量上涨，分时量柱变短为缩量上涨；股价线下行时，分时量柱变长为放量下跌，分时量柱变短为缩量下跌。

（1）案例解读

①同花顺分时量显示情况

图 1–5 是中国国贸（600007）同花顺的 2019 年 5 月 16 日的分时图，从图中可以看出，在股价线下方区域，为分时量显示区域。其中，黄色的竖立量柱线为阳量，其长短代表买入成交量数量的大小；绿色的竖立量柱线为阴量，其长短代表着卖出成交量数量的大小；蓝色的竖立量柱线为平价量，其长短代表着以当前委托价成交的成交量数量大小，但在股价上涨时可视为积极买入量，下跌时可视为跟风卖出量。

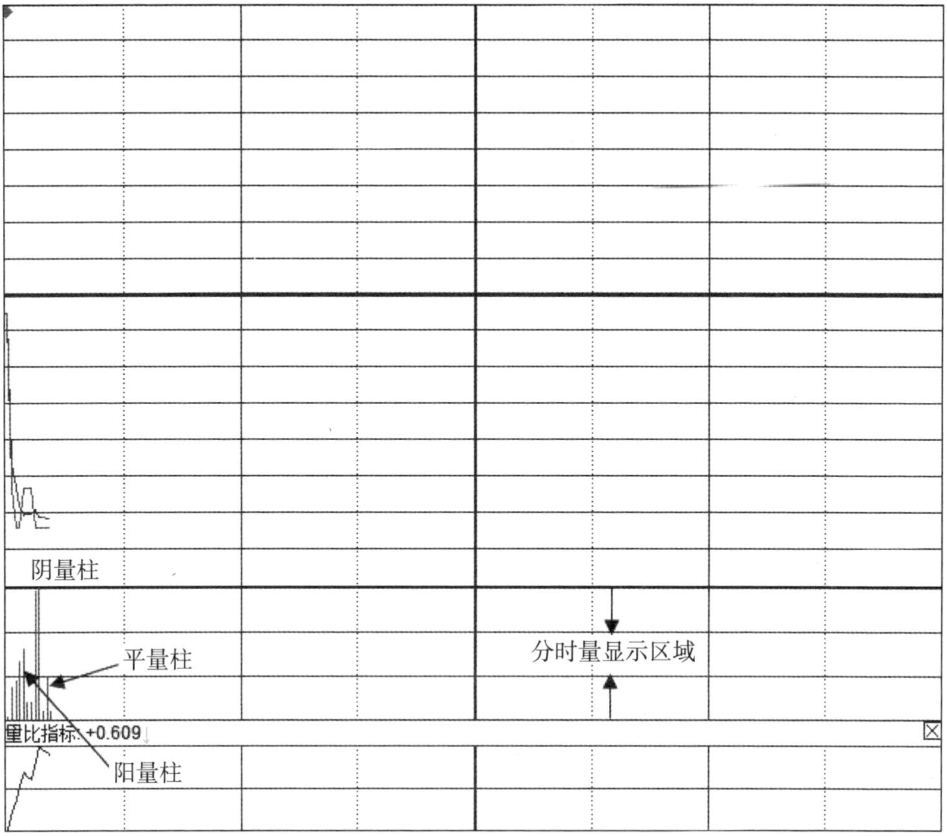

图 1-5　中国国贸（600007）分时走势图（2019.5.16）之一

②大智慧分时量显示情况

图 1-6 是中国国贸（600007）大智慧的 2019 年 5 月 16 日的分时图，从图中可以看出，在分时量显示区域，量柱线为同一种颜色，没有阳量与阴量之分。股价线上行时，量柱线变长为放量上涨，量柱线变短为缩量上涨；股价线下行时，量柱线变长为放量下跌，量柱线变短为缩量下跌。

（2）实战要点

第一，分时图上的分时量显示情况。当观察的是以同花顺为代表的炒股软件时，分时量黄色买入成交的为阳量；绿色卖出成交的为阴量；蓝色的为平价量，代表以委托现价成交的量，如图 1-5 所示。

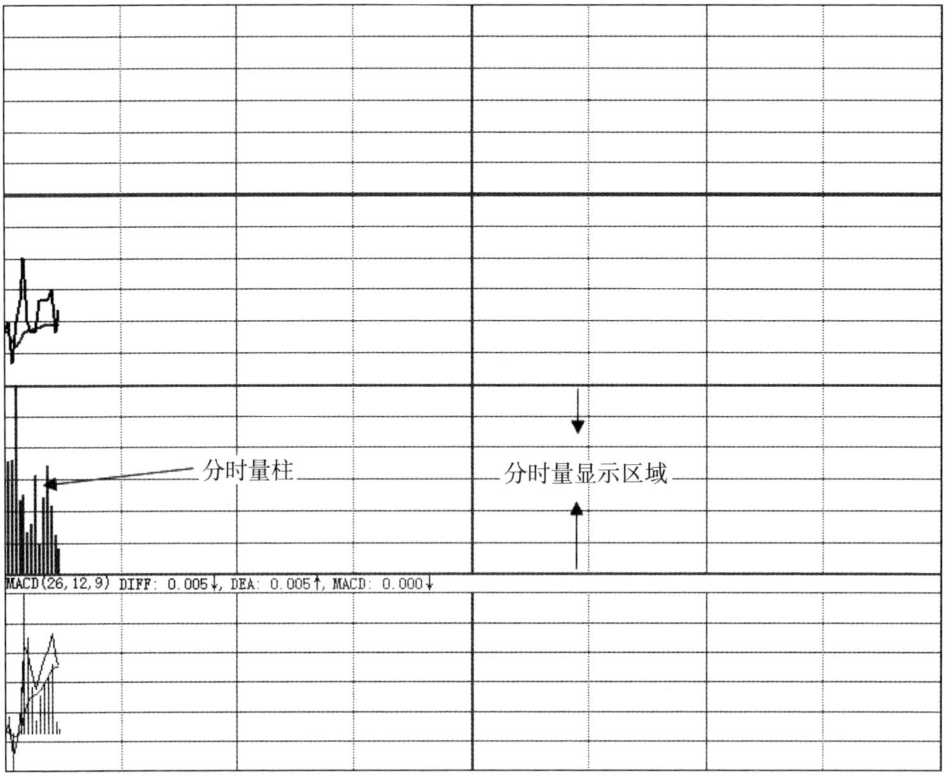

图 1–6　中国国贸（600007）分时走势图（2019.5.16）之二

第二，当观察的是以大智慧为主的炒股软件时，在分时量显示区域中，量柱线是没有阳量、阴量和平量之分的，可根据股价上涨或下跌时分时成交量柱线的长短变化来判断放量与缩量的情况，如图 1–6 所示。

（3）小贴士

分时量显示区域，显示的是盘中每时每刻成交的交易量，也可以将其称为成交量，但通常称为分时量或分时成交量。需要注意的是，在分时量显示区域，不同的炒股软件显示的略有区别。以同花顺为代表的分时量显示区域，会显示出阳量、阴量和平量；以大智慧为代表的分时量显示区域，则只显示出量能的大小。

3. 技术指标显示区域

技术指标显示区域位于分时量显示区域的下方。如果忽略分时图最下方的信息显示区域，技术指标显示区域位于整个分时图显示部分的最下方。由于分时图观察的是股价短期的即时走势，所以，在根据分时图观察走势变化或判断买卖点时，对技术指标的观察往往是次要的，主要应以量价关系的明显变化为判断依据。

在技术指标显示区域中，只有 MACD、KDJ、RSI 和 BOLL 等 4 个指标。其实还有其他指标，如主力控盘、弱势对比等，如果需要，只要用鼠标点击技术指标显示区域下方横排的显示即可出现。

在个股分时图中，因为观察的是短线股价的走势强弱，所以，在过往的分时图技术指标显示区域有一个指标是不会出现的，那就是量比指标。这一指标只出现在交易日当天，打开分时图就会出现。

（1）案例解读

图 1–7 是首创股份（600008）2019 年 5 月 15 日的分时图，在最下方，也就是分时量显示区域的下方区域，即为技术指标显示区域。图中显示的 MACD 指标，在最下方左侧有具体的指标名称，只要点击即可查看相关的指标。

（2）实战要点

第一，分时图上的技术指标区域，是位于分时量下方的一个区域，也就是整个分时图的最下方区域，如图 1–7 所示。

第二，分时图上的技术指标区域显示的指标较少，只有 MACD、KDJ、RSI 和 BOLL 等 4 个。如果想要查看具体的指标，可根据左下方的提示，点击即可查看，如图 1–7 所示。

（3）小贴士

在利用分时图进行实战交易时，虽然技术指标同样能够表现出股价走势的变化，但由于依据分时图交易是超级短线行为，所以最为关键的是当日分时图下方技术指标区域显示的量比趋势。

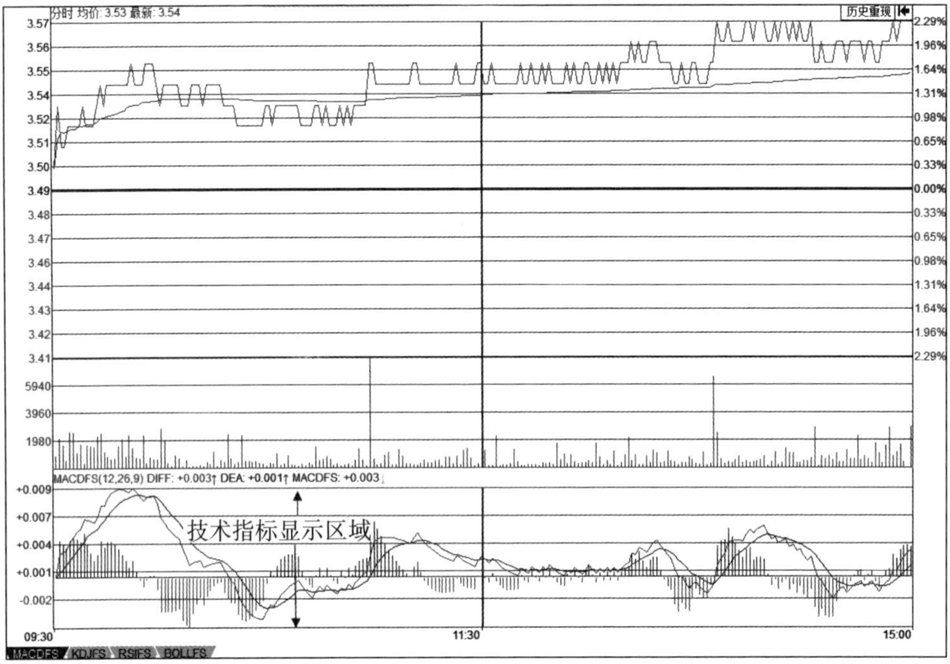

图 1-7　首创股份（600008）分时走势图（2019.5.15）

第 3 节　分时图盘口信息

盘口信息位于分时图主要区域的右侧。虽然盘口信息数据较多，但真正有参考价值的数据寥寥无几。

1. 卖盘与买盘

卖盘与买盘，又叫委卖与委买，是委托卖出股票的数量和委托买入股票的数量。在盘口信息一栏，显示在分时图右侧位置的最上方一栏。炒股软件中自动显示的是委卖与委买各 5 个价位的信息，即上方的卖盘为 5 个委卖的情况（包括股票数量和价位），下方的买盘为 5 个委买的情况（包括股票数量和价位）。

值得注意的一点是，在卖盘或买盘中，股票数量是以成交手数计量的，即 100 股 =1 手，所以，在卖盘或买盘中如出现数字 56，则意味着股票数量是 56 手。

卖盘数量大、价位低，则代表持有者有就低委托卖出股票的愿望，是股价持续下跌的征兆。买盘数量大、价位高，则代表场外资金有就高纷纷买入股票的愿望，是股价持续上涨的征兆。

因为股市多为资金推动型的市场，所以在用资金买入或卖出一只股票时，往往不会体现得非常直接和明显。当股价上涨时，往往表现为买盘在买盘二或买盘三左右的位置出现大单托底，防止股价快速下跌；卖盘则在卖盘二或卖盘三处挂有大单，以利于股价上涨。一旦股价上涨，这些大的委卖单就会消失，继续在上面的高价位挂出大的委卖单，形成上有大卖单压制股价上涨、下有大托单防止股价下挫的情况。

以上是股价上涨时的卖盘与买盘情况。相反，当股价下跌时，正常的情况是卖盘数量大、股价低。在有资金干预的情况下，则会表现为卖盘中卖盘一与卖盘二持续出现不算小也不算太大的委托单，卖盘三、卖盘四或卖盘五却出现大单。但是，一旦股价下跌，大买单会迅速消失，出现继续向下的较低价位大单的情况，形成看似股价下方有大买单托底，实则上方中小卖单不断出现以卖出股票为主的情况。

这些是主力资金利用卖盘或买盘迷惑中小投资者的手法，经常出现在股价快速转跌或转涨初期，即趋势反转向下或反转向上时期。利用卖盘与买盘挂单的情况，很容易捕捉到短线转强或转弱的股票。

（1）案例解读

图 1–8 是新和成（002001）2019 年 5 月 16 日的分时图，位于右侧的整个区域，即是盘口信息的情况。其中，最上方为卖盘，卖盘下方为买盘，一共有 5 档卖盘和 5 档买盘，对应的左侧数字 1、2、3、4、5 即 5 档委买和委卖，再往右为价格，价格后面为具体的委托数量，以手为单位。

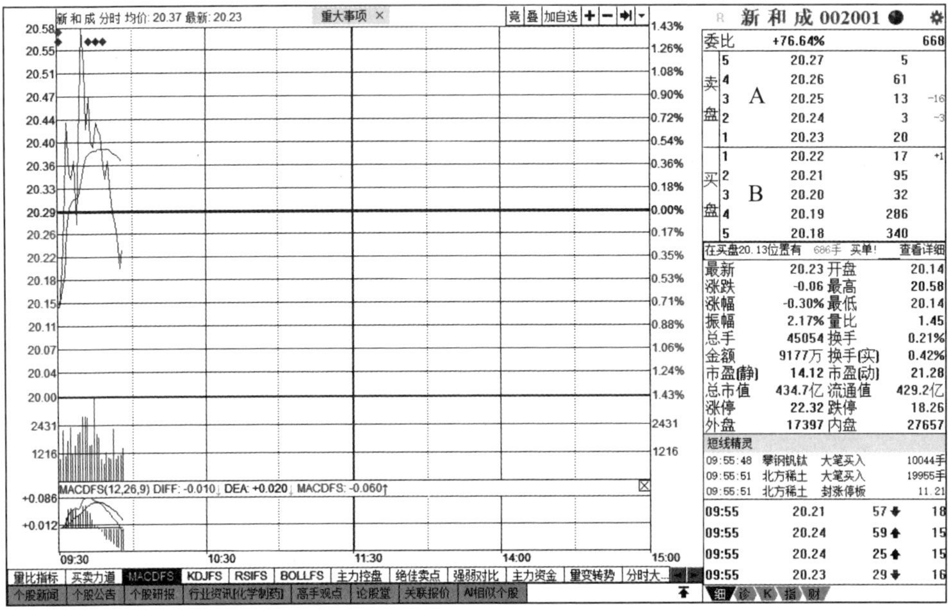

图 1–8　新和成（002001）分时走势图（2019.5.16）

（2）实战要点

第一，在观察盘口信息中的卖盘与买盘时，只要观察分时图右侧区域最上方对应的卖盘或买盘后面的挂单情况即可。如图 1–8 中 A 区域为卖盘的挂单情况，B 区域为买盘的挂单情况。

第二，卖盘与买盘，指委托的卖盘与买盘，分别有 5 档，称为委卖与委买，这些不是已经成交的卖盘与买盘，而是委托后未成交的挂单情况，即委托买卖的股价和数量，如图 1–8 中 A 区域和 B 区域所示的情况。

（3）小贴士

卖盘与买盘，虽然分时图上显示的是一些具体的股票手数，但并不是真实成交的量，而是委卖与委买的股票数量。在实战中，这只是作为一种参考，不可直接根据卖盘与买盘的情况来判断行情走向。

2. 量比

量比是衡量相对成交量大小的指标，是指股市开市后平均每分钟的成交量与过去 5 个交易日平均每分钟的成交量之比。

量比的计算公式如下。

量比 =[现成交总手数 / 现累计开市时间 (分)]/ 过去 5 日平均每分钟成交量

在观察盘口信息的量比值时，可在分时图右侧下方的量比栏查看。由于分时图为即时行情图，所以在当日个股分时图上，量比变化会出现在左侧分时图下方的技术指标显示区域，只要打开分时图，就会显示出量比走势变化的情况。

量比是发现成交量异动的重要指标，是“量于价先行”的异动表现。当量比数值显示为红色时，如果量比线持续上行，则说明盘中资金持续买入的欲望较强，纷纷高价委托买入一只股票，是股价上涨的征兆；反之，量比线下行，则说明买入的欲望在下降。当量比数值显示为绿色时，如果量比线持续上行，说明股价有止跌的愿望，资金开始纷纷委托买入；反之，量比线持续下行，则说明持有者纷纷委托卖出股票，是股价下跌的征兆。

量比的数值大小、颜色和量比线的运行方向，往往是股价短期走势由强势转弱或由弱势转强的重要特征，可以作为短线操盘时判断买点与卖点的重要参考依据。

（1）案例解读

图 1-9 是青农商行（002958）2019 年 5 月 16 日的分时图，在右侧的 A 区域，量比指标为 1.74，数字显示为红色，表示此刻盘中委买大于委卖，为正值，股价的涨跌与量价处于积极向上的状态。具体可从分时图下方 B 区域中量比指标线的涨跌情况看出，此期间是一直处于震荡上行的状态，代表买盘积极。

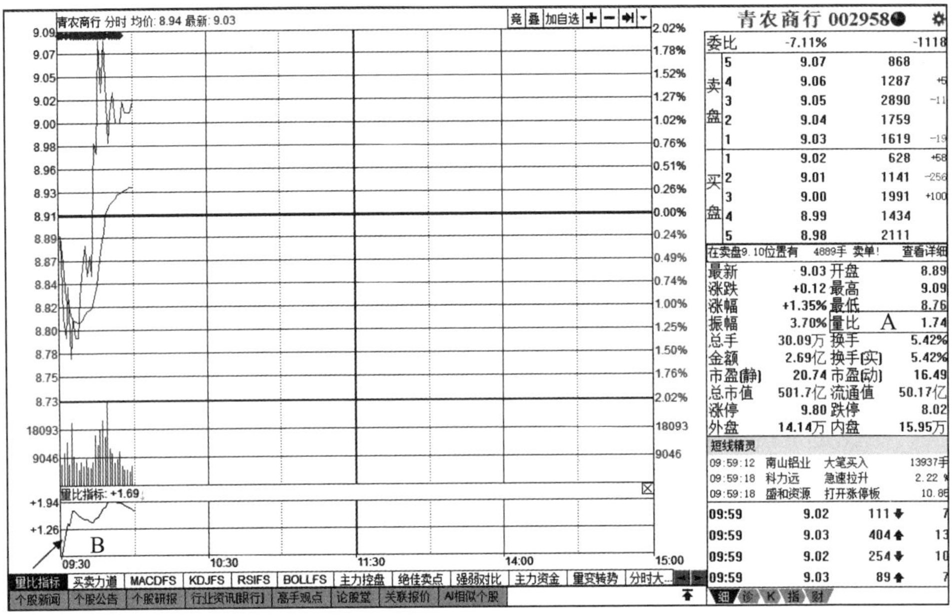

图 1-9　青农商行（002958）分时走势图（2019.5.16）

（2）实战要点

第一，量比指标为分时图右侧盘口区域中间右侧位置量比后面的数字，红色代表量比为正值，是股价积极向上的征兆，如图 1-9 中 A 区域所示的情况。如果量比值显示为绿色，则代表股价下跌的量比情况。

第二，根据量比指标判断走势时，应配合观察当日分时图最下方指标显示区域中量比指标线的运行方向，综合判断量比与股价线走势的情况，如图 1-9 中 B 区域所示的情况。

（3）小贴士

量比反映的是这只股票在市场上的热度情况。在观察量比时，只通过盘口数据来判断是不全面的，应结合分时图下方技术指标显示区域的量比指标线，观察其上行或下行的状态，进而判断买卖双方的力量。

3. 外盘与内盘

外盘是指以委卖价格成交的股票数量，就是买方主动以高于或等于当前卖一、卖二、卖三等价格下单后委托买入股票时成交的数量，在盘口中以红色的数字显示。外盘的多少代表多方急于买入的能量大小。

内盘是指以委买价格成交的股票数量，就是卖方主动以低于或等于当前买一、买二、买三等价格下单后委托卖出股票时成交的数量，在盘口中以绿色的数字显示。内盘的多少代表空方急于卖出的能量大小。

（1）案例解读

图 1–10 是鸿达兴业（002002）2019 年 5 月 16 日的分时图，从右侧的盘口信息中发现，位于中间 A 区域的为外盘数量，B 区域的为内盘数量。图中显示内盘数量小于外盘数量，说明多方依然占据优势。

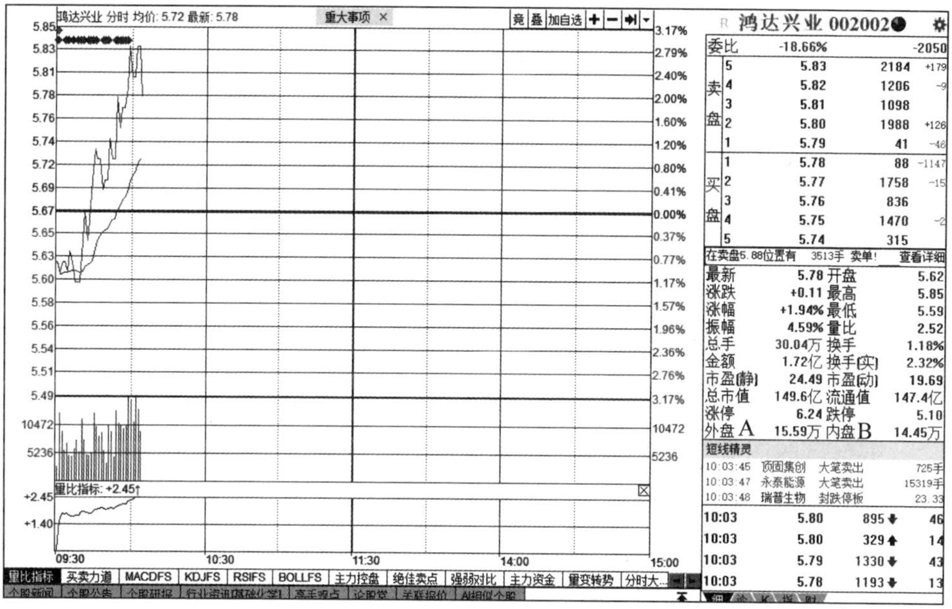

图 1–10　鸿达兴业（002002）分时走势图（2019.5.16）

（2）实战要点

第一，盘口信息的外盘，在分时图右侧盘口信息中间位置的左侧，因外盘代表多方积极买入的情况，所以显示为红色，如图 1–10 中 A 区域所示的情况。

第二，盘口信息的内盘，在分时图右侧盘口信息中间位置的右侧，因内盘代表空方急于卖出的情况，所以显示为绿色，如图 1–10 中 B 区域所示的情况。

（3）小贴士

在判断股价短期趋势时，外盘与内盘的数值大小只能作为参考，不能仅仅以外盘与内盘的数值来判定买卖时机。

4. 换手率

换手率又称周转率，是指在一定的时间内市场中股票转手买卖的频率，反映的是股票流通性的强弱。

换手率的计算公式如下。

换手率 = 某一段时期内的成交量 / 发行总股数 ×100%

投资者不需要计算，只要观察盘口中的换手率大小即可。通常情况下，观察的换手率为日换手率，初上市的股票除外，一只股票的日换手率大约保持在 1%~2.5% 之间。市场上 70% 的股票的换手率基本保持在 3% 以下，所以 3% 成为一个分界线。当一只股票的换手率处在 3%~7% 之间时，说明这只股票进入了相对活跃的状态，是股票处于强势的表现，此时股价处于高度活跃之中。

根据分时图观察换手率时，只要发现一只股票的换手率出现快速增长，同时量能放大，股价快速上涨，则是买入强势股的最佳时机。

（1）案例解读

图 1–11 是中海达（300177）2019 年 5 月 16 日的分时图，从右侧的盘口信息中间区域中可以看到，在当日开盘进入 9:40 左右时，A 区域的换手（实）已经达到了 3.27%，属于短时换手率激增的情况，意味着股价强势。再根据 B 区域股价线快速上行、C 区域成交阳量持续增长的明显放大状态，应及时买入股票。

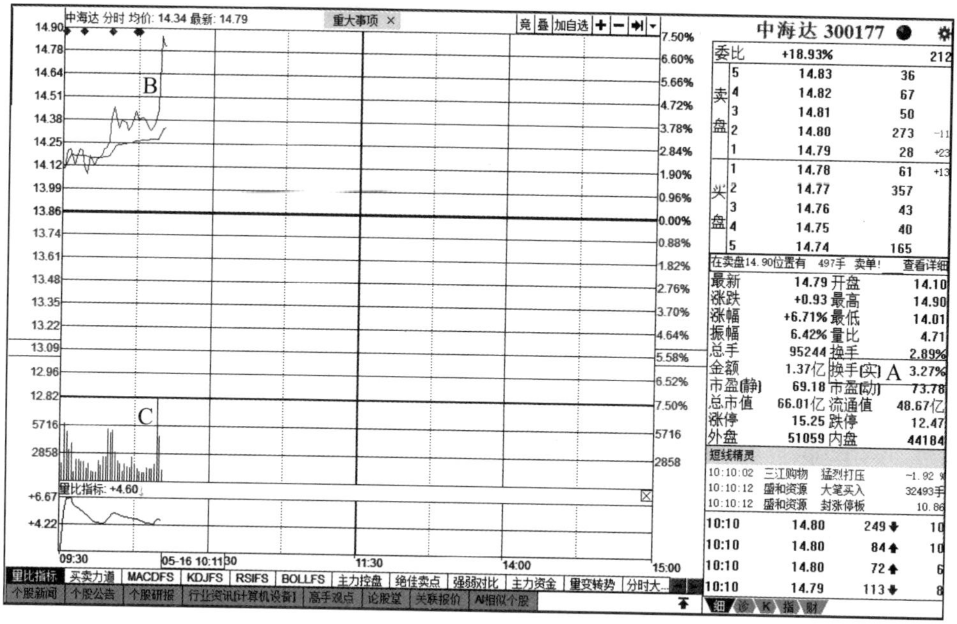

图 1–11　中海达（300177）分时走势图（2019.5.16）

（2）实战要点

第一，换手率是短线看盘时的一个重要参考依据，尤其是在换手率达到 3% ~7% 时，往往意味着股价强势，如图 1–11 中所示的情况。

第二，在观察换手率时，主要观察换手（实），因为这一数据为股票实际的换手情况，但必须观察此时的量价情况。量价齐升时，换手率往往出现明显持续增长，这样方可证明股价短时强势，如图 1–11 中所示的情况。

（3）小贴士

换手率是短线操盘中的一个重要参考依据，尤其是在操作涨停牛股时。因为在大多数情况下，换手率必须达到较高的水平，才能证明个股进入活跃状态。

第 4 节　分时图实战术语

分时图术语与普通的股市术语不同，指向性很强。只有充分了解这些术语，才能深刻认识分时图。

1. 开盘、收盘、盘中

开盘是指股市开始进行交易。大盘开盘时会出现一个点位，个股开盘时同样会出现一个具体的价格，叫开盘价。

收盘是指当天市场停止交易。大盘收盘时会停止在某一点位，个股收盘时也会停止在某一价格上，叫收盘价。

盘中是指在一个交易日内的所有时间。

市场每一个交易日的开盘时间为上午 9:30，收盘时间为下午 3:00。一个交易日的上午 9:30 为开盘时间，称其为开盘；下午 3:00 为收盘时间，称其为收盘。为了维护市场正常秩序，不被资金恶意竞价，国家规定，在收盘前 3 分钟时实行集合竞价。所以，一般收盘价都是在下午 3:00 前 3 分钟左右时即被锁定，此后直到下一个开盘时间内都无法再继续交易。

（1）案例解读

图 1-12 是上海机场（600009）2019 年 5 月 7 日的分时图，从图中可以看出，当日股价是在高于昨日收盘价的情况下开盘的，为高开。盘中出现小幅震荡上行走势，尾盘收盘时累积涨幅接近 6%，是股价震荡上涨的强势特征，应积极买入股票。

（2）实战要点

第一，开盘是股市开始交易的时刻，通常为上午 9:30，应对照昨日收盘线来判断开盘的强弱；收盘是全天停止交易的时刻，通常为下午 3:00；盘中则是交易日内的时间，如图 1–12 中所示的情况。

第二，开盘、收盘、盘中，是股市交易中重要的术语，尤其是在观察分时图交易时，开盘、收盘、盘中等术语更代表这只股票在一个交易日内的具体情况，如图 1–12 中所示的情况。

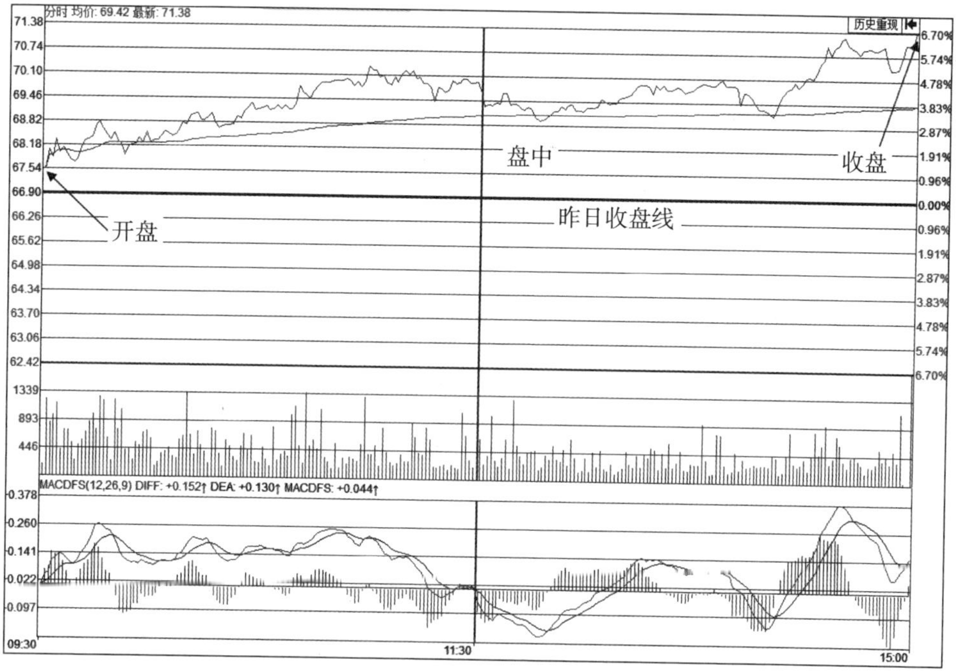

图 1–12　上海机场（600009）分时走势图（2019.5.7）

（3）小贴士

有时，一只股票因为某种情况，或许会出现晚于上午 9:30 开盘的情况，或在盘中某一时刻出现停止交易的情况。这时，开盘或收盘的时间就应以具体开始交易和中止交易的时间为开盘或收盘的时间。

2. 早盘

早盘是股市的一种常用语，特指开盘前 15 分钟集合竞价的时期和开盘后 30 分钟以内的时间，即上午 9:15—10:00 之间。谈到集合竞价时，会讲到早盘集合竞价，或单独讲集合竞价。上午开盘后的 30 分钟，即上午 9:30—10:00 期间，展现的是一个交易日中上午短暂开盘后的走势情况。

（1）案例解读

图 1-13 是华能国际（600011）2019 年 5 月 16 日的分时图，A 区域为上午 9:15—9:30 的集合竞价的情况，其后 9:30—10:00 之间为开盘后 30 分钟的情况，这两个时间段统称为早盘。

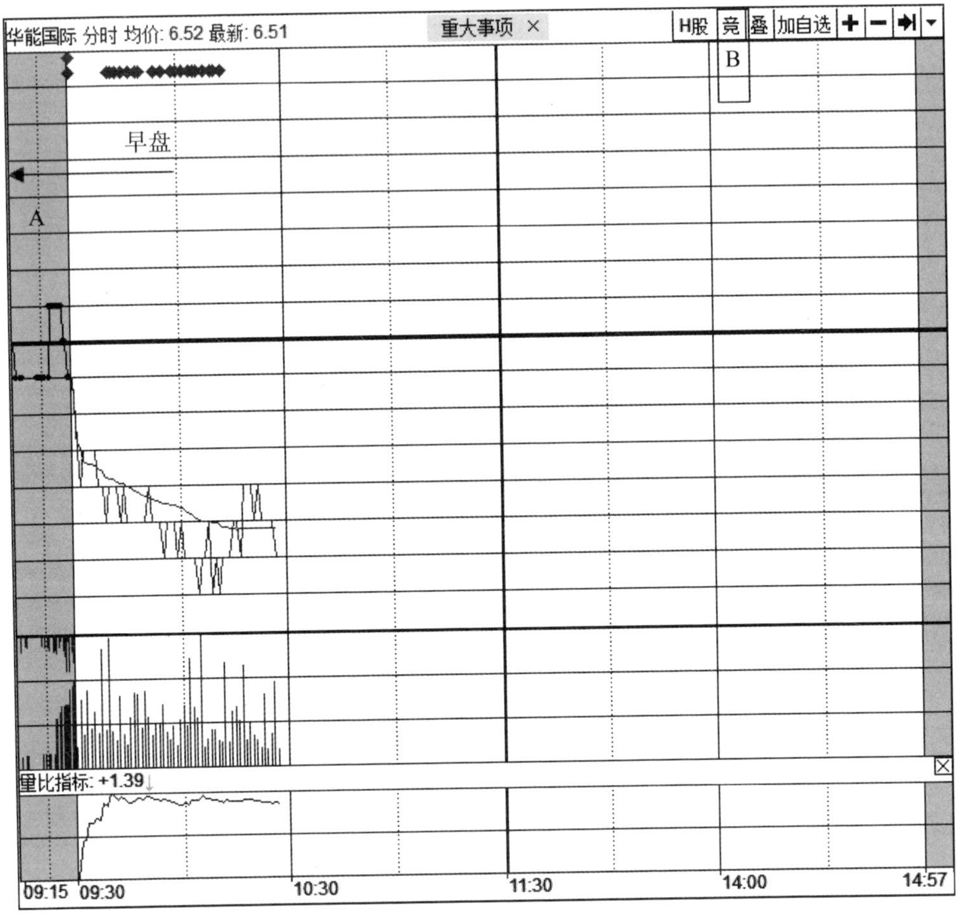

图 1-13 华能国际（600011）分时走势图（2019.5.16）

（2）实战要点

第一，集合竞价是指交易日当天未开盘时的 9:15—9:30 的情况，此时间段是决定当日股市开盘价的时刻，如图 1–13 中 A 区域所示的情况。

第二，股市正式开盘的 9:30 至开盘后 30 分钟内的时间段，连同集合竞价的时间，统称为早盘，如图 1–13 中所示的情况。

（3）小贴士

狭义的早盘，特指股市开市前的集合竞价时期，但市场并未对此进行严格划分。当谈到早盘时，通常是指广义的早盘，就是指上午 9:15—10:00 这一时间段内的情况。

3. 尾盘

尾盘是指收盘前的走势情况。在股票市场，尾盘的具体时间并没有一个明确的说法，但市场通常以收盘前 30 分钟以内的时间，即下午 2:30—3:00 为尾盘时间段。由于尾盘的收盘价往往决定着次日的股价走势，所以尾盘是多空争夺的主要时间段。一只股票尾盘的表现，会在很大程度上决定这只股票次日的走势强弱，尤其在短线操作强势股时，尾盘的走势表现很重要。许多短线操作者会根据尾盘的走势情况，在盘中捕捉短线突然走强的股票。

（1）案例解读

图 1–14 是皖通高速（600012）2019 年 5 月 16 日的分时图，最右侧区域为当日这只股票收盘前 30 分钟内的具体走势显示区域，称为尾盘。其中的 A 区域，根据现行制度规定，为收盘前 3 分钟集合竞价时间，在此期间可以申报委托，但是无法成交。

（2）实战要点

第一，尾盘是指下午 2:30—3:00 之间的时间段，即一个交易日中停止当天交易前的 30 分钟，如图 1–14 中所示的情况。

第二，为了防止尾盘时资金对市场的恶意干扰，国家做出规定，在收盘前 3 分钟内实行集合竞价，如图 1–14 中 A 区域所示的情况。

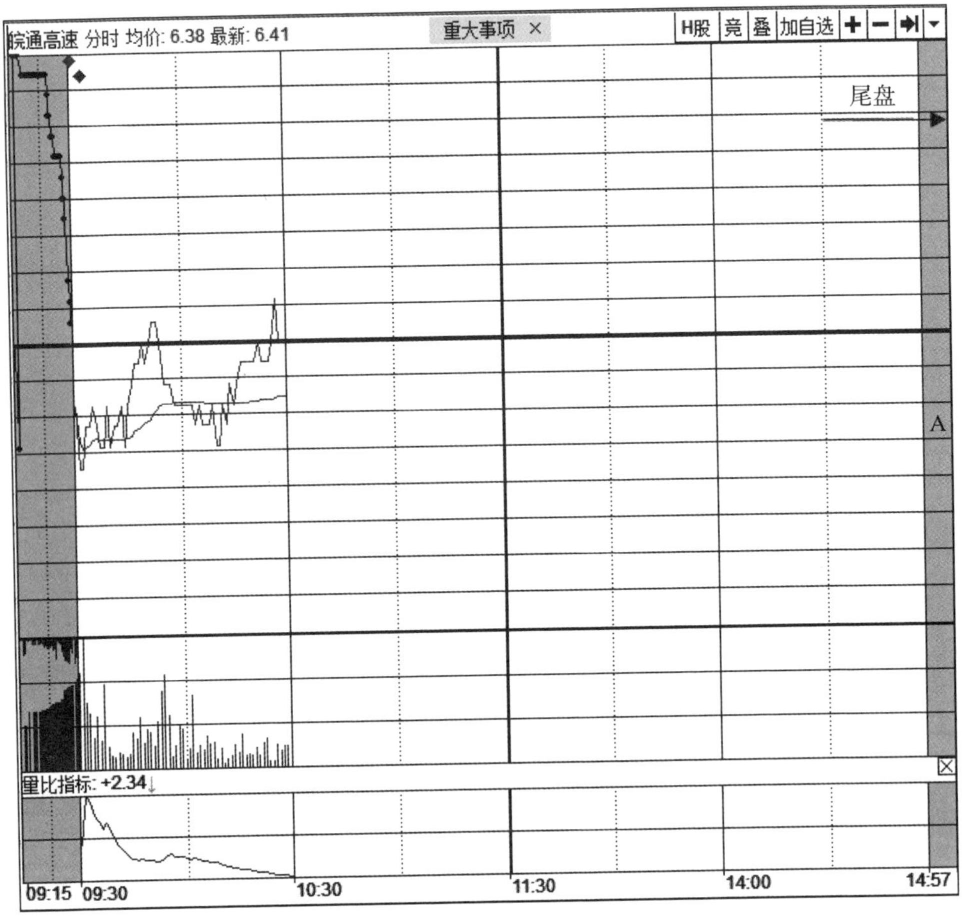

图 1-14 皖通高速（600012）分时走势图（2019.5.16）

（3）小贴士

尾盘是看盘时一个重要的术语，但在判定尾盘的时间时，应以一个交易日中收盘前的 30 分钟这一时间段来计算，不能仅看成收盘前的数分钟。

第 2 章
分时图与趋势判定实战

分时图能够真实快捷地反映出股票价格或指数在一个交易日内的短期波动走势，从而使投资者对股票短期走势的强弱有更为直观和准确的认识，特别是个股在回调、涨跌、特殊区间的走势强弱等，都可以通过分时图准确地反映出来。

第 1 节　大盘分时图实战

大盘分时图有着重要的参考作用，无论是在选股，还是在分析或判断股票的趋势强弱上，都起着指南针般的作用。

1. 大盘强弱分析

在大盘分时走势图中有两条走势线，即最新线和领先线。最新线代表了上证指数的即时走势，反映的是经过加权处理的大盘指数走势，在一般的股市行情软件中用白线表示。领先线代表的是不经加权处理的大盘指数，在行情软件中一般用黄线表示。

当大盘出现短线强势特征时，分时图上往往会表现出来。此时的最新线和领先线，无论是低开、平开还是高开，都会出现双线震荡向上运行的走势，同时，分时量也会保持持续的放量状态。值得注意的是，大盘指数的高开高走状态，是一种明显的强势征兆。

当大盘由强转弱时，在分时图上，最新线和领先线会快速向下运行，并快速跌破昨日收盘线，同时量能放大。如果是弱势格局，则是双线长期处在昨日收盘线下方震荡下行的状态。

大盘由强转弱初期，在最新线和领先线双线上行过程中，量能会缩减，这往往意味着短线走势上涨乏力，大盘会由强转弱。

（1）案例解读

图 2–1 是上证指数（000001）2019 年 5 月 16 日的分时图，从图中可以看出，当日领先线是在昨日收盘线附近平淡开盘的，最新线是在昨日收盘线下方附近开盘的，大盘以弱势的平淡开盘为主。其后，双线在 A 区域的弱

势震荡中走强，向上突破了昨日收盘线，进入震荡上行的转强走势，而C区域的量能出现了小幅缩量，说明强势有难以持续的征兆。一旦随后无法继续放量，大盘就会重回弱势震荡。午后的B区域，量能出现持续温和放大，双线继续保持强势震荡上行。就全天走势来看，整个大盘属于平淡开盘后震荡上扬的强势状态。

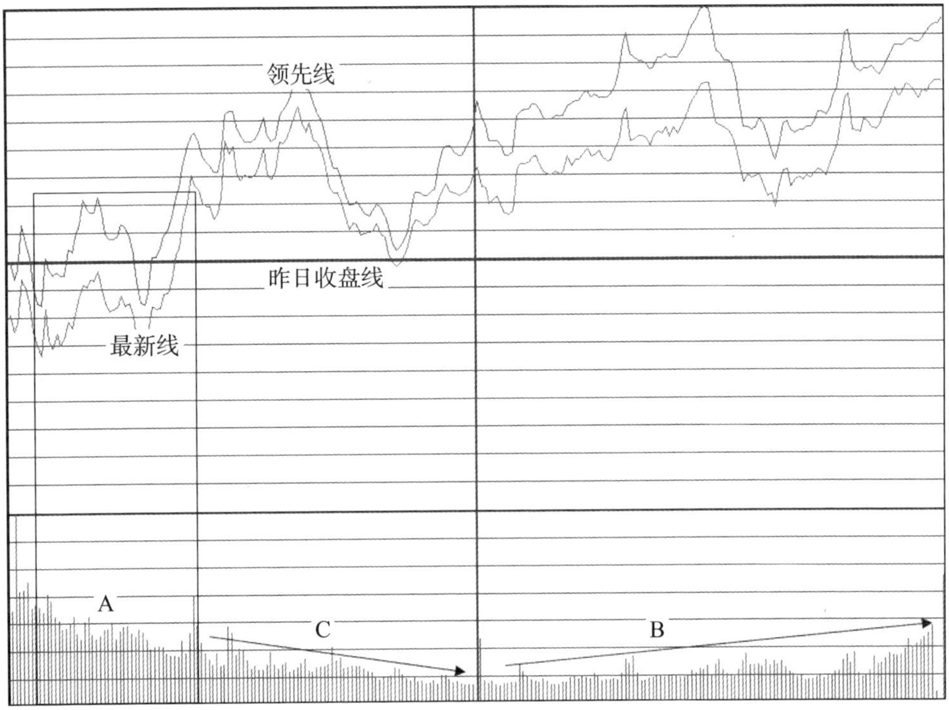

图 2-1　上证指数（000001）分时走势图（2019.5.16）

（2）实战要点

第一，当大盘处于弱势时，最新线和领先线往往是在昨日收盘线下方运行，如图 2-1 中 A 区域所示的上证指数走势，属于弱势中平淡开盘后的弱势震荡。

第二，当大盘处于强势时，必须为量能温和或明显放大状态下双线位于昨日收盘线上方向上运行的状态，如图 2-1 中 B 区域所示的情况。

（3）小贴士

在判断大盘分时图的强弱时，应以最新线、领先线跟昨日收盘线的相对位置和运行方向来判断。当双线在昨日收盘线上方并向上运行时，大盘为强势。当双线在昨日收盘线下方并向下运行时，大盘为弱势；向上运行时，大盘为弱势转强势。如果双线处于横盘震荡时期，大盘为震荡走势，强弱均衡。如果只有一条线在昨日收盘线上方并向上运行，另一条线在下方运行，则应根据具体的曲线名称，来判定盘中大盘股与小盘股指数的各自强弱程度。

2. 判断大盘股与小盘股的走势强弱

根据大盘分时图判断大盘股与小盘股的强弱状态时，主要通过大盘分时图上最新线与领先线的位置来判断。最新线代表大盘股的走势，领先线则代表小盘股的走势。最新线运行在领先线上方时，表明大盘股的走势强于小盘股，双线向上时应选择盘中盘子较大的股票来操作。最新线运行在领先线下方时，表明盘中小盘股的涨势强于大盘股，双线向上运行时可选择盘子较小的股票来操作。

只有大盘处于双线向上运行的上涨状态，分析大盘股与小盘股的强弱才有意义。大盘处于双线向下运行的弱势状态时，代表大盘股的最新线与代表小盘股的领先线，无论哪个更强，都只意味着弱势程度不同，不具有交易参考价值，因下跌状态时不应买入股票。

（1）案例解读

①大盘股强于小盘股的情况

图 2-2 是上证指数（000001）2019 年 9 月 4 日的分时图，在 A 区域，双线呈震荡上涨走势，表明大盘处于上涨走势。最新线一直在领先线上方震荡上行，表明盘中大盘股的涨势强于小盘股，应选择大盘股来操作。

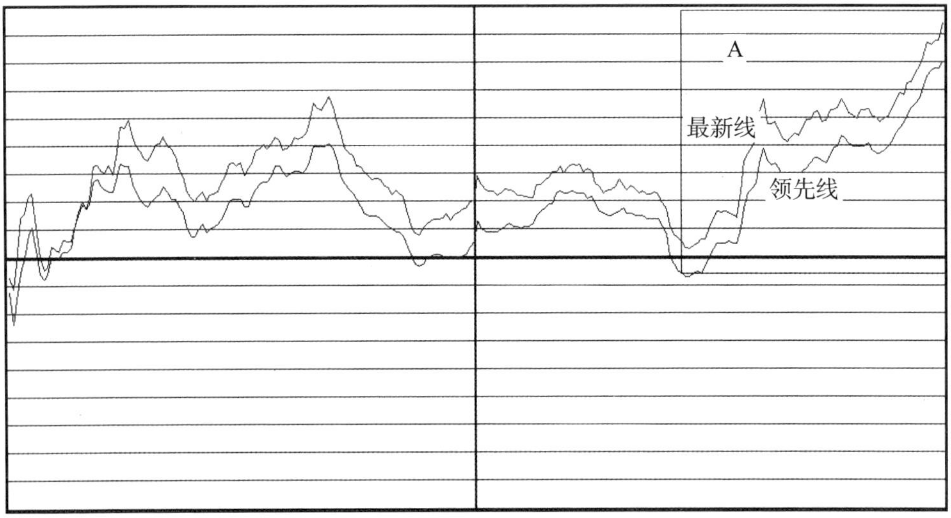

图 2-2　上证指数（000001）分时走势图（2019.9.4）

②小盘股强于大盘股的情况

图 2-3 是上证指数（000001）2019 年 10 月 9 日的分时图，在 A 区域，双线向上运行，大盘处于上涨趋势。最新线始终位于领先线下方，说明小盘股的涨势强于大盘股，应选择小盘股来操作。

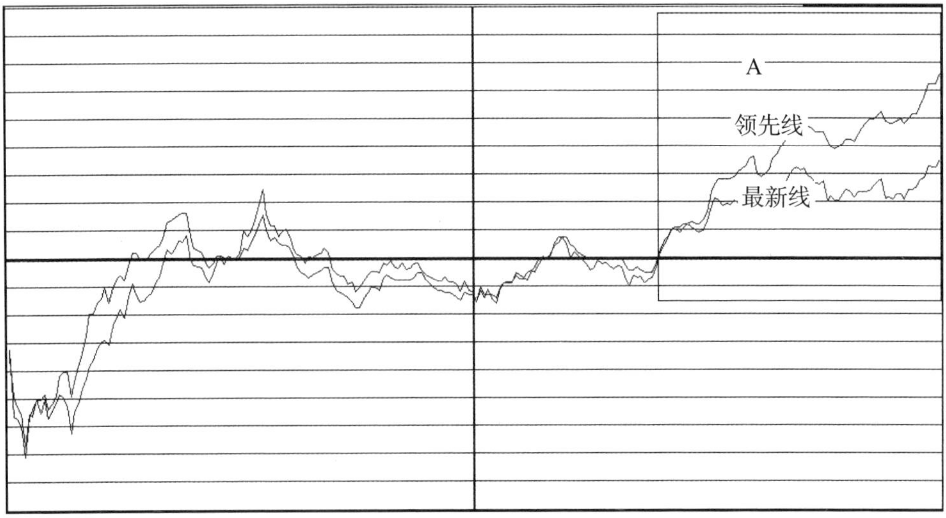

图 2-3　上证指数（000001）分时走势图（2019.10.9）

（2）实战要点

第一，当大盘股的走势强于小盘股时，最新线往往位于领先线上方，且双线向上运行，如图 2–2 中 A 区域所示的情况。

第二，当小盘股的走势强于大盘股时，最新线往往位于领先线下方，且双线向上运行，如图 2–3 中 A 区域所示的情况。

（3）小贴士

根据大盘分时图判断大盘股与小盘股孰强孰弱时，如果最新线与领先线相距较近，则表明盘中大盘股与小盘股的强弱程度相当。此时，可根据个股的具体强弱来决定操作大盘股还是小盘股。

第 2 节　个股回调强弱判断

当一只股票出现回调时，从分时图上的回调时间、力度、量能 3 个方面，可以一眼看出其回调的强弱。

1. 从回调时间看股票强弱

根据分时图上的情况，判断处于强势状态的股票出现回调时是否依然保持强势，主要是观察这只股票回调的时间长短。强势股票的回调时间往往都较短，因为一旦调整的时间拉长，未来的变数就会加大。所以，在判断哪只股票处于强势时，主要是观察那些回调时间较短的股票，一旦结束回调，就会出现短线介入的良机。

（1）案例解读

图 2–4 是日照港（600017）2019 年 3 月 18 日的分时图。股价在昨日收盘线附近平开，快速上冲后回调，但很快就出现放量状态的股价线大角度快速上行的情况，并一举在 A 区域末端向上突破昨日收盘线，继续以大角度

上行。在 B 区域再次回调时，未跌破昨日收盘线即快速止跌回升，同样回调的时间极短，这种情况说明回调已结束，股价出现转强趋势，应果断买入股票。

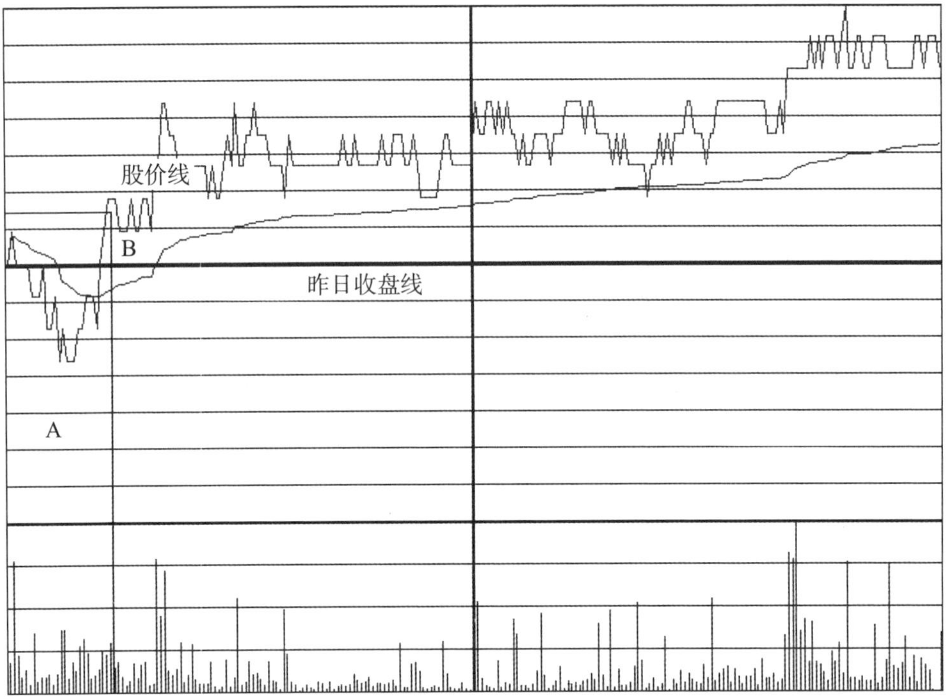

图 2-4　日照港（600017）分时走势图（2019.3.18）

（2）实战要点

第一，当股价出现回调时，如果发生在昨日收盘线上方，往往回调的时间越短，越能说明调整的幅度不大，是上涨走势短期回调结束的征兆，如图 2-4 中 B 区域所示的情况，应及时买入股票。

第二，当股价出现回调时，如果发生在昨日收盘线下方，回调的时间较短，只有股价回升时突破昨日收盘线后持续量价齐升，才能证明走势转强，如图 2-4 中 A 区域所示的情况。

（3）小贴士

根据分时图上股价的回调时间来分析股票的强弱时，只有股价线回升到昨日收盘线上方后，方可确认股价已经转强，否则依然为弱势。

2. 从回调力度看股票强弱

当强势上涨的股票出现回调时，不仅回调的时间较短，同时回调的力度也较小。一旦股价线小幅回调后开始止跌回升，则是介入强势股的好时机。

关于回调力度的大小，可根据前期股价线上涨时的平台来判断。一旦发现回调时未回调到前期上涨时的间歇平台，或是遇到前期上涨间歇平台股价线即出现止跌回升，就说明这一回调属于小幅度调整，是股价依然保持强势的特征。如果回调到前期上涨间歇平台后继续向下回调，则说明回调力度较大，股票继续弱势下行的概率较大，随后应持续观察其是否依然处于强势，然后再进行操作。

（1）案例解读

图 2–5 是上港集团（600018）2019 年 3 月 12 日的分时图。股价在高开高走的过程中，进入 A 区域出现回调，但只是跌破开盘价，并未跌破昨日收盘线，即出现止跌回升，说明回调的力度较小，股价强势依旧，应在股价放量止跌回升时果断买入股票。

（2）实战要点

第一，如果股价出现回调，并且回调的力度极小，说明股价依然处于强势，应果断买入这类股票，如图 2–5 中 A 区域所示的情况。

第二，利用股价回调时的力度来判断股票是否强势时，一定要保证此时为强势上涨状态下出现的回调，这样对其力度强弱的分析才有参考意义，如图 2–5 中股价开盘后高开高走，即可确认为强势状态。

（3）小贴士

根据分时图上股价回调的力度来判断走势强弱时，如果股价回调时跌破昨日收盘线，并不能说明股价已经转为弱势。只要下调幅度不大且时间较短，依然是快速调整结束的征兆，建议积极做多。

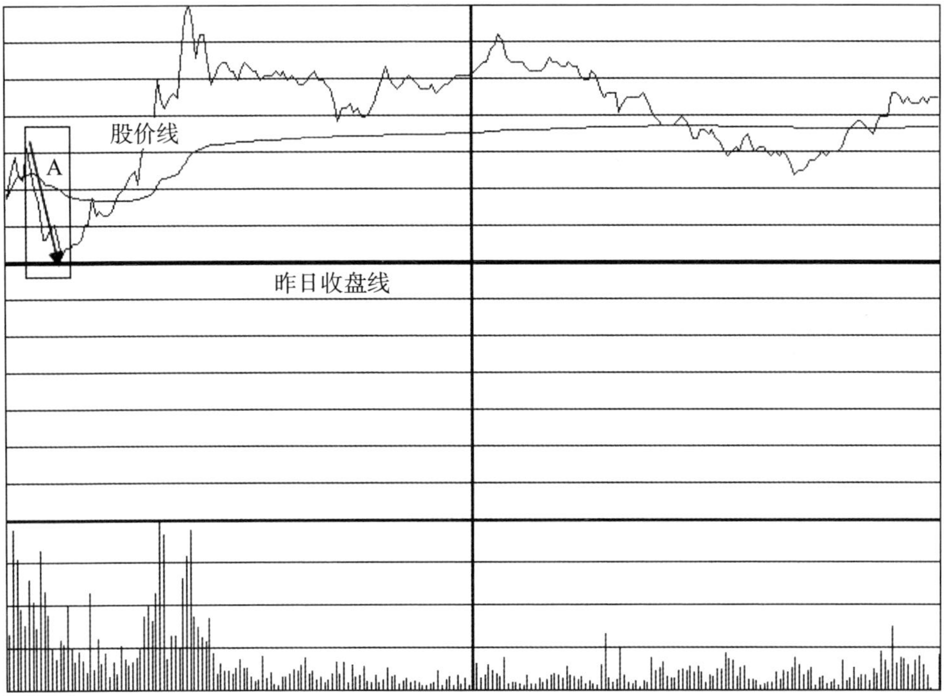

图 2-5 上港集团（600018）分时走势图（2019.3.12）

3. 从回调量能看股票强弱

当强势股出现回调时，不仅有回调时间短、回调力度小的特征，同时，回调时的量能状态也是研判这只股票是否依然处于强势的重要因素。

正常的强势股短暂回调后，量能往往会出现缩量状态，一旦再次放量上涨，就说明这只股票依然保持着之前的强势，应果断短线参与。但是，如果在回调的过程中依然保持着大量，往往意味着未来的上涨压力依然较大，股价有进一步深幅回调的需求，表明股价处于弱势，这时就需要采取回避并继续观望的策略。

（1）案例解读

图 2-6 是宝钢股份（600019）2019 年 1 月 11 日的分时图。股价高开高走的过程中，进入 A 区域后出现回调，虽然回调持续的时间看似较长，但

回调力度有限，未跌破昨日收盘线，且回调时 C 区域的分时成交量明显大幅缩减，降低到较低水平。所以，B 区域持续放阳量止跌回升时，为回调结束的买入时机。

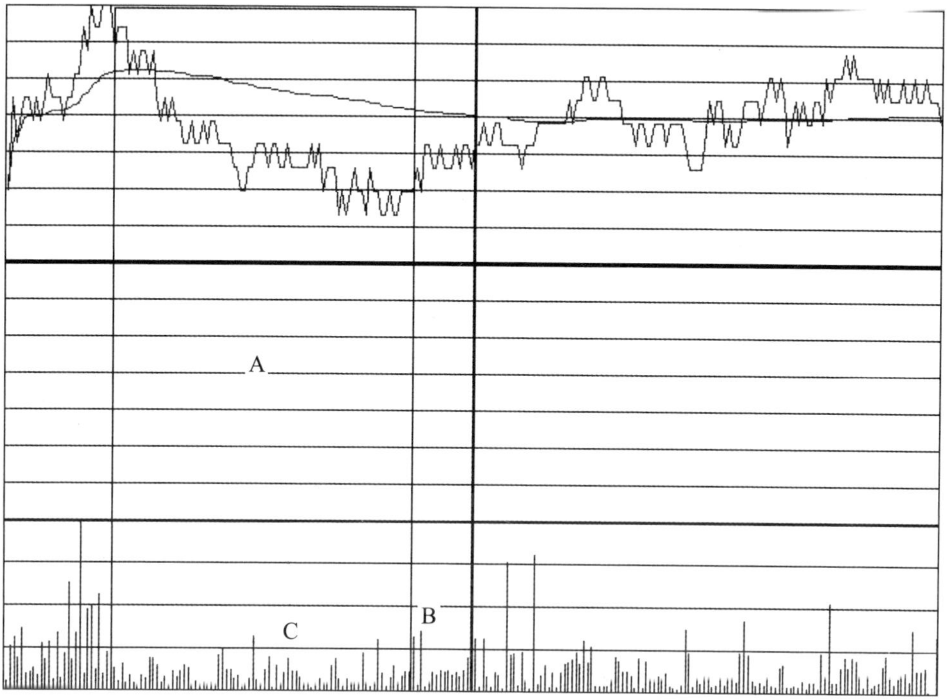

图 2-6　宝钢股份（600019）分时走势图（2019.1.11）

（2）实战要点

第一，当股价出现回调时，往往此时的趋势为强势上涨，这时的回调强弱才具有参考意义，如图 2-6 中 A 区域之前所示的情况。

第二，当股价在上涨趋势中出现回调时，即使回调的时间较长，但只要量能明显萎缩至低量水平，就说明回调即将结束，如图 2-6 中 A 区域及 C 区域所示的情况。不过，买入时机必须在明显放量止跌回升时，如 B 区域所示的情况。

（3）小贴士

如果分时图上的股价出现回调时，分时量并没有明显缩减，甚至出现增长的迹象，则说明进一步回调的压力依然存在，股价依然会持续回调或加大回调的力度，短线依然为弱势。

第3节　个股涨跌强弱判断

当一只股票形成明显的上涨或下跌趋势时，同样可以通过分时图上的上涨角度、时间、量能，来观察这一趋势的强弱程度。

1. 从涨跌的角度判断强弱

在分时图上，当一只股票上涨或下跌的角度较大时，往往是股价强弱转换的时机。通常情况下，当股价线上涨的角度较大时，表明股价是快速转强的，会形成弱势快速转强势的买点；当股价线下跌的角度较大时，表明股价处于弱势状态，会形成由强转弱时的卖点。

在分时图上判断股价涨跌时的运行角度，主要观察股价线。通常来说，股价线上行角度明显大于水平60°的角度时即为大角度，是股价快速强弱转换的征兆。

分时图上股价线上涨的角度较小，但保持持续上涨状态时，是慢牛的强势特征。股价线下跌的角度较小，但保持持续下跌状态时，则意味着股价走势较弱。

股价无论是涨或跌，股价线角度无论是大或小，还应参照昨日收盘线来观察。股价线位于昨日收盘线之下并向上运行时为弱势转强势，必须形成大角度上行，同时量能放大，方为强势特征。股价线位于昨日收盘线之下并向下运行时为极弱状态，应回避。股价线位于昨日收盘线之上并向上运行时为强势特征，形成大角度上涨时则为极强特征。股价线位于昨日收盘线之上并向下运行时为强势转弱的调整行情，一旦跌破昨日收盘线，则表明弱势形成，若在昨日收盘线附近止跌回升，则为调整结束时的转强特征，尤其是在形成大角度上涨的情况下，则更表明短线强势。

（1）案例解读

图 2–7 是中原高速（600020）2019 年 4 月 25 日的分时图。股价以接近昨日收盘线平开，上午在昨日收盘线附近出现水平小幅震荡，午后股价在 A 段走势中出现下跌。虽然股价线向下倾斜的角度不大，但量能明显持续放大，说明下跌趋势较强，此时应回避操作。

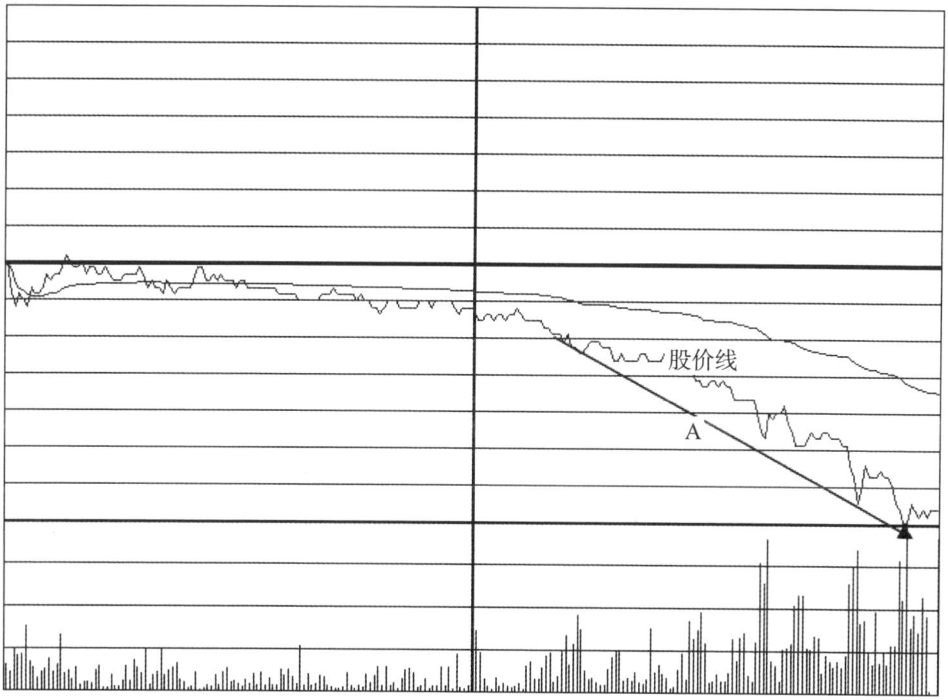

图 2–7　中原高速（600020）分时走势图（2019.4.25）

图 2–8 是中原高速（600020）2019 年 4 月 30 日的分时图。当股价在开盘后的 A 区域出现高开高走的上涨走势时，可以明显看到股价线震荡向上的角度较大，在 60° 以上，且阳量持续放大，说明上涨势头较强，此时应及时买入股票。

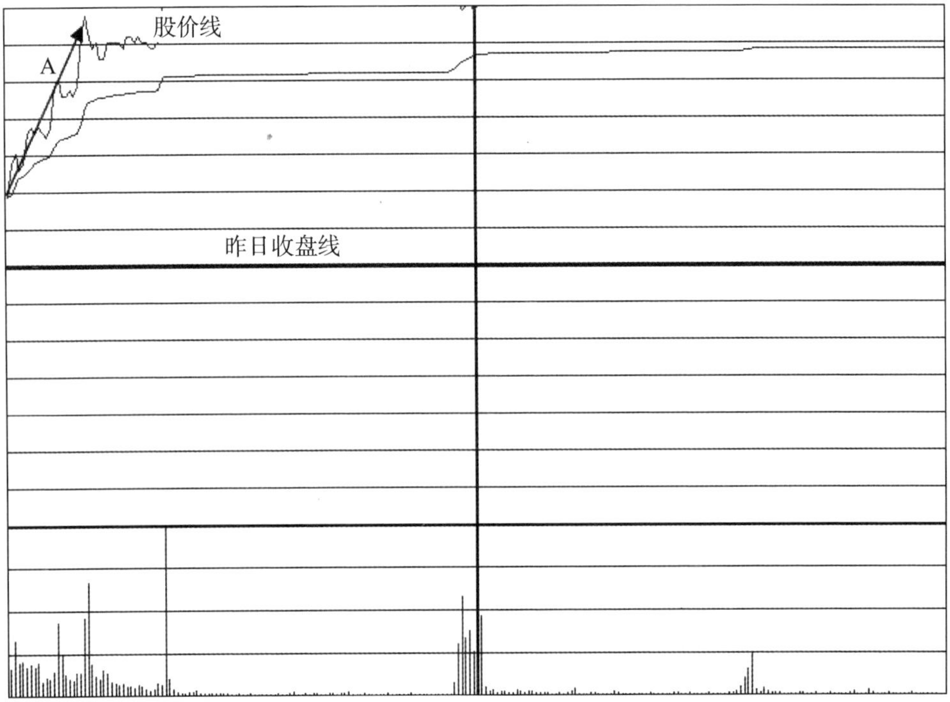

图 2-8　中原高速（600020）分时走势图（2019.4.30）

（2）实战要点

第一，当股价出现上涨时，只有上涨的角度较大，且分时量为阳量并持续放大时，方可确认上涨强势，如图 2-8 中 A 区域所示的情况。

第二，在下跌趋势中，股价线下倾的角度不大，但能形成如图 2-7 中所示 A 段走势的放量下跌，或是股价线下倾的角度较大，均可证明下跌的力度较强。

（3）小贴士

根据股价线运行角度来判断股价上涨或下跌的力道强弱时，角度越大，则涨跌的速度会越快。如果形成大角度，则涨跌的速率更快。初期涨跌之时是买入或卖出的时机，但量能随之放大时，强弱状态会变得更加突出。

2. 从涨跌持续的时间判断强弱

当一只股票在分时图上持续上涨或下跌时，从其维持这种状态的时间长短能够看出股价走势的强弱，只要观察股价线的持续运行方向即可。

如果股价线持续向上运行，一旦向上突破昨日收盘线后依然维持上行状态，即股价线上行的时间较长，则为强势特征；但如果上行的时间较短，则表明上涨势头较弱。如果股价线向下运行的时间较长，则表明处于弱势状态，一旦跌破昨日收盘线后依然呈下行走势，则是由强转弱的征兆；如果股价线下跌的时间较短，且是位于昨日收盘线之上的下跌行为，则说明是强势中的调整走势，还是属于强势。如果股价线位于昨日收盘线下方并向上运行，不管是否出现向上突破昨日收盘线的情况，只要上行的时间较短，则均为盘中的短暂反弹，为弱势特征。

（1）案例解读

图 2-9 是上海电力（600021）2019 年 3 月 7 日的分时图。在 A 区域和 B 区域中的下跌状态下，股价持续下跌的时间均不长，但股价线下跌的角度较大，同时成交量为放大的阴量，且股价线一直位于昨日收盘线下方呈下跌状态，所以弱势下跌的力度仍然较强，建议此时切勿轻易参与。

图 2-10 是上海电力（600021）2019 年 3 月 29 日的分时图。在 A 段走势中，股价线在昨日收盘线上方运行，且持续向上运行的时间几乎贯穿整个交易日，说明持续上涨的时间较长，股价上涨的力度较强，建议此时积极参与行情。

（2）实战要点

第一，当股价线持续上涨的时间较长时，说明股价的强势特征明显，此时应积极参与行情，如图 2-10 中 A 段走势所示的情况。

第二，当股价线持续在昨日收盘线下方运行，且下跌的时间较短时，如果阴量呈持续放大状态，仍然说明趋势较弱，如图 2-9 中 A 区域与 B 区域所示的情况。但如果是股价线在昨日收盘线上方向下运行，且运行的时间较短，则是上涨调整行情结束的征兆。

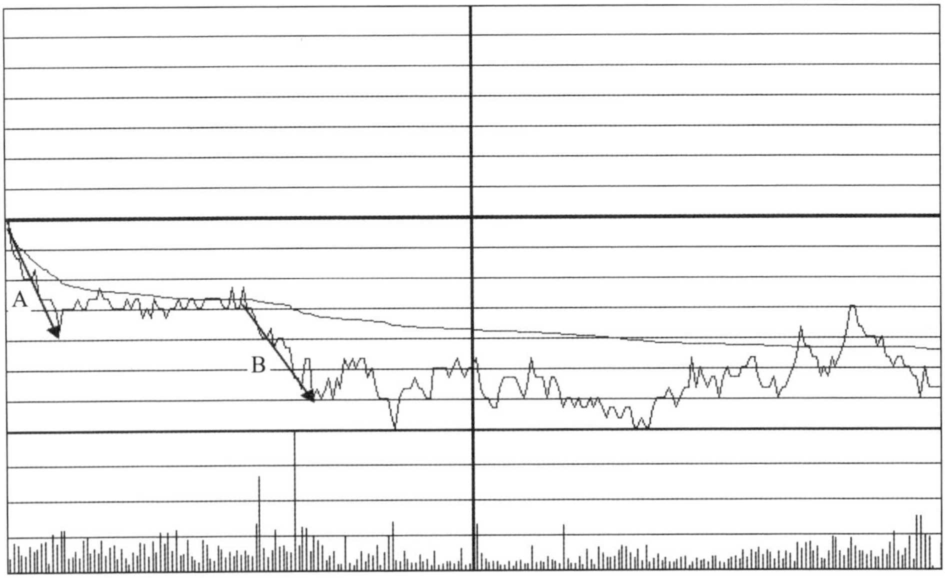

图 2-9　上海电力（600021）分时走势图（2019.3.7）

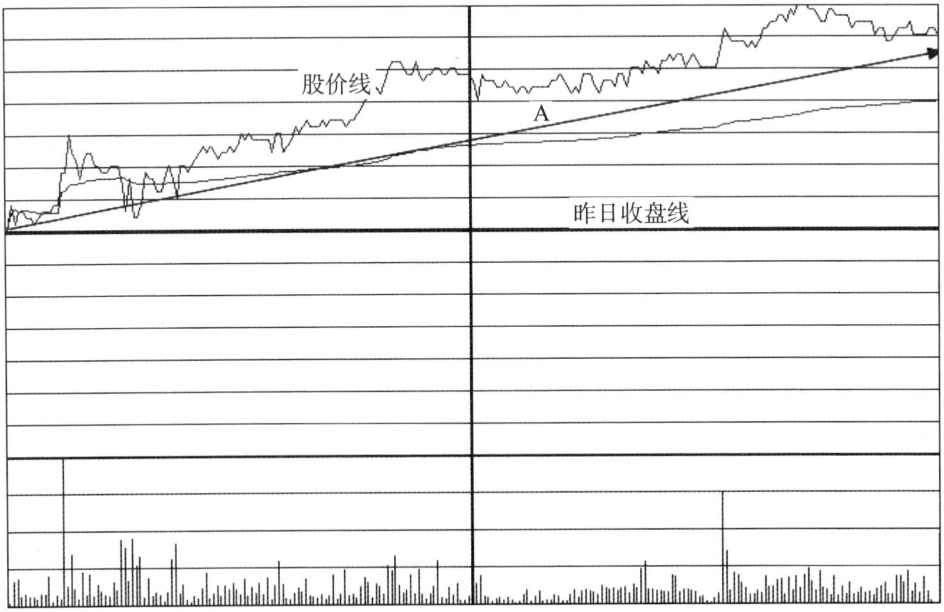

图 2-10　上海电力（600021）分时走势图（2019.3.29）

（3）小贴士

根据股价线涨跌的时间长短来判断股价的强弱时，往往涨跌的时间越长，表明这种势道越强烈，后市持续这种走势的概率越大；反之，涨跌的时间越短，后市持续这种势道的概率越小。

3. 从涨跌时的量能判断强弱

当股价线处于上涨或下跌状态时，量能的情况同样可以反映出股价的强弱。这时，通过观察股价线的运行方向和位置，并观察分时量柱线的状态来进行判断即可。

如果股价线上涨，量能出现萎缩，即分时量柱持续变短，则表明强势难以维持太久，是即将转弱势的征兆。如果股价线上行时量能放大，即分时量柱持续变长，则为量价齐升的强势征兆。一旦股价线向上突破昨日收盘线后，还能持续上行，则为超强状态。

如果股价线下跌，量能出现萎缩，即分时量柱持续变短，则表明弱势即将转强势。若此时股价线位于昨日收盘线上方，则说明调整即将结束，量价齐升时会构成强势的买入形态。若股价线位于昨日收盘线下方，分时量柱变短，则是弱势趋缓的征兆，但后续是否转强势，则应持续观察方可确定。

如果是股价线下跌，量能呈现出放量状态，即分时量柱变长，则形成放量下跌的极弱状态，应回避这类形态的股票。这时，不管股价线位于昨日收盘线上方还是下方，均表明市道为弱势。

（1）案例解读

图 2–11 是山东钢铁（600022）2019 年 4 月 1 日的分时图。在开盘后的 A 区域和 B 区域股价线持续震荡向上运行，C 区域的量能逐步萎缩，说明这种上涨难以持续，但股价线位于昨日收盘线上方向上运行，意味着上涨中仍然有短线调整的需求，为强势中偏弱的情况。

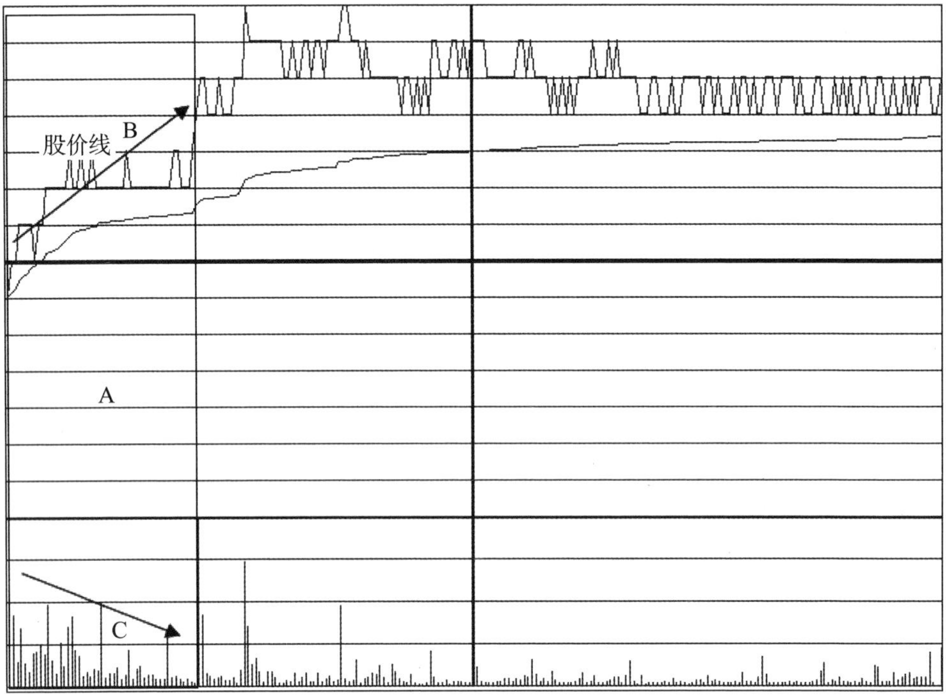

图 2-11　山东钢铁（600022）分时走势图（2019.4.1）

图 2-12 是山东钢铁（600022）2019 年 2 月 26 日的分时图。当股价线在昨日收盘线上方运行时，进入 A 区域，形成股价线震荡下行、成交量缩减的缩量形态，表明这种短线调整的时间不会太长，回调幅度不会太大，是股价即将转强的征兆。B 区域形成明显的分时量持续放大、股价线上涨的量价齐升形态，为趋势转强时的买点，建议此时积极参与。

图 2-13 是山东钢铁（600022）2019 年 4 月 25 日的分时图。股价低开后，股价线一直处于持续震荡的状态，进入 A 区域，股价线震荡向下运行，成交量出现持续放量的形态，说明趋势已经彻底转弱，建议回避这种形态的股票。

（2）实战要点

第一，如果股价线位于昨日收盘线上方并向上运行，一旦量能出现缩减，呈现为缩量上涨形态，则意味着上涨势头减缓，为后市强势转弱势的征兆，如图 2-11 中所示的情况。

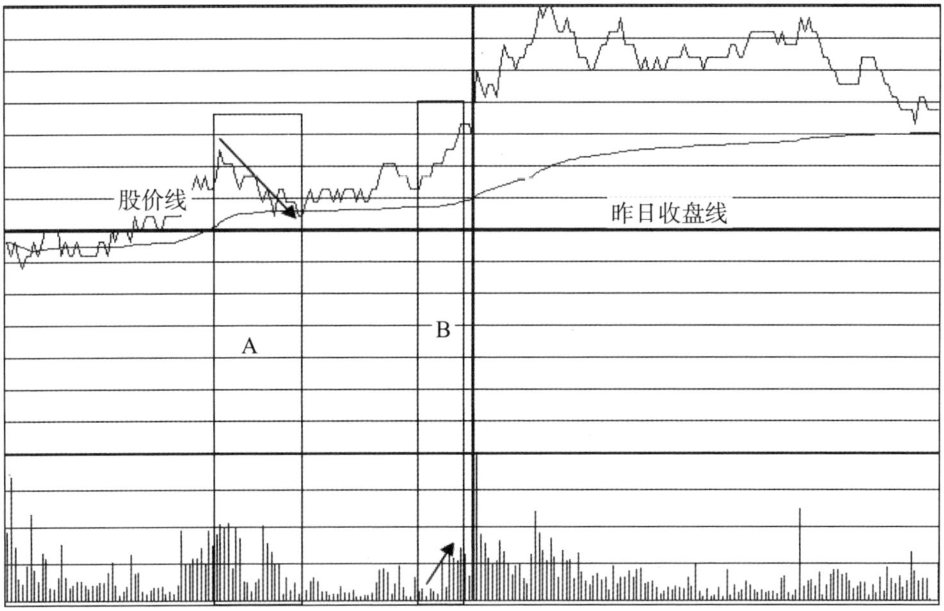

图 2-12　山东钢铁（600022）分时走势图（2019.2.26）

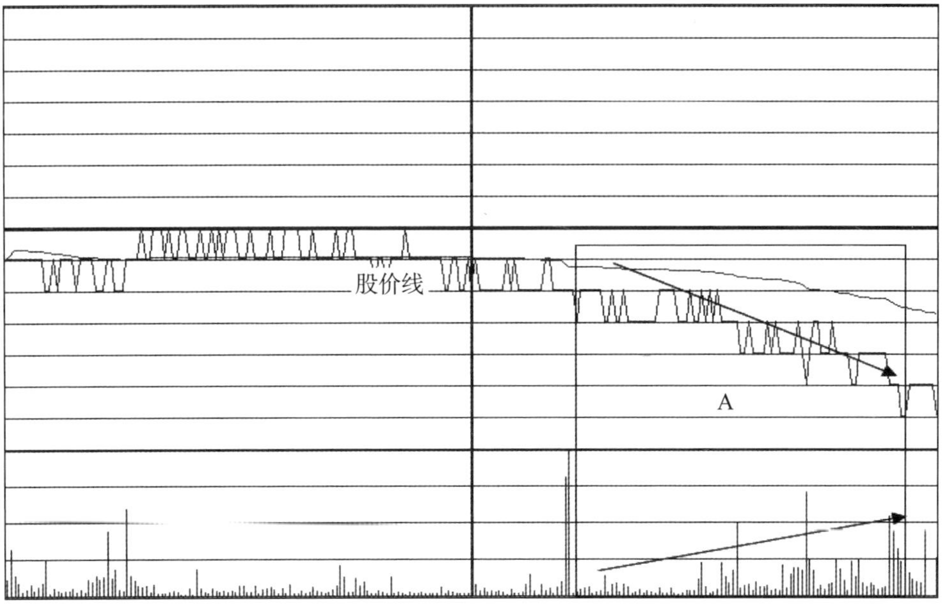

图 2-13　山东钢铁（600022）分时走势图（2019.4.25）

第二，如果股价线位于昨日收盘线下方并向下运行，一旦量能持续放大，则说明市道已经彻底转弱，应回避这种形态的股票，如图 2–13 中所示的情况。

第三，如果股价线在昨日收盘线上方并向下运行，一旦形成缩量，呈现缩量下跌状态，这往往是股价即将止跌的表现，应在其后放量上涨时买入股票，如图 2–12 中所示的情况。

（3）小贴士

根据股价涨跌时的分时量来判断股价强弱时，一定要结合股价的运行方向来进行判断，不能只根据分时量能的大小来判断市道的强弱。

第 4 节　特殊区间形态强弱判断

在观察分时图时，有 3 种特殊形态是不容忽视的，即原势区间、转势区间和突破区间。这 3 种特殊区间形态直接关系到买点与卖点的判断。

1. 原势区间强势分析

原势区间，是指从分时图上看，股价线呈现出上涨、下跌或震荡的走势，但没有改变原来走势的迹象。当股价线形成原势区间后，只有保持着原势区间的上涨形态，才表明股价处于强势，是买入股票的时机。否则，只要股价线维持原势区间的下跌或震荡形态，都应采取持币观望的态度，不宜进行操作。

根据原势区间形态判断股价强弱时，如果股价开盘后出现高开且能维持震荡的走势，则属于一种强势震荡整理状态，此时只要在日线上处于强势，同样可以买入股票。因为这种分时图上的原势区间，从日线走势上看，属于强势整理状态，为上涨趋势中的震荡。

（1）案例解读

图 2–14 是浙能电力（600023）2019 年 4 月 25 日的分时图。在 A 区域，股价线围绕均价线运行，在昨日收盘线下方持续震荡，形成弱势震荡的原势区间。到尾盘 B 区域时，股价线才走出这种原势区间状态，形成弱势下跌，建议此时回避这类股票。

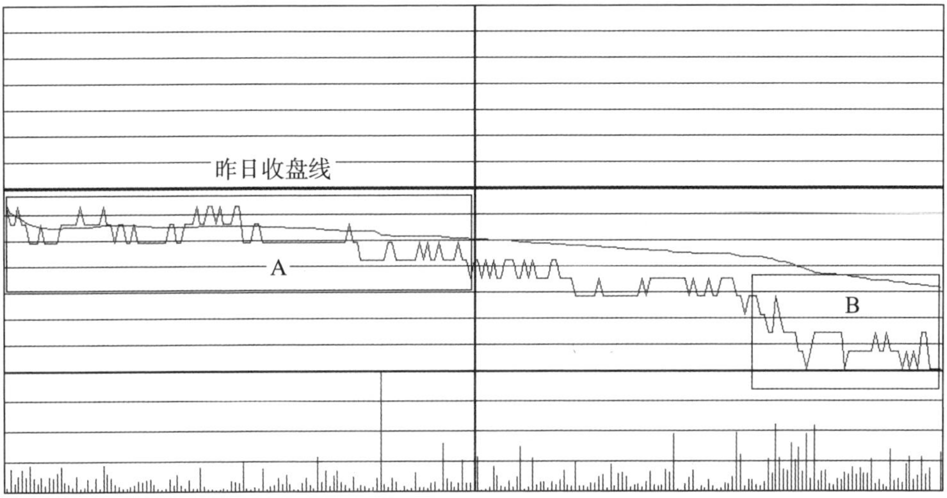

图 2–14　浙能电力（600023）分时走势图（2019.4.25）

图 2–15 是浙能电力（600023）2019 年 2 月 25 日的分时图，开盘后的 A 区域，股价小幅高开后，形成反复围绕均价线小幅震荡的原势区间，说明原势区间趋势较强。到了 B 区域，股价向上突破原势区间后放量快速上涨，说明走势在不断变强，建议此时果断买入股票。

（2）实战要点

第一，只有股价在一定时间内形成明显的上涨、下跌或震荡的趋势，才能确认这一区间为原势区间，如图 2–14 和图 2–15 中 A 区域所示的情况，即为趋势震荡的原势区间。

第二，如果原势区间为强势，往往股价线会在昨日收盘线上方运行，如图 2–15 中 A 区域所示的情况，即为强势震荡的原势区间，建议此时积极参与这类股票，在转强时买入。

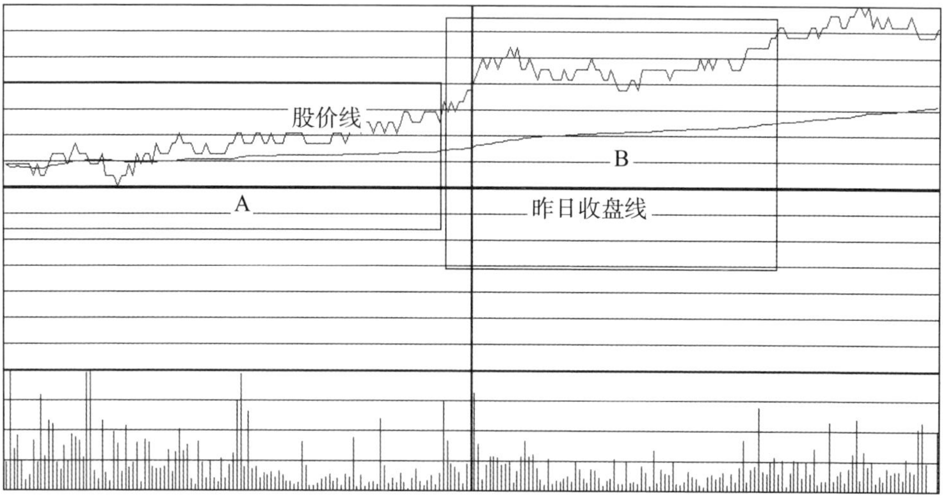

图 2-15 浙能电力（600023）分时走势图（2019.2.25）

第三，如果原势区间为弱势，往往股价线会在昨日收盘线下方运行，如图 2-14 中 A 区域所示的情况，即为弱势震荡的原势区间，建议回避这种形态的股票。

（3）小贴士

根据分时图上股价的原势区间来判断强弱时，只有原势区间为强势并一直持续这种状态，或走出原势区间后出现向上转势，才是买入股票的形态。

2. 转势区间强弱分析

转势区间，是指股价线形成原势区间后走势出现了改变。从分时图上看，在一定程度上，股价线的走势改变了原势区间的走势，扭转了原来股价上涨或者下跌的斜率。这时，在这一转势区间内，股价既有按原势区间的走势运行的可能，也有形成反转的可能。因此，转势区间是重要的决策区间，这时需要根据转势的情况来判断强弱。

如果原势区间为上涨状态，一旦形成转势区间的下跌，量能放大，持续时间长，或转势区间中的股价线向下角度较大，则说明股价快速转弱，跌破昨日收盘线后为走势彻底转弱的卖出形态。

如果原势区间为震荡状态，一旦形成上涨的转势区间，量能放大，股价线向上的角度较大，则说明股价快速转强，构成买入形态。如果转势区间的量能变化不明显，持续时间较短，则不能证明股价转强，属于震荡幅度加大的情况，之后依然可能维持原势区间的弱势震荡。如果形成下跌的转势区间，则为弱势加剧的表现。

如果原势区间为下跌状态，一旦形成上涨的转势区间，量能放大，股价线向上的力度较大，则为股价转强的征兆；一旦股价线向上突破昨日收盘线，则表明趋势转强，为买入信号。如果原势区间的下跌出现在大幅高开低走的走势中，一旦转势区间发生在昨日收盘线上方，则说明强势调整走势结束，为强势买入形态。

（1）案例解读

①向下转势区间

图 2–16 是华能水电（600025）2019 年 3 月 14 日的分时图，在开盘后的 A 区域，股价线在昨日收盘线附近开盘后，与均价线和昨日收盘线形成缠绕的小幅震荡的原势区间。进入 B 区域后，股价线快速下行，量能阴量放大，说明出现向下的转势区间，股价转为弱势，建议回避这类股票。

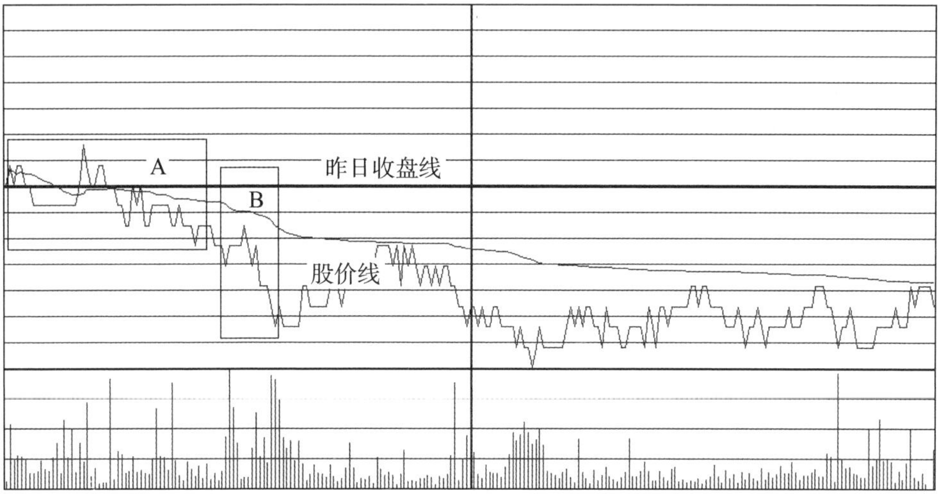

图 2–16　华能水电（600025）分时走势图（2019.3.14）

②向上转势区间

图 2–17 是华能水电（600025）2019 年 3 月 22 日的分时图，在开盘后的 A 区域，股价在昨日收盘线附近开盘后，形成与均价线和昨日收盘线小幅缠绕震荡的原势区间。进入 B 区域后，股价线出现大角度上行，阳量格外放大，形成向上的转势区间，说明股价已经快速转强，建议此时及时买入此类股票，或在其后 B 区域股价下跌遇到原势区间 A 区域的高点支撑时，即止跌回升时买入此类股票。

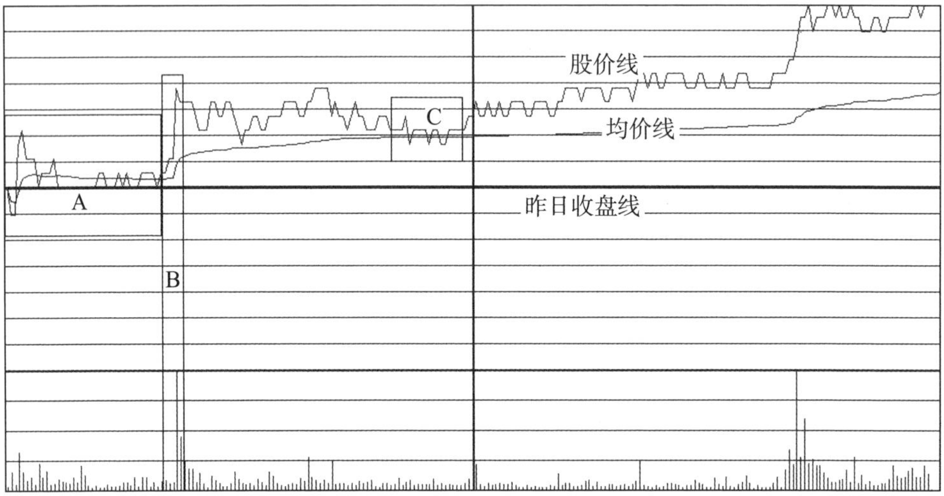

图 2–17　华能水电（600025）分时走势图（2019.3.22）

（2）实战要点

第一，在判断转势区间时，首先股价线要先形成一个原势区间，然后才可以根据股价线的走势，判断形成的是向上转势还是向下转势的区间，如图 2–17 中 B 区域形成的向上转势区间，图 2–16 中 B 区域形成的向下转势区间，均是在 A 区域原势区间的基础上形成的转势区间。

第二，在形成向上转势区间时，股价线必须向上突破昨日收盘线后依然放量上涨，或在其后的回调到达原势区间高点遇到支撑时，即止跌回升时，方可确认为强势买点，如图 2–17 中所示的情况。

第三，在形成向下转势区间时，股价线向下跌破原势区间后依然放量下跌，且此时已跌破昨日收盘线或在昨日收盘线下方运行时，可以确认处于弱势，如图 2–16 中所示的情况。

（3）小贴士

根据转势区间判断股价走势强弱时，只有转势区间为股价向上的转势时，才能证明股价依旧强势，是买入的形态。

3. 突破区间强弱分析

突破区间，是指股价形成上涨、震荡或下跌的原势区间后，在分时图上出现股价线向上突破的转折区间。

在判断突破区间时，首先依然要判断原势区间的状态。

如果原势区间属于上涨状态，那么一旦形成突破区间，通常是股价线向上突破原来的震荡上行的高点。但如果股价是低开高走的上涨，则应以股价线向上突破昨日收盘线时的放量状态为走势彻底转强的买点。

如果原势区间属于震荡状态，形成突破区间时，通常是股价线向上突破原势区间的震荡高点后，依然处于持续放量状态，这样方可确认买点。同样，如果股价是在低开后形成的震荡原势区间，则应以股价线放量向上突破昨日收盘线为股价彻底突破转强的买点。

如果原势区间属于下跌状态，出现突破区间后，应按照转势区间形成向上转势时的买点来判断是否强势。即股价线形成持续放量的上行状态后，是以大角度上行的，且向上突破昨日收盘线后方可确认为强势。如果股价线形成原势区间时是高开低走的下跌，跌至昨日收盘线附近时形成转势区间，则说明上涨调整行情结束时形成突破区间，属于强势特征，放量上涨时的突破区间就是买点。

（1）案例解读

图 2–18 是中远海能（600026）2019 年 2 月 22 日的分时图。在 A 区域股价在昨日收盘线上方附近反复震荡，形成原势区间。进入 B 区域后，股价大角度上行，持续阳量放量突破原势区间的高点，形成向上突破区间，说明股价表现强势，建议果断买入股票。

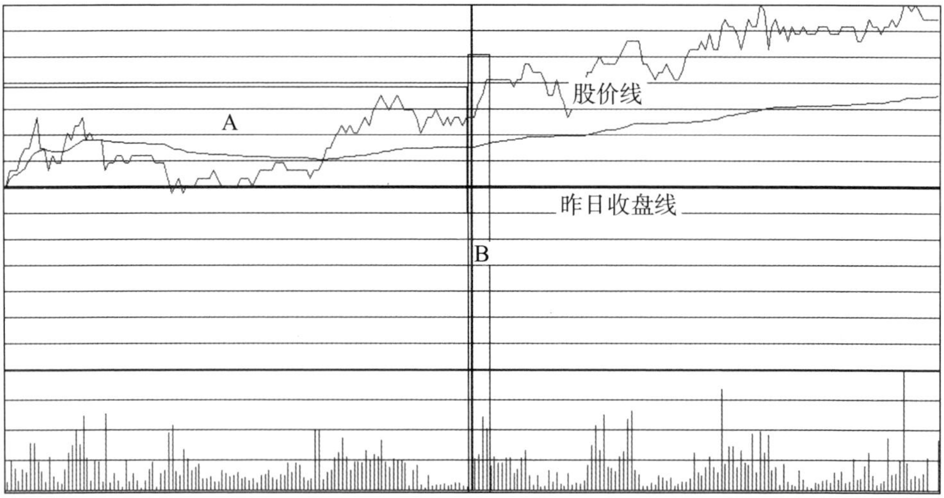

图 2-18　中远海能（600026）分时走势图（2019.2.22）

图 2-19 是中远海能（600026）2019 年 3 月 29 日的分时图，在 A 区域形成平淡开盘后的股价持续震荡上行的原势区间，其后股价出现震荡调整。进入 B 区域后，股价线向上突破原势区间高点时阳量格外放大，形成向上突破区间，股价快速转强，建议果断买入股票。

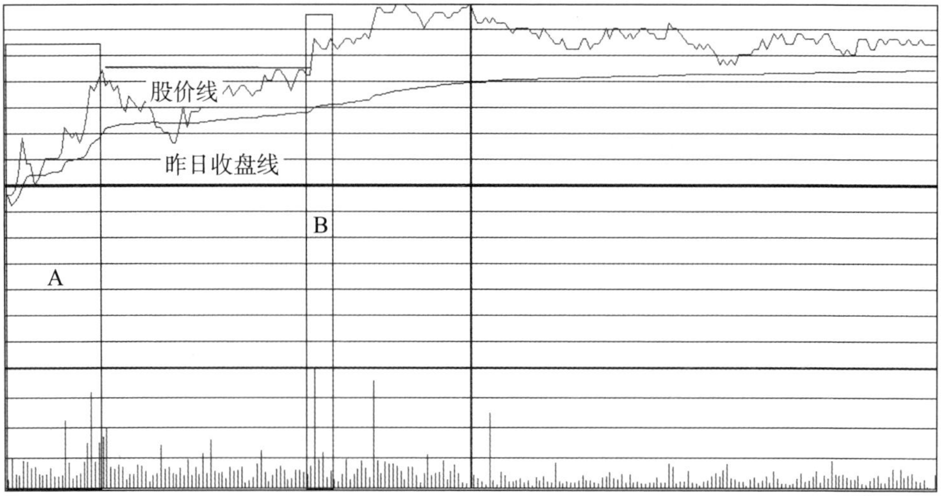

图 2-19　中远海能（600026）分时走势图（2019.3.29）

图 2–20 是华电国际（600027）2019 年 3 月 27 日的分时图，在 A 区域股价线形成高开后震荡走低的原势区间。B 区域尽管出现回升，尚不能确认为强势突破。只有进入 C 区域后，形成明显的放量上涨，股价线向上突破 A 区域原势区间的高点后依然持续上涨时，方可确认形成突破区间，建议果断买入股票。

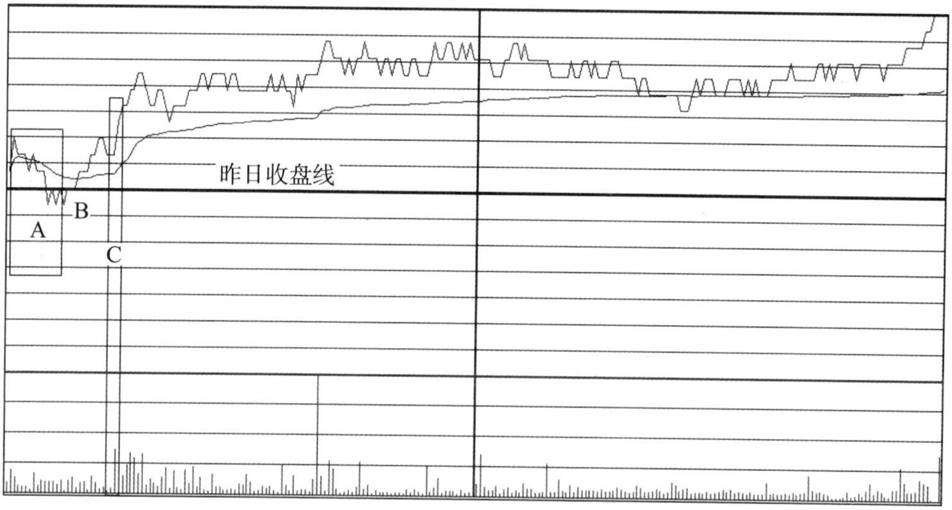

图 2–20 华电国际（600027）分时走势图（2019.3.27）

（2）实战要点

第一，在判断突破区间时，首先应判断出原势区间的走势状态，然后再根据原势区间的形态来判断是否形成突破区间，如图 2–18、图 2–19、图 2–20 中所示的情况。

第二，在图 2–18 中，A 区域为震荡走势的原势区间状态，其后形成突破区间，股价线在突破震荡高点后依然放量上涨，方可确认为突破区间。

第三，在图 2–19 中，A 区域为上涨趋势的原势区间状态，其后在震荡中形成突破区间，同样要在股价线放量上涨至突破原势区间高点后，方可确认为突破区间。

第四，在图 2–20 中，A 区域为下跌的原势区间，形成突破区间时，要在股价线快速放量上涨中突破下跌起始点后，方可确认为突破区间。

（3）小贴士

根据突破区间判断股价走势强弱时，如果原势区间是下跌的状态，股价处于昨日收盘线下方较远的位置，那么股价线向上突破昨日收盘线依然放量上涨时，方可确认形成突破。

第3章
分时量实战攻略

分时量是分时图上一个重要的指标。在很大程度上，依据分时图寻找买卖点，都是基于量价关系的分析研判，也就是分时量柱的颜色、长短和股价线运行方向之间形成的若干形态。这种量价形态，能够真实地反映出股价短期走势的强弱程度。

第 1 节　分时量种类

在以同花顺为代表的炒股软件上，分时图上有阳量、阴量和平量的区分。但在以大智慧为代表的炒股软件上，分时图上更多地只是通过量价关系来判断行情。

1. 分时阴量

分时阴量是指在分时图的成交量显示区域中，竖立的成交量柱为绿色的量柱线。分时阴量代表卖出的成交量，是推动股价下跌的量能，这一点与 K 线图上的阴量是一个道理。但在观察分时图时，不同炒股软件上的分时量，显示出来的形态是不一样的。在以同花顺为主的炒股软件中，有分时阴量与分时阳量之分；在以大智慧为代表的炒股软件中，分时图上的分时成交量显示区域是没有阴量与阳量之分的，投资者只能通过股价线在涨跌时分时量的放大或缩小来判断行情走势。

（1）案例解读

图 3-1 是中信证券（600030）2019 年 5 月 16 日的分时图。从图中可以看出，A 区域、B 区域、C 区域竖立的量柱线为绿色，属于分时阴量，在此期间，股价线表现为下跌，说明均为主动卖出的成交量。

（2）实战要点

第一，分时图阴量是在分时量显示区间那些绿色的竖直成交量柱，如图 3-1 中 A 区域、B 区域和 C 区域所示的情况。

第二，出现分时阴量，往往意味着此间的成交量是以主动卖出为主的成交量。量柱线越长，则代表主动卖出的量越大；反之，量柱线越短，则表示主动卖出的量越小。如图 3-1 中所示的情况，A 区域的阴量柱较长，B 区域和 C 区域的阴量柱虽然略短，但持续出现阴量柱的情况较多，股价线表现为持续下跌。

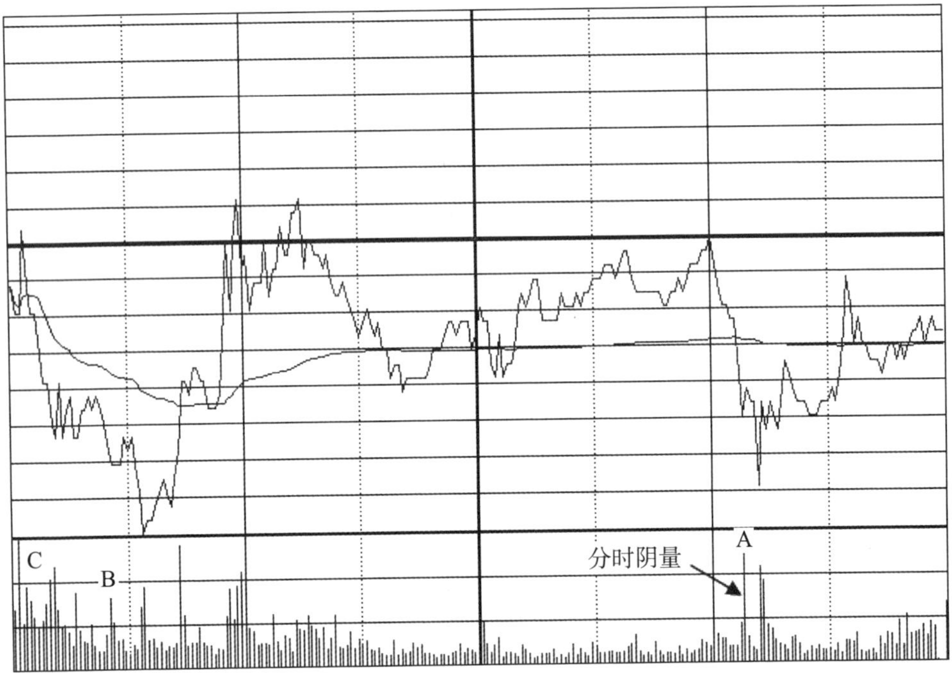

图 3-1　中信证券（600030）分时走势图（2019.5.16）

（3）小贴士

在以大智慧为代表的炒股软件中，是没有分时阳量和分时阴量之分的，只能根据分时量柱的长短和股价线的走势来判断行情。

2. 分时阳量

分时阳量是指在以同花顺为代表的炒股软件中，在分时图中部的分时量显示区域中，那些竖立的分时量柱线为黄色。分时阳量与 K 线图上的成交量在运用时是一样的，代表主动买入股票的成交量。在以大智慧为代表的炒股软件中，是没有分时阳量之说的，只能根据分时量柱的长短和股价线的运行方向来判断走势变化。

（1）案例解读

图 3–2 是南方航空（600029）2019 年 5 月 16 日的分时图。在 A 区域、B 区域和 C 区域，分时量柱线均为较长的或持续的黄色量柱线，为分时阳量，表明此期间的成交量是以主动买入为主的。

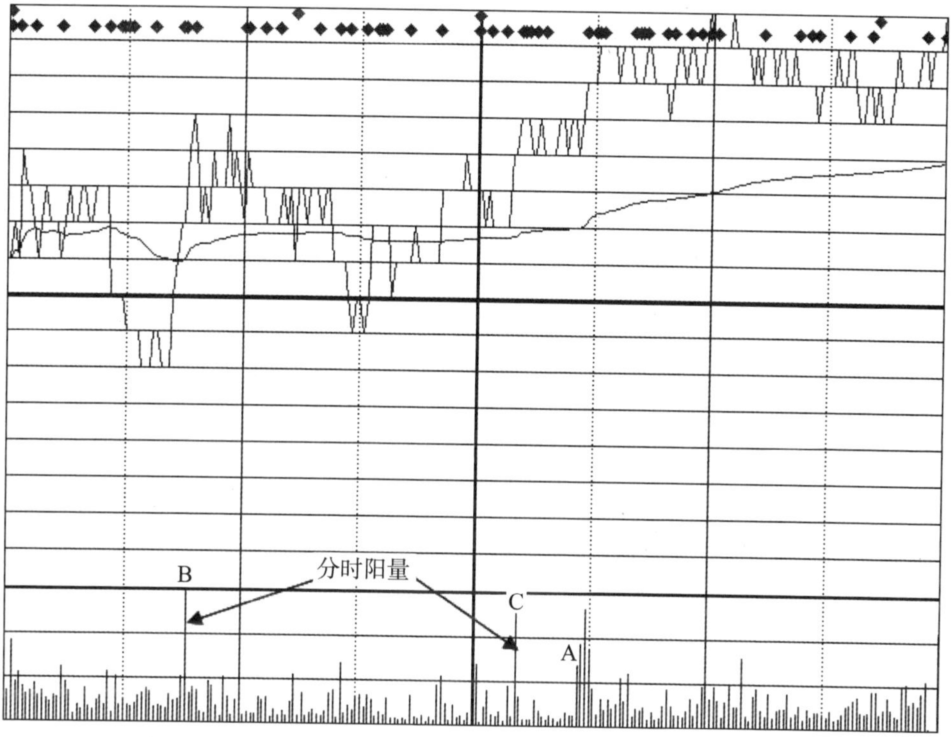

图 3–2　南方航空（600029）分时走势图（2019.5.16）

（2）实战要点

第一，分时阳量，即在分时量显示区域内那些竖直的黄色量柱线，如图 3–2 中 A 区域、B 区域和 C 区域所示的情况。

第二，分时阳量代表这一时期是以主动买入为主的成交量。量柱越长，代表买入量越大；量柱越短，代表买入量越小。持续出现阳量时，则代表出现持续买入为主的状态，如图 3–2 中所示的情况。

（3）小贴士

利用分时阳量来判断走势强弱时，阳量放量上涨为强势特征，阳量缩量上涨则表明强势难以持续。

3. 蓝色量柱线

蓝色量柱线是指在以同花顺为代表的炒股软件中，在分时图中部的分时量显示区域内，那些竖直的分时量柱线为蓝色。蓝色量柱线代表买入或卖出时的成交价格，是以当时的股票委托价平价成交的，所以代表的是短线资金的跟风状况。同样，在以大智慧为代表的炒股软件中，也是没有蓝色量柱线之说的，投资者只能根据上涨时放量或缩量、下跌时放量或缩量来判断行情和走势变化。

（1）案例解读

图 3–3 是宁波联合（600051）2019 年 5 月 16 日的分时图，A 区域和 B 区域蓝色的竖直量柱即是平量，是以即时委托价成交的量能。A 区域期间为阳量，所以 A 区域的蓝色量柱线可视为阳量，股价表现为放量上涨；B 区域期间为阴量，所以 B 区域的蓝色量柱线可视为阴量，股价表现为放量下跌。

（2）实战要点

第一，只有在以同花顺为代表的炒股软件的分时图上，蓝色量柱线才会显示出来，如图 3–3 中所示的情况。在以大智慧为代表的炒股软件中，不会出现蓝色量柱线，成交量均为一种颜色。

第二，蓝色量柱线就是颜色为蓝色的竖直量柱，代表的是以即时委托价成交的量能。在股价上涨时可视为阳量助涨，在股价下跌时可视为阴量助跌，如图 3–3 中 A 区域的蓝色量柱为助涨，B 区域的蓝色量柱为助跌。

（3）小贴士

根据蓝色量柱线的平价量来判断走势强弱时，应根据之前量柱的情况来判断。如果之前的量柱线为阳量，往往蓝色量柱线放大是强势的持续放量助跌。如果之前的量柱线为阴量，蓝色量柱线较长，则意味着下跌持续放量。

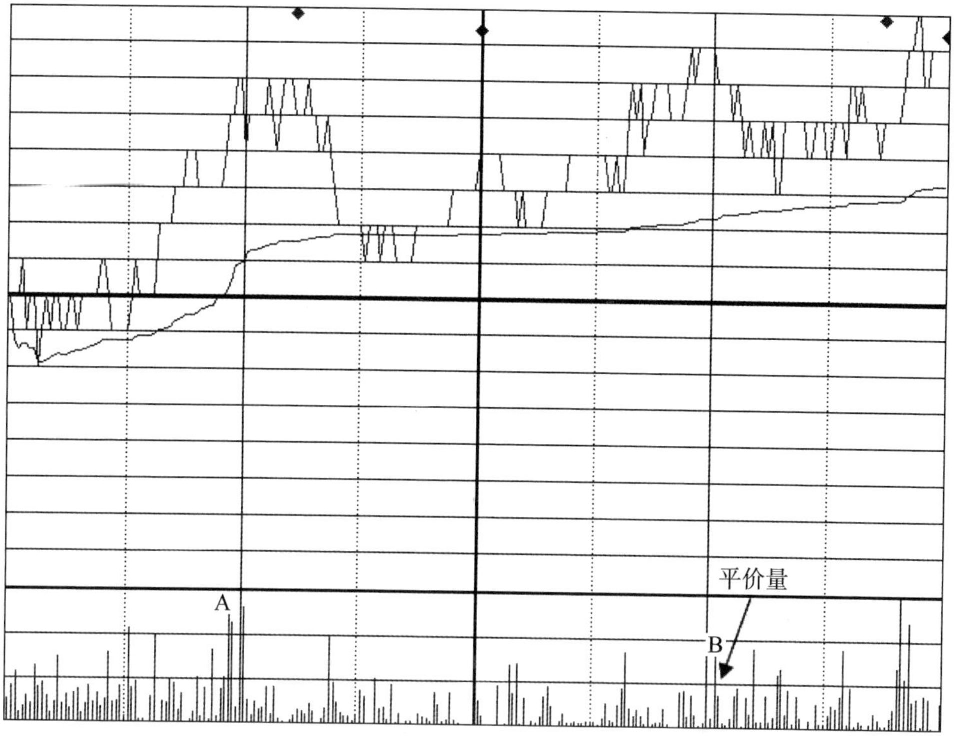

图 3-3　宁波联合（600051）分时走势图（2019.5.16）

第 2 节　个股趋势转强时的分时量形态

一只股票转强时，会表现出特殊的分时量形态，如区间放量上涨、缩量后放量上涨、格外放量上涨、持续放量上涨等。

1. 区间放量上涨

在分时图上，个股趋势转强时，分时量会表现为区间放量。区间放量是分时量能经常出现的一种情况，是指在分时量显示区域，分时量柱在某一时间内明显变长的情况。如果分时量柱的长度突然变长，并在某一区域内得以持续，那么就可以确认为区间放量。

（1）案例解读

图 3-4 是赣锋锂业（002460）2019 年 5 月 13 日的分时图，开盘后股价线处于弱势震荡期间，量能较小。但进入 A 区域后，股价线开始快速上行，分时量柱持续变长，形成在这一时间内的区间放量，说明弱势已变为强势，建议果断买入股票。

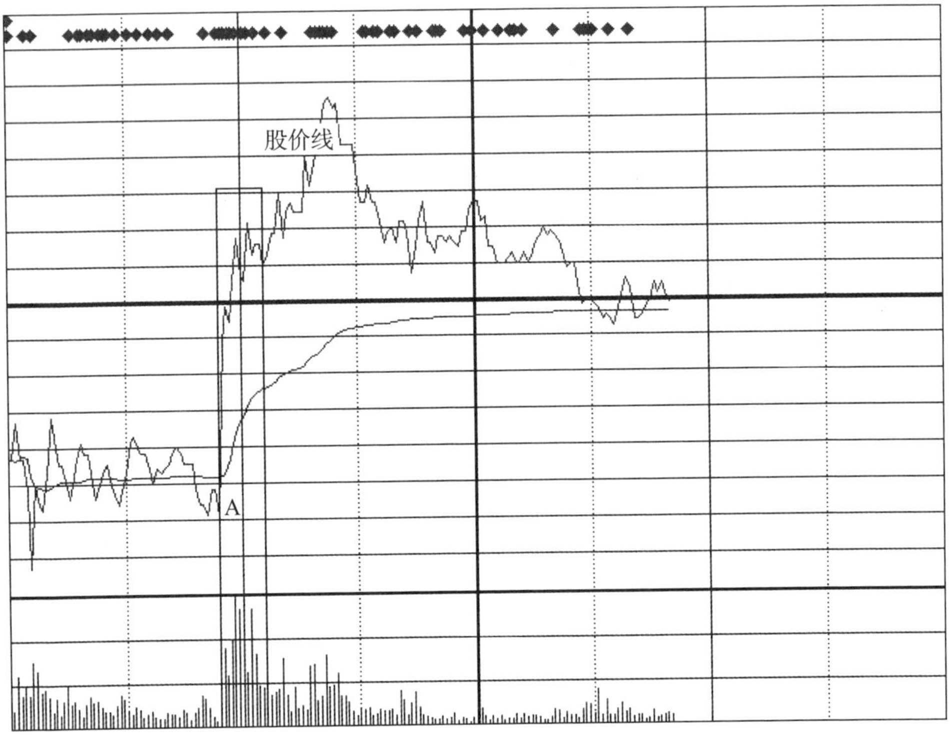

图 3-4　赣锋锂业（002460）分时走势图（2019.5.13）

（2）实战要点

第一，区间放量是分时图特有的一种形态，是指分时成交量在某一时间内出现明显放量的状态，如图 3-4 中 A 区域所示的情况。

第二，通过区间放量判断股价强势时，股价线必须在区间放量期间是向上运行的，且向上的角度越大，显示股价越强势，如图 3-4 中 A 区域所示的情况。

（3）小贴士

如果投资者是用手机上的炒股软件看盘的话，那么系统会自动做出提示，即在某一时间内某只股票形成区间放量，此时只要观察到这只股票在分时图上的股价线走势是上行的，即可确认股价强势。

2. 缩量后放量上涨

缩量后放量上涨是一种上涨中继结束的形态，是指股价线向上运行过程中，当出现向下回调时，量能出现持续萎缩，即分时量柱在大量状态下变短，一旦量柱突然再次变长，股价线转为向上运行，则表明调整行情结束，股价再次恢复强势上涨，建议此时及时买入。

利用缩量后放量上涨买入股票时，往往股价线运行在昨日收盘线上方，处于强势上涨状态，之后股价线向下回调时形成缩量，再次放量时股价线向上运行。如果股价线运行在昨日收盘线下方，在下行过程中出现放量反弹，一旦量能无法持续，则说明此时弱势下跌的反弹结束，无法证明股价处于强势。

（1）案例解读

图 3–5 是酒鬼酒（000799）2019 年 3 月 13 日的分时图。在上涨的回调行情中，在 A 区域分时量的量柱明显极短，形成缩量横盘，但在末端时出现明显的持续放量，形成缩量后放量的形态，且股价线形成向上运行的状态，股价线始终在昨日收盘线之上运行，所以是上涨中继行情结束后恢复向上的强势特征，建议果断买入股票。

（2）实战要点

第一，出现缩量后放量上涨的情况时，如果确认为强势特征，则必须是股价线在昨日收盘线上方运行，且缩量时股价线不会跌破昨日收盘线，如图 3–5 中 A 区域及之前所示的情况。

第二，形成缩量后放量上涨期间，缩量时的分时量柱必须明显短于之前的分时量能水平，且放量时量柱为黄色，股价线转强向上运行时，方可确认为强势，如图 3–5 中 A 区域所示的情况。

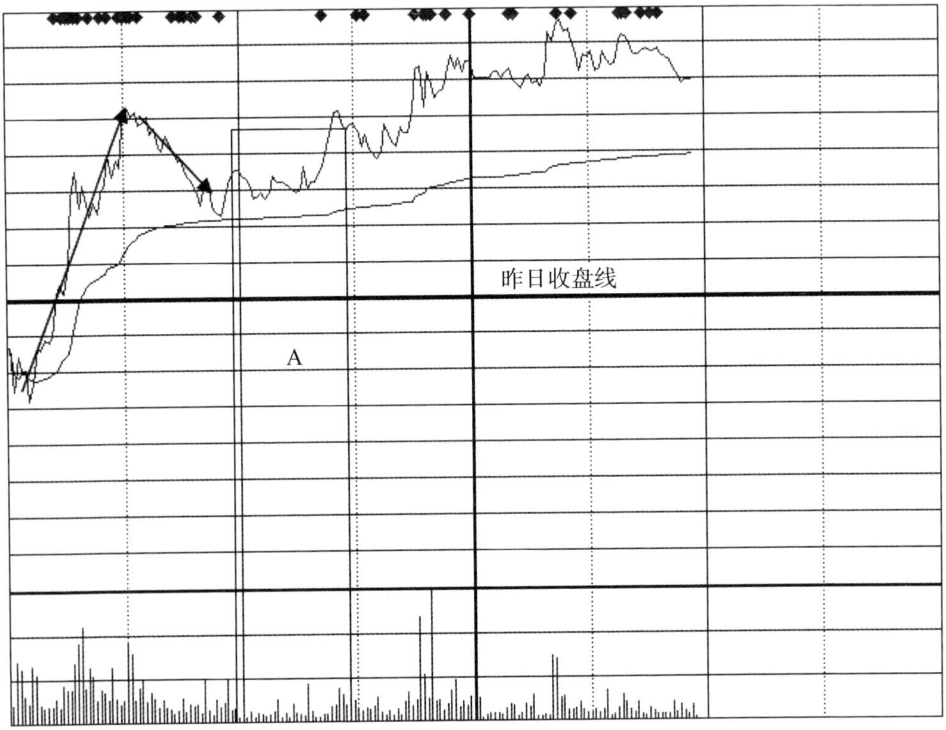

图 3-5　酒鬼酒（000799）分时走势图（2019.3.13）

（3）小贴士

在确认缩量后放量上涨为强势特征时，必须确保期间股价线始终位于昨日收盘线上方。如果股价线在缩量期间跌破昨日收盘线，则应在放量突破昨日收盘价后依然保持放量上涨时，方可确认股价处于强势。

3. 格外放量上涨

格外放量上涨是指股价弱势运行中，分时量柱明显变长时，股价线呈向上运行的状态。如果出现这种状态，就说明股价转强，建议果断买入股票。

利用格外放量上涨判断股价的强势程度时，格外放量时的分时量柱多数会表现为天量阳量。在以同花顺为代表的炒股软件中，分时量柱为上到区间顶部的量柱线，代表大单为巨量大单。即使不是天量阳量，只要量柱线较长，股价线表现为快速大角度上行，且格外放量后阳量柱线能够持续出现，就表示股价快速转强。

（1）案例解读

图 3 6 是瑞普生物（300119）2019 年 5 月 13 日的分时图。在股价高开震荡上行过程中，在 A 区域和 B 区域，股价线均快速向上运行，分时成交量柱明显为阳量变长，形成格外放量上涨形态。不同的是，B 区域的量柱为一根黄色的向上到达区间顶部的天量阳量。总的来说，A 区域和 B 区域均为强势特征的格外放量上涨买入形态。

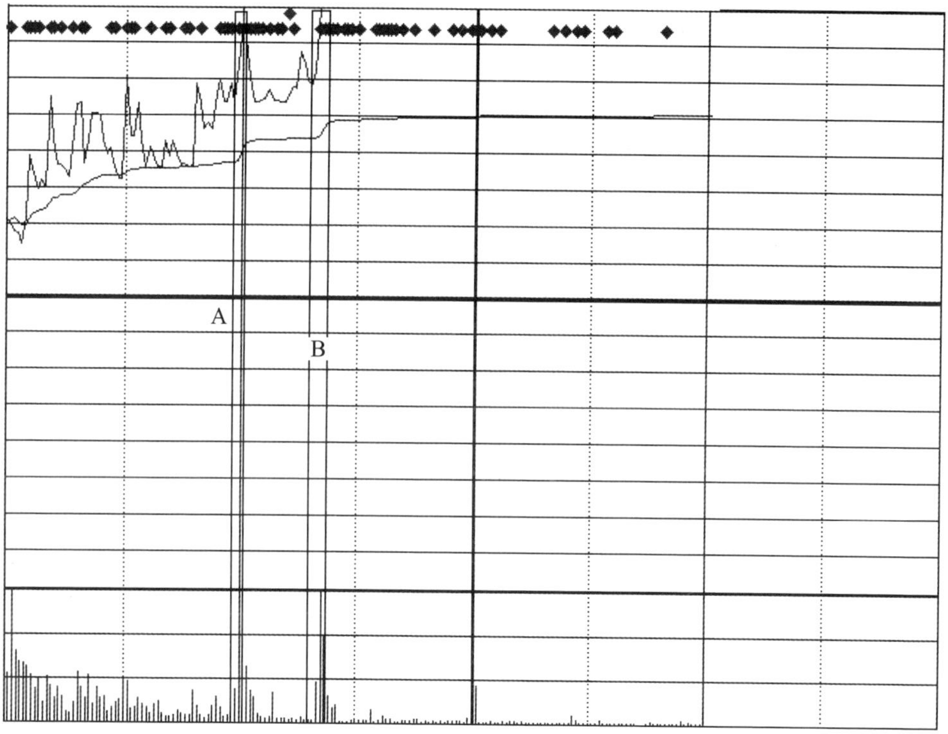

图 3-6　瑞普生物（300119）分时走势图（2019.5.13）

（2）实战要点

第一，出现格外放量上涨时，分时成交量柱必须为明显较长的状态。在以同花顺为代表的炒股软件中，分时量柱为阳量状态，如图 3-6 中 A 区域所示的情况。

第二，出现格外放量上涨时，如果分时成交量柱为一根黄色的向上到达区间顶部的柱线，则为天量阳量，说明此时的买入量为极大单，建议果断买入，如图 3–6 中 B 区域所示的情况。

（3）小贴士

利用格外放量上涨判断股价是否为强势，往往股价线位于昨日收盘线上方时，强势特征更明显。一旦出现这种情况，极易引发股价快速涨停，是抓涨停板时经常出现的一种形态。

4. 持续放量上涨

当股价在分时图上转为强势上涨时，多数会形成持续放量的情况。这时，分时图分时量显示区域，分时量柱就会持续出现较长的量柱线，股价线向上运行，呈现出持续放量上涨的强势特征，建议果断买入股票。这里需要注意的是，虽然放量上涨是一种健康的强势特征，但只有持续出现时，才说明股价处于强势。

（1）案例解读

图 3–7 是通策医疗（600763）2019 年 5 月 13 日的分时图。在低开高走的情况下，进入 A 区域，股价线持续向上突破昨日收盘线，且分时量柱明显为持续变长的阳量，形成持续放量上涨形态，说明股价处于强势，建议果断买入股票。

（2）实战要点

第一，持续放量上涨形态出现在股价线持续向上运行时，方可确认股价处于强势，如图 3–7 中 A 区域所示的情况。

第二，出现持续放量上涨形态时，如果观察的是以同花顺为代表的炒股软件，则分时成交量柱必须为黄色的阳量，方可确认股价处于强势，如图 3–7 中所示的情况。

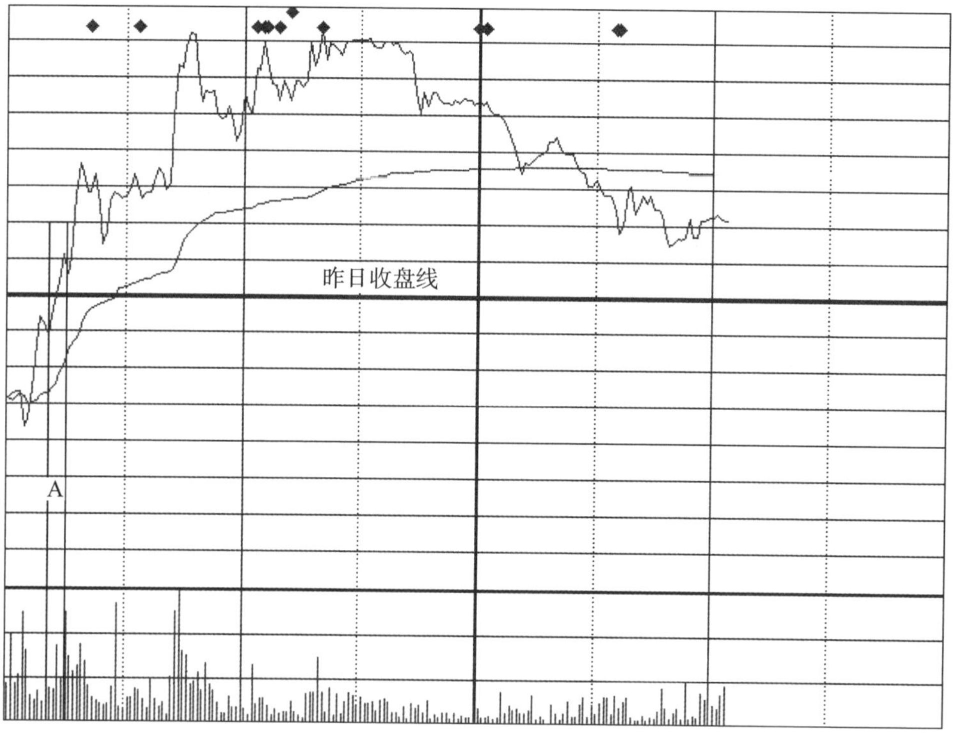

图 3-7　通策医疗（600763）分时走势图（2019.5.13）

（3）小贴士

利用持续放量上涨判断趋势强弱，股价线向上突破昨日收盘价时，强势特征更可信。但如果出现持续放量上涨，股价线位于昨日收盘线上方，则强势特征更明显，是抓涨停时经常出现的量价形态。

第 3 节　个股趋势转弱时的分时量形态

一只股票趋势转弱时，同样有着明显的分时量形态，如持续放量下跌、格外放量下跌、缩量滞涨后的阴量下跌、小阴量盘跌等。

1. 持续放量下跌

持续放量下跌是指绿色的分时成交阴量柱持续变长时，股价线持续下跌。持续放量下跌说明在持续下跌的过程中，盘中即时成交的分时量均为卖出的股票量，意味着股价走势由强转弱。尤其在股价线持续上涨一段时间后出现持续放量下跌，更能说明走势已由强势上涨转为弱势下跌，一经发现这种情况，就应果断卖出股票。

（1）案例解读

图 3–8 是古越龙山（600059）2019 年 5 月 16 日的分时图。经过 B 段股价线的快速上涨后，在 A 区域股价线出现下跌，分时成交量持续表现为较长的绿色阴量柱，形成放量下跌形态，说明股价出现快速转跌的弱势走势，建议及时卖出股票。

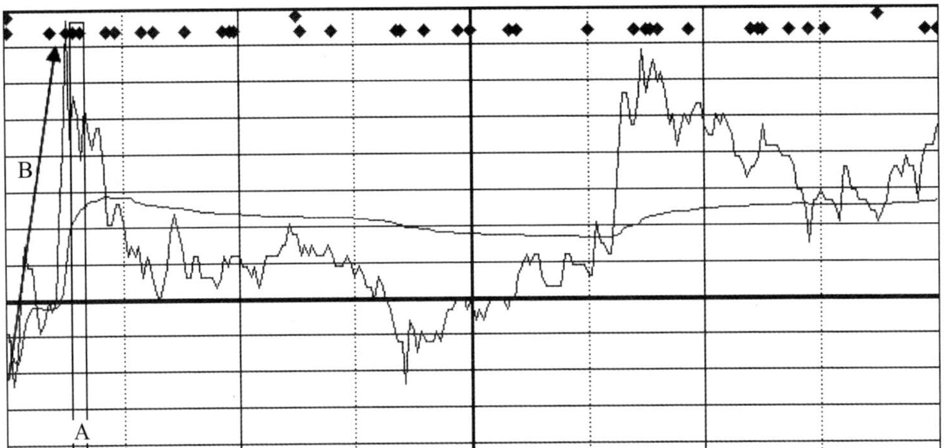

图 3–8　古越龙山（600059）分时走势图（2019.5.16）

（2）实战要点

第一，出现持续放量下跌时，表现为股价线持续向下运行，分时成交量柱为持续较长的绿色阴量，如图 3–8 中 A 区域所示的情况。

第二，持续放量下跌出现在上涨走势的末端时，是股价由强快速转弱的征兆，如图 3–8 中 B 段上涨走势后的 A 区域。如果出现在弱势震荡中，则是弱势继续走弱的信号。

（3）小贴士

利用持续放量下跌来判断走势是否转弱，主要是在上涨走势中突然出现持续放量下跌时。上涨走势中突然出现持续放量下跌，意味着股价由极强转为极弱。如果出现在震荡行情中，那么就是震荡走弱的征兆。

2. 格外放量下跌

格外放量下跌是指股价线出现下跌时，绿色阴量柱线变长，且变长的程度较明显。这说明在上涨的强势状态中，突然涌现出极多的卖盘压力，导致股价由强势上涨转为弱势下跌。在判断走势强弱时，往往股价线在前期经过较大幅度的上涨，此时出现格外放量下跌形态，更能表明趋势突然由强转弱。

（1）案例解读

图 3–9 是中船科技（600072）2019 年 5 月 16 日的分时图。股价线快速上涨期间，在 A 区域出现快速转跌，分时成交量柱表现为一根极长的绿色阴量，形成格外放量下跌形态，说明股价已快速转弱，建议及时卖出股票。

（2）实战要点

第一，出现格外放量下跌时，股价线下行，分时成交量柱为一根或数根格外长的阴量柱，如图 3–9 中 A 区域所示的情况。

第二，格外放量下跌是股价快速转跌的征兆，通常出现在快速上涨或持续上涨行情的末端，是股价由强快速转弱的标志，如图 3–9 中 A 区域所示的情况。如果在弱势震荡中出现格外放量下跌，则是弱势继续走弱的征兆。

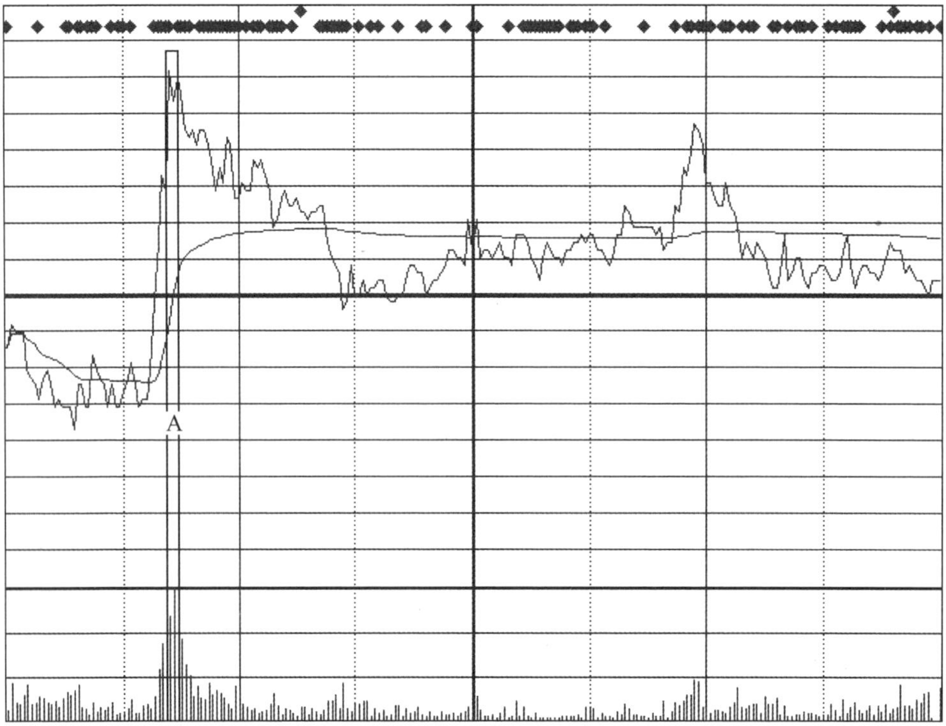

图 3-9　中船科技（600072）分时走势图（2019.5.16）

（3）小贴士

出现格外放量下跌时，往往在阴量柱极长的状态下，容易形成一根向上到达区间顶部的天量阴量柱，说明在这一时间内卖出量极大，更是股价快速转跌的征兆，建议果断卖出股票。

3. 缩量滞涨后的阴量下跌

缩量滞涨后的阴量下跌，是指股价线在上涨到高位区时出现滞涨的情况，分时成交量形成明显的缩量状态，即分时量柱变得明显较短时，突然形成股价线向下运行、分时成交量阴量柱明显变长的一种形态。出现这种形态，说明股价因量能缩减造成在高位区滞涨，又瞬间转为放量下跌，盘中短时间内涌现出大量的卖盘，这是股价由强转弱的征兆，一旦出现这种走势，建议果断卖出股票。

（1）案例解读

图 3–10 是东风科技（600081）2019 年 4 月 18 日的分时图。在 A 区域的上涨高位区，股价线出现震荡滞涨，分时成交量表现为量柱极短的缩量状态。其后的 B 区域，股价下跌，成交量为阴量，形成缩量滞涨后的阴量下跌。这说明上涨走势已经转为弱势下跌，建议及时卖出股票。

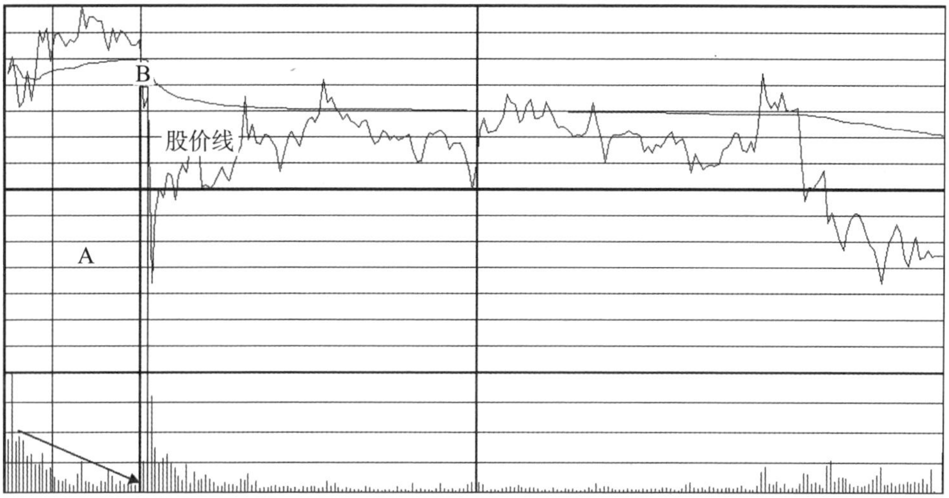

图 3–10　东风科技（600081）分时走势图（2019.4.18）

（2）实战要点

第一，缩量滞涨后出现阴量下跌，是两种量价形态的组合，先是形成缩量滞涨，然后再形成阴量下跌，如图 3–10 中所示的情况。

第二，缩量滞涨后的阴量下跌经常出现在上涨的高位区，或是反弹高点区域，是股价上涨无力后的转跌形态，图 3–10 中所示的情况，属于上涨高位区出现缩量滞涨后的阴量下跌。

（3）小贴士

利用缩量滞涨后的阴量下跌形态来判断股价快速转弱时，往往缩量后的放量为阴量放大，且越是明显较长的阴量柱放量，越能说明后市快速转弱。

4. 小阴量盘跌

小阴量盘跌又称为阴跌，是指股价线弱势运行中，分时图上经常出现横盘震荡，其时分时成交量并无明显变化，但转为阴量状态，股价线则持续震荡向下运行。出现这种形态，说明之前的弱势形态再次转为弱势。小阴量盘跌是弱势继续走弱的形态，一旦出现这种形态，说明此时的股价趋势处于极弱状态，建议回避这种形态的股票。

（1）案例解读

图 3–11 是博信股份（600083）2019 年 5 月 16 日的分时图。股价线在昨日收盘线附近平淡开盘后，略有上冲即向下跌破昨日收盘线，处于弱势震荡下跌状态。分时成交量没有出现放大，量柱均处于较短状态，形成小阴量盘跌形态，说明此时趋势处于弱势，建议尽量回避这类股票。

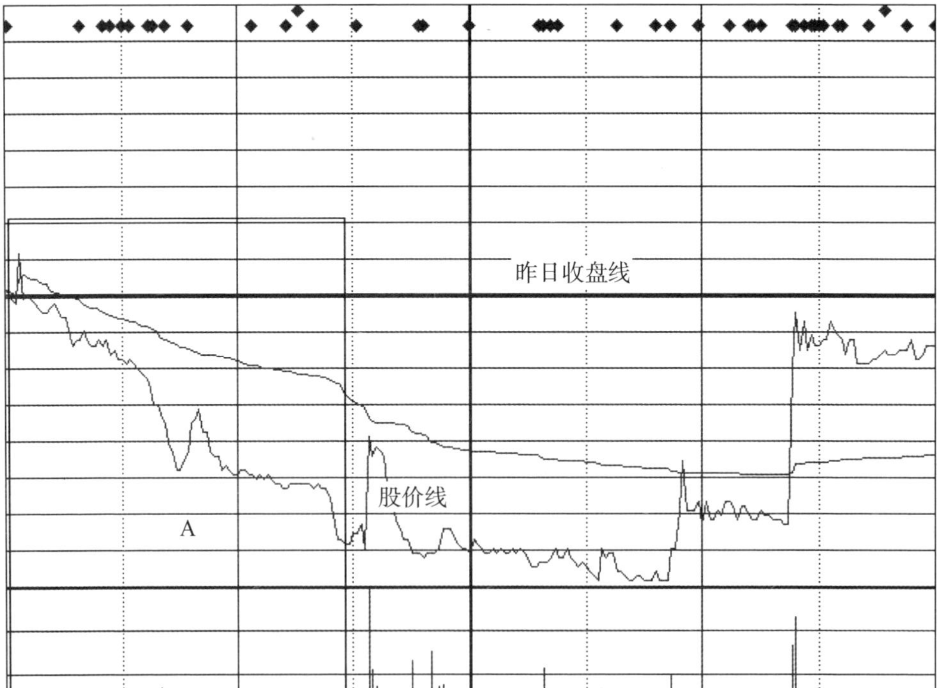

图 3–11　博信股份（600083）分时走势图（2019.5.16）

（2）实战要点

第一，小阴量盘跌通常出现于股价线在昨日收盘线之下运行时，如图 3–11 中 A 区域所示的情况。如果出现在昨日收盘线上方，则属于强势震荡。

第二，出现小阴量盘跌时，股价线表现为持续震荡下跌状态，分时成交量的柱线极短，或是偶有一两根略长的量柱，如图 3–11 中 A 区域所示的情况。

（3）小贴士

小阴量盘跌是指分时成交量在极小状态下的持续下跌，表明趋势极弱。若在其后出现反弹，如不能持续放量上涨，建议不应过早买入股票。

第 4 节　趋势反转时的分时量价形态

趋势反转时的分时量价形态只有两种，即量价齐升和量价齐跌。

1. 反转向上时的量价齐升

当趋势出现反转向上时，分时图上的量价关系会表现为量价齐升，即指分时图上的股价线由弱势转为向上运行时，分时量柱线也明显变长。只不过，在以同花顺为代表的炒股软件中，出现量价齐升形态时，分时量柱表现为黄色；在以大智慧为代表的炒股软件中，分时量柱无颜色之分，只要股价线上行、量柱线变长即可确认为量价齐升。

量价齐升表明分时图上股价明显转强，只要这种状态能够持续，投资者即可买入股票。

（1）案例解读

图 3–12 是中视传媒（600088）2019 年 3 月 29 日的分时图，股价小幅高开后出现短暂上涨，并迅速转为 A 段的快速下跌，跌至昨日收盘线附近展开弱势震荡。进入 B 区域，股价线出现大角度快速上行、成交量呈阳量持续放大的量价齐升，横盘震荡的弱势快速反转为向上的强势，建议及时买入股票。

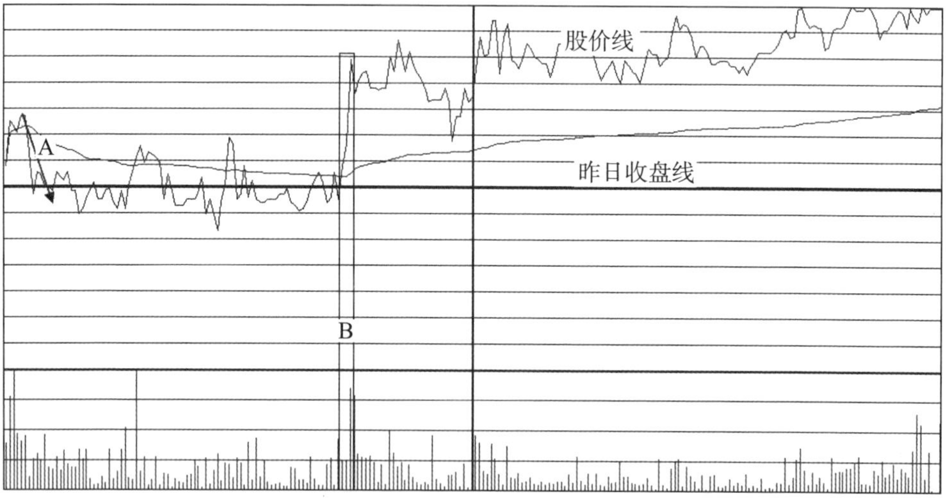

图 3-12　中视传媒（600088）分时走势图（2019.3.29）

（2）实战要点

第一，反转向上时形成量价齐升形态前，股价往往在昨日收盘线附近弱势震荡，或在昨日收盘线下方弱势下跌，图 3-12 中 A 区域和 B 区域之间所示的情况，即为昨日收盘线附近的弱势震荡。

第二，反转向上时出现量价齐升形态，分时图上经常会形成股价线放量大角度上行的形态，如图 3-12 中 B 区域所示的情况。如果股价线在昨日收盘线下方形成极弱的底部反转形态，量柱出现明显放大或持续大量的阳量时，方可确认趋势反转。

（3）小贴士

当出现反转向上的量价齐升形态时，往往量价齐升的形态越明显，走势反转向上的力度越强。量价齐升则是指股价线大角度向上和分时成交阳量柱明显变长。

2. 反转向下时的量价齐跌

反转向下时的量价齐跌是指分时图上的股价线由向上运行转为向下运行时，分时量柱线明显变长。只不过，在以同花顺为代表的炒股软件中，出现量价齐跌形态时，分时量柱表现为绿色；在以大智慧为代表的炒股软件中，分时量柱线无颜色之分，只要股价线下行、量柱线变长即可确认为量价齐跌。

量价齐跌表明分时图上的股价走势明显反转向下，只要这种状态能够持续，投资者即可卖出股票。

（1）案例解读

图 3–13 是同济堂（600090）2019 年 4 月 16 日的分时图。在 A 区域股价大幅高开后，股价线出现大角度快速下行，成交量持续以大阴量出现，形成明显的走势反转向下的量价齐跌形态，建议果断卖出股票。

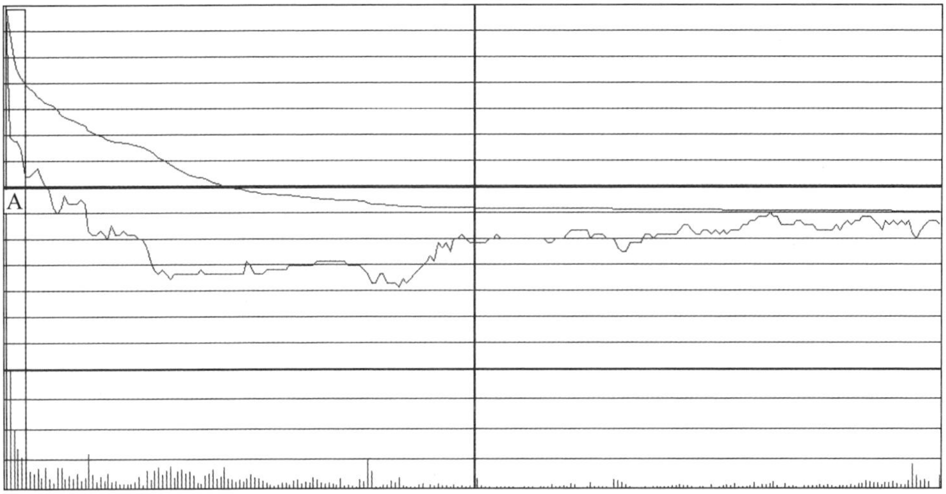

图 3–13　同济堂（600090）分时走势图（2019.4.16）

（2）实战要点

第一，出现反转向下的量价齐跌形态前，股价线往往处于明显的上涨走势，或是直接大幅高开，图 3–13 中 A 区域所示的情况，属于大幅高开后的量价齐跌形态。

第二，出现反转向下的量价齐跌形态时，股价线会呈大角度下行或缓慢下行，但分时成交量必须呈明显的长量柱状态，或持续大阴量状态，如图 3–13 中 A 区域所示的情况。

（3）小贴士

分时图上出现反转向下的量价齐跌形态时，由于分时图上只显示一个交易日的走势，所以判断之前的走势是否向上时，并不一定会出现明显的一轮上涨，大幅高开后放量持续回落形态，也是一种走势反转向下的量价齐跌形态。

第5节　分时量判断股价强弱

无论股价是上涨放量或下跌放量，还是处于缩量状态，大家都能看出其强弱程度。

1. 上涨时放量的强弱判断

在股价上涨时，分时图上会表现为股价线持续向上运行，但判断这种股价的上涨是否强势时，则应根据成交量的表现来判断。只有股价线上涨的斜率较大，分时量柱明显持续变长，才说明有大买单在持续买入这只股票，才会形成股价持续上涨的强势。如果股价线向上运行的斜率不大，则必须确保成交量能够持续不断地变长，也就是持续放量上涨，这时才能确认股价持续强势。如果分时成交量不能持续放大，则这种上涨状态只能是一时的上冲。

（1）案例解读

图3–14是易见股份（600093）2019年3月4日的分时图。股价在昨日收盘线上方小幅高开后横盘震荡，午后持续上涨，在A区域、B区域和C区域，量能出现明显持续的阳量柱变长的放量状态，说明股价上涨时有量能的持续助涨，属于强势，建议果断买入股票。

（2）实战要点

第一，判断股价线上涨时的强弱，主要观察的指标是分时成交量，此期间股价线必须形成明显的上涨状态，且在昨日收盘线上方向上运行，如图3–14中所示的情况。

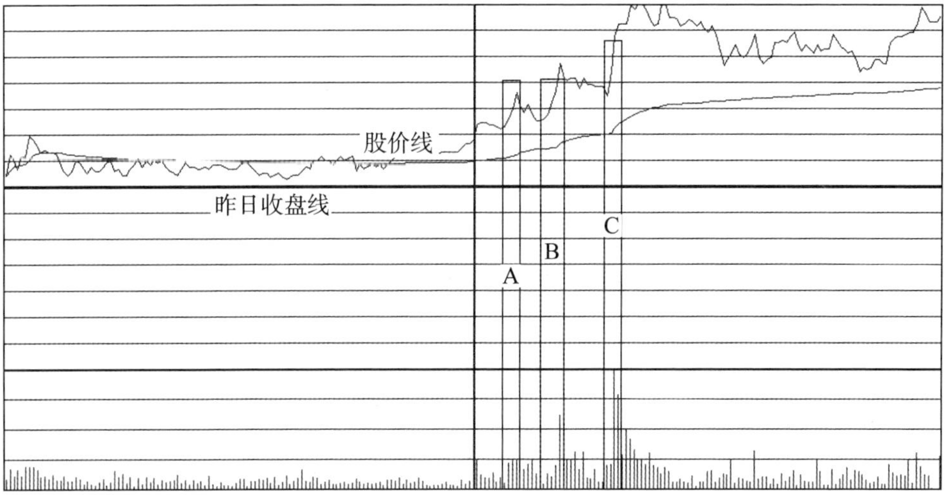

图 3-14　易见股份（600093）分时走势图（2019.3.4）

第二，根据量能判断股价线上涨的强弱，只有在股价线持续上涨时，成交阳量能够持续放大，或量能格外放大时，方为强势，图 3-14 中所示的情况，属于股价线上行的持续阳量放大。

（3）小贴士

在判断上涨走势强弱时，分时阳量柱线越长，股价线向上运行的角度越大，或分时阳量放量持续的时间越久，则越说明上涨强势，否则就说明上涨势头相对较弱。

2. 下跌时放量的强弱判断

当股价下跌时，在分时图上表现为股价线向下运行。当发现分时量表现为持续放大状态的阴量时，则说明趋势快速转弱。如果股价由上涨转跌前一直运行在昨日收盘线上方，此时出现阴量持续放大和股价下跌，但其后股价出现止跌震荡，量能缩减，说明这只是上涨中的回调止跌。证明强势上涨时必须确保放量，否则一旦再次持续放量下跌，跌破昨日收盘线后依然持续放量，则意味着趋势已经转弱。如果股价线在大幅高开后快速放大量下跌，则是走势快速转弱的征兆，建议果断卖出股票。

（1）案例解读

图 3-15 是云天化（600096）2019 年 4 月 29 日的分时图。股价在小幅高开后弱势下跌，跌破昨日收盘线后继续震荡下跌。在 X 区域，下方分时量的 A 区域、B 区域和 C 区域，均出现明显的阴量放大，H 区域股价线下行，E 区域同样出现一根天量阴量，说明走势很弱，导致股价在阴量放大状态下出现快速下跌，最终股价以跌停收盘，建议回避这类形态的股票。

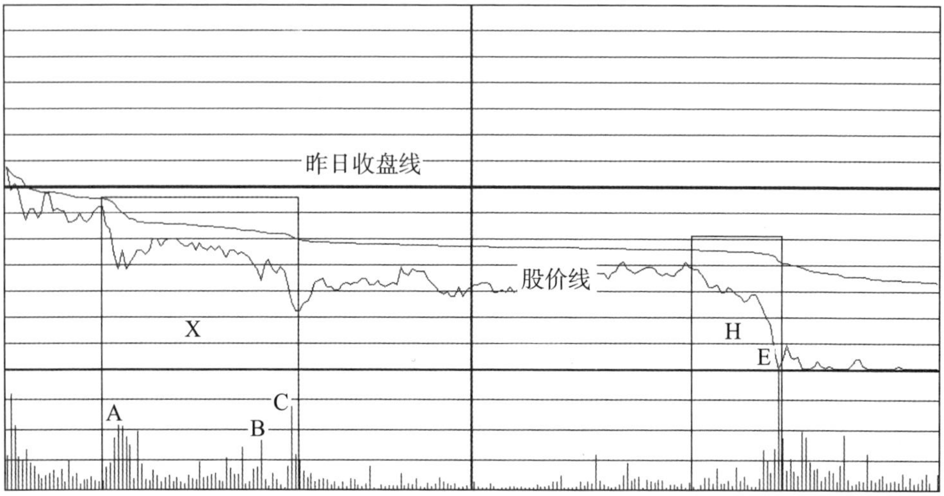

图 3-15　云天化（600096）分时走势图（2019.4.29）

（2）实战要点

第一，当股价线处于下跌状态，尤其是跌破昨日收盘线后的下跌状态时，方可确认为弱势下跌，这时可根据量能来判断强弱状态，如图 3-15 中所示的情况。

第二，通过量能判断走势强弱时，只要发现股价线在下行时出现量柱变长的放量，即可确认为弱势，如图 3-15 中 X 区域和 H 区域所示的情况。

（3）小贴士

在判断下跌走势强弱时，成交阴量的量柱越长，或持续时间越长，说明走势越弱。反之，则说明下跌强度一般。

3. 缩量的强弱判断

股价在分时图上运行时出现缩量，根据之前的走势，可分为以下 3 种情况进行分析。

第一种情况是，之前是上涨走势，此时如果出现缩量，说明上涨中未能获得买入资金的支持，是上涨趋势难以持续的表现。但如果是上涨趋势中的回调行情，则缩量代表卖出资金减少，是股价即将止跌回升的征兆。

第二种情况是，之前是下跌走势，如果出现缩量，说明卖出量减少，股价下跌趋缓，但因为整体走势处于弱势，所以不能判定走势已转强，只有持续放量上涨，方可确认转为强势。另外，下跌中缩量往往是下跌弱势持续的表现，如股价下跌过程中经常出现阴跌或盘跌状态，都属于弱势表现。

第三种情况是，之前是震荡走势，此时即便出现缩量，往往研判意义也不大，因为这是震荡走势中常见的一种量能表现，后市大概率维持之前的弱势震荡格局。

（1）案例解读

①上涨走势中的缩量强弱判断

图 3–16 是哈高科（600095）2019 年 5 月 9 日的分时图。股价开盘后持续震荡，进入 A 区域，股价线快速上行，分时阳量明显持续放大，股价一举向上突破昨日收盘线，形成上涨走势。股价线上攻过程中小幅回调时，量能明显缩量后再次放阳量，说明这种回调无论是在时间上还是在幅度上均较小，股价强势依旧，建议在缩量止跌时及时买入股票。

②下跌走势中的缩量强弱判断

图 3–17 是哈高科（600095）2019 年 4 月 29 日的分时图。在小幅高开后低走的过程中，股价线跌破昨日收盘线，之后持续下跌，进入 B 区域和 C 区域后，股价反弹时，量能明显缩减，说明反弹力度有限，是弱势反弹即将结束的征兆，建议不要参与。

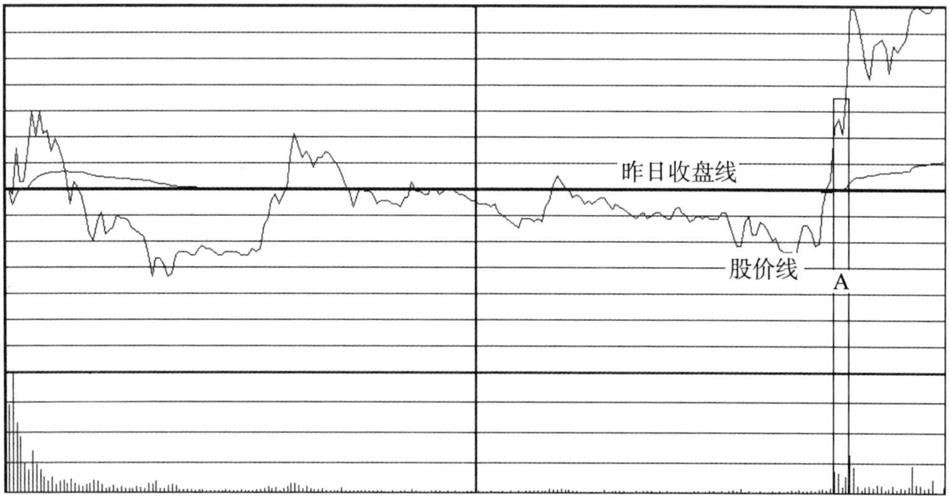

图 3-16　哈高科（600095）分时走势图（2019.5.9）

图 3-17　哈高科（600095）分时走势图（2019.4.29）

③震荡走势中的缩量强弱判断

图 3-18 是哈高科（600095）2019 年 5 月 2 日的分时图。股价开盘后短暂震荡，即形成跌破昨日收盘线后的弱势下跌走势。在其后的 A 区域，股价线弱势震荡，下方成交量的 B 区域、C 区域、D 区域和 E 区域出现持续缩量状态，说明依然弱势，导致市场资金买入不积极，建议回避这种形态的股票。

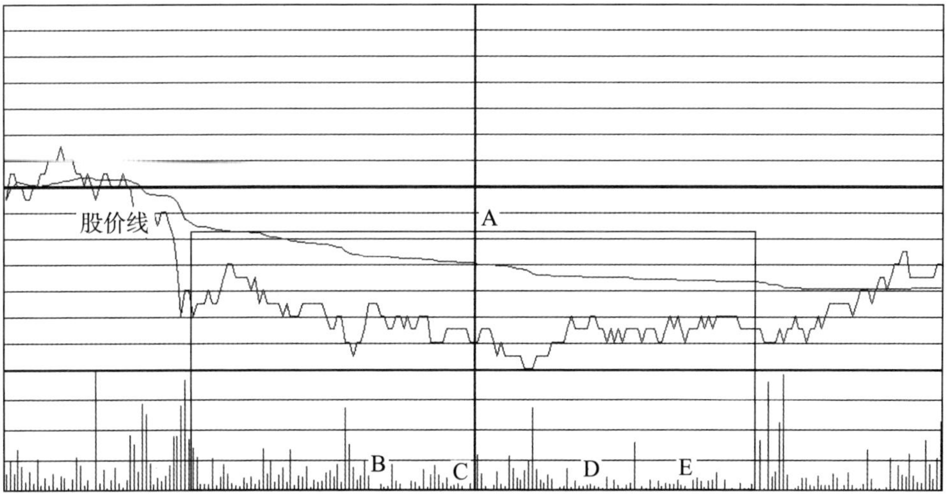

图 3-18　哈高科（600095）分时走势图（2019.5.2）

（2）实战要点

第一，当股价在上涨走势中缩量时，往往是股价线在昨日收盘线上方向上运行中出现下跌回调时缩量，如果缩量持续时间短、股价回调力度较小，明显缩量意味着回调很快结束，建议果断买入这类股票，如图 3-16 中所示的情况。

第二，当股价在下跌走势中出现缩量时，往往是股价线在昨日收盘线下方向下运行中出现反弹时伴随缩量，此时的缩量是反弹无力的表现，建议回避此类股票，如图 3-17 中 A 区域所示的情况。

第三，如果股价是在震荡走势中出现缩量，属于弱势特征，建议采取回避观望的态度，如图 3-18 中所示的情况。

（3）小贴士

根据缩量判断走势的强弱时，首先必须判断出当前的走势是上涨、下跌，还是震荡，这样才能更准确地判断出缩量状态下的走势强弱。

第 6 节　依据量价判断走势强弱的盘口状态

不同的量价关系，对应着不同的盘口信息。

1. 换手持续放大

通过分时图的量价关系判断走势强弱时，盘口信息依然很重要。尤其是在走势强劲反转向上时，股价线一般会放量上涨，盘口的换手率也会持续放大。通常来说，换手率达到 3% ~7% 时，说明这只股票受到资金关注，这时基本上可以确认股价短线转为强势，建议果断在放量上涨时买入股票。

（1）案例解读

图 3–19 是秀强股份（300160）2019 年 5 月 16 日的分时图。股价小幅开盘后即形成小幅震荡，进入 B 区域后，出现股价线大角度上行、成交阳量持续放大的现象。此时观察右侧盘口发现，A 区域的换手率（实）出现快速放大，说明短线已快速启动，建议果断买入股票。股价涨停后，换手率达到最高的 11.88%，属于股价快速启动时的高换手率情况。

（2）实战要点

第一，通过换手率持续放大来判断行情强弱时，要关注股价快速启动时的盘口信息状态，图 3–19 中所示的换手率情况，即是股价线大角度放量上行时换手率激增情况。

第二，通过换手率持续放大来判断行情强弱时，应观察盘口处的换手率（实），即实际换手率，只有换手率（实）出现快速放大，多数达到 3% ~7% 时，方为理想状态。换手率突然表现为极高，往往更能证明这只股票活跃，如图 3–19 中所示的情况。

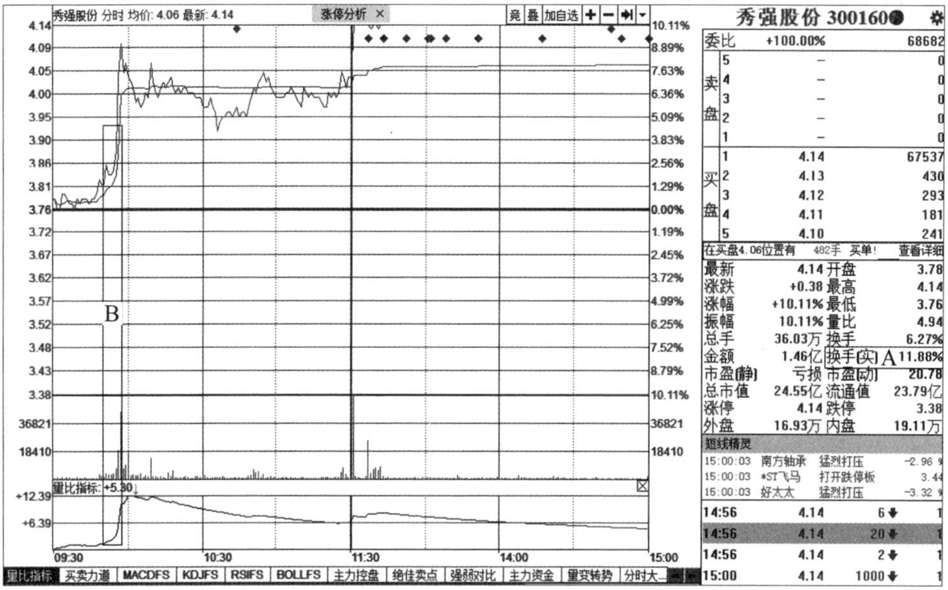

图 3-19　秀强股份（300160）分时走势图（2019.5.16）

（3）小贴士

利用换手率判断股价是否强势，往往是短线操作快速启动牛股或抓涨停时需关注的信息。此时，除了换手率出现持续快速放大外，股价线往往形成大角度的向上走势，并且分时阳量明显放大时，形态会更可靠。

2. 量比持续上升

在短线操盘中，量比指标同样是盘口的一个重要指标。只有股价线在分时图上持续放量上涨，右侧盘口信息栏内的量比表现为红色，同时分时图最下方的技术指标区域内，量比指标持续向上运行，才能说明这只股票受到市场的持续关注。但在利用量比来判断走势强弱时，不应单独使用这一指标，要结合换手率来判断。只有换手率持续激增到 3% ~7%，量比指标持续上行，方为强势特征。这就意味着，量比指标只是短线判断股价强弱程度的一个参考指标。

（1）案例解读

图 3–20 是常铝股份（002160）2019 年 5 月 16 日的分时图。在股价小幅高开后的 A 区域，股价线快速大角度上行，成交阳量持续放大。盘口的 B 处，量比为红色的正值 2.38，且 A 区域最下方技术指标区域中的量比指标为持续快速上行状态，表明股价快速上涨中，市场资金高度关注这只股票，造成量比持续攀升的情况。换手率也在开盘近 10 分钟左右时达到 C 区域的 2.68%，短线强势特征明显，建议及时买入股票。

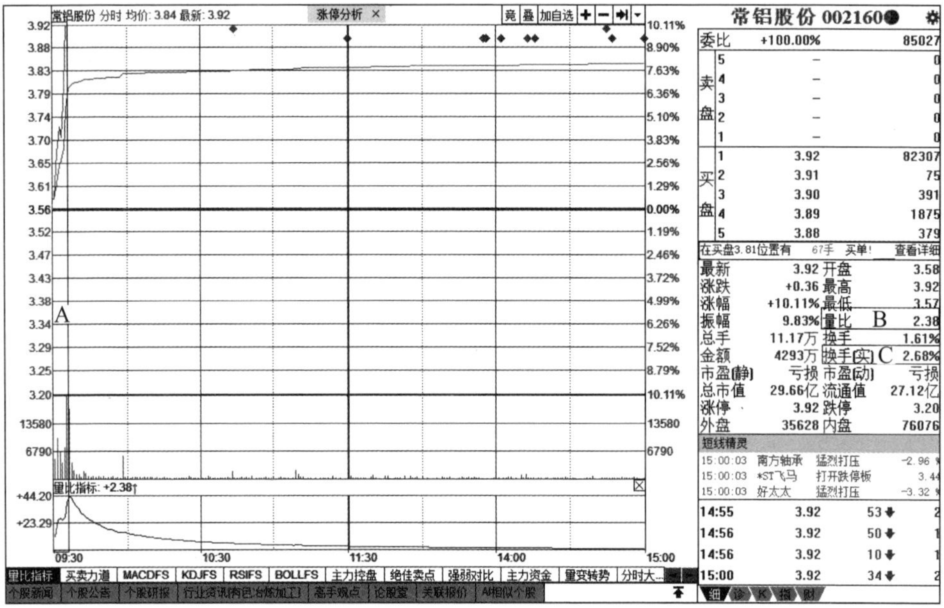

图 3–20　常铝股份（002160）分时走势图（2019.5.16）

（2）实战要点

第一，根据量比指标持续上升状态判断股票走势强弱时，不仅要观察盘口信息中量比值大小的变化，确认数字的颜色为红色，同时分时图下方量比指标也要呈明显的上升状态，方可证明量比快速增长，如图 3–20 中 B 区域和 A 区域下方所示的量比情况。

第二，根据量比大小来判断走势是否强势时，还要结合股价表现。当股价表现为明显的量价齐升状态时，换手率出现激增，方可确认为强势启动，如图 3–20 中所示的情况。

（3）小贴士

根据盘口信息内的量比指标来判断股价短期走势强弱时，量比为红色的正值，并持续上升，意味着市场热度较高。但必须结合技术指标显示区域的量比指标线走势来判断，同时综合分时图上的量价状态及换手率来判断，因为量比指标只是一个参考指标。

3. 外盘大于内盘

内盘属于卖方主动以低于或等于当前买一、买二、买三等价格下单后委托卖出股票时的成交数量，外盘则是指买方主动以高于或等于当前卖一、卖二、卖三等价格下单后委托买入股票时的成交数量。只有外盘持续增加，其数量大于内盘，才意味着市场成交资金是在主动以高于委卖挂单价的方式成交股票，说明市场资金在纷纷作高买入这只股票，市场热度自然极高，尤其是外盘远大于内盘，说明这种情况更为强烈。外盘远大于内盘，且外盘数量依然在快速增长，就意味着这只股票受市场资金的关注度极高，是短线超强的表现，建议及时买入股票。

内盘与外盘的对比情况与量比一样，只是一种判断股价走势强弱的参考数据，不能单独作为研判走势强弱的唯一标准。因为主力资金在维持股价高位震荡的出货阶段，同样会吸引很多市场资金跟风，造成外盘数量较大。因此，内盘与外盘的数量对比不是绝对的，只能作为一种参考数据来使用。

（1）案例解读

图 3–21 是五洲交通（600368）2019 年 5 月 16 日的分时图。在 A 区域和 C 区域，股价线出现大角度上行、成交阳量持续快速放大的量价齐升走势时，右侧盘口 B 区域的外盘始终大于内盘的数量，最高时达到外盘 70.52，内盘 58.38，说明市场资金是以挂高价买入的方式纷纷买入股票，市场热度极高，建议果断买入。

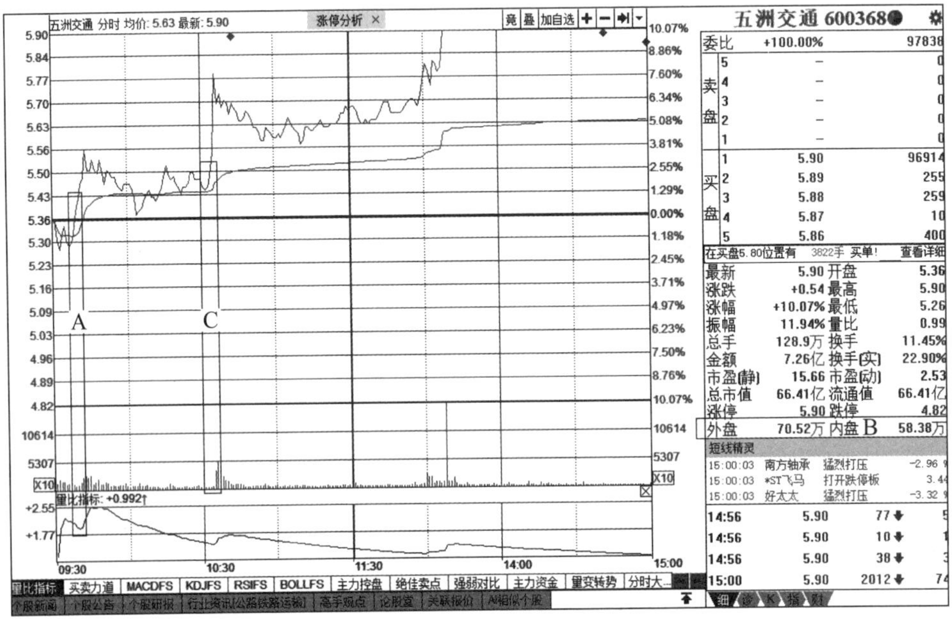

图 3-21　五洲交通（600368）分时走势图（2019.5.16）

（2）实战要点

第一，观察盘口信息中外盘与内盘的大小时，应首先确保分时图上形成明显的股价快速启动上涨形态，图 3-21 中 A 区域和 C 区域所示的情况，即为股价线放量大角度上行的快速启动形态。

第二，观察外盘与内盘的数据时，快速启动的股票，往往其外盘远大于内盘时，方为市场资金纷纷作高买入股票的征兆，如图 3-21 中所示的情况。

（3）小贴士

根据外盘与内盘的对比信息来判断股价短线强弱程度时，虽然外盘大于内盘，属于市场热度较高的情况，但不能仅仅凭借这一信息确认为股价强势，只有分时图上形成明显的量价齐升时，方可买入。也就是说，外盘大于内盘的情况，只是短线操盘中盘口信息的一种参考依据。

第4章
早盘分时图形态实战

早盘包括开盘前的集合竞价阶段和开盘后30分钟内的分时走势。看似早盘的时间并不长，却是争夺最激烈的一个时间段。在这一时间段内，多空双方的厮杀往往是最为惨烈的。实战中，早盘是最不容忽视的一个时间段。

第1节　开盘强弱

一只股票的开盘价，往往是开盘前集合竞价的结果，开盘强弱是集合竞价中多空双方对决的结果。

1. 集合竞价

集合竞价是指对一段时间内市场接收到的买卖申报进行一次性集中撮合的竞价方式。以我国A股市场的竞价交易制度为例，集合竞价时成交价的确定遵循以下几个原则。

第一，在有效价格范围内选取成交量最大的价位。

第二，高于成交价格的买进申报与低于成交价格的卖出申报全部成交。

第三，与成交价格相同的买方或卖方至少一方全部成交。

当两个以上价位符合以上条件时，上海证券交易所规定，使未成交量最小的申报价格为成交价格。若仍有两个以上申报价格符合条件，取其中间价作为成交价格。深圳证券交易所取距前收盘价最近的价位作为成交价。集合竞价的所有交易以同一价格成交，集合竞价未成交的部分，自动进入连续竞价。

集合竞价时间包括早间集合竞价时间9:15—9:25和闭市前集合竞价时间14:57—15:00。通常说的集合竞价时间是早盘的9:15—9:25。集合竞价是市场进入正式交易前确定开盘价的阶段，基本上一只股票的全天强弱，在集合竞价阶段就已经反映出来了，但并不能根据集合竞价的情况作为判断股票强弱的标准和买卖股票的依据。不过，投资者可以从集合竞价的情况看出开盘前各路资金对这只股票价格的争夺程度，从而在开盘时观察最终的竞价结果，做到对这只股票的走势有一定的预判。

晚盘的 14:57—15:00 为尾盘时防止资金恶意抬高或压低股价而提前中止交易的时间，此时是以集合竞价的方式来参与，与早盘集合竞价的意义不同。

（1）案例解读

图 4-1 是东方金钰（600086）2019 年 5 月 16 日的分时图，点击 B 区域的“竞”，选择“保持开启”，即会出现 A 区域和 C 区域。其中，A 区域是早盘集合竞价状态下的股价走势，C 区域则是尾盘 3 分钟内中止交易时以竞价方式挂单的情况。可以看出，虽然 A 区域股价是以远低于昨日收盘价的价格出现，但一直处于持续上行状态，表明早盘集合竞价的结果依然以做多为主，只不过空方的力量一直较强，致使多方力量显示较弱。

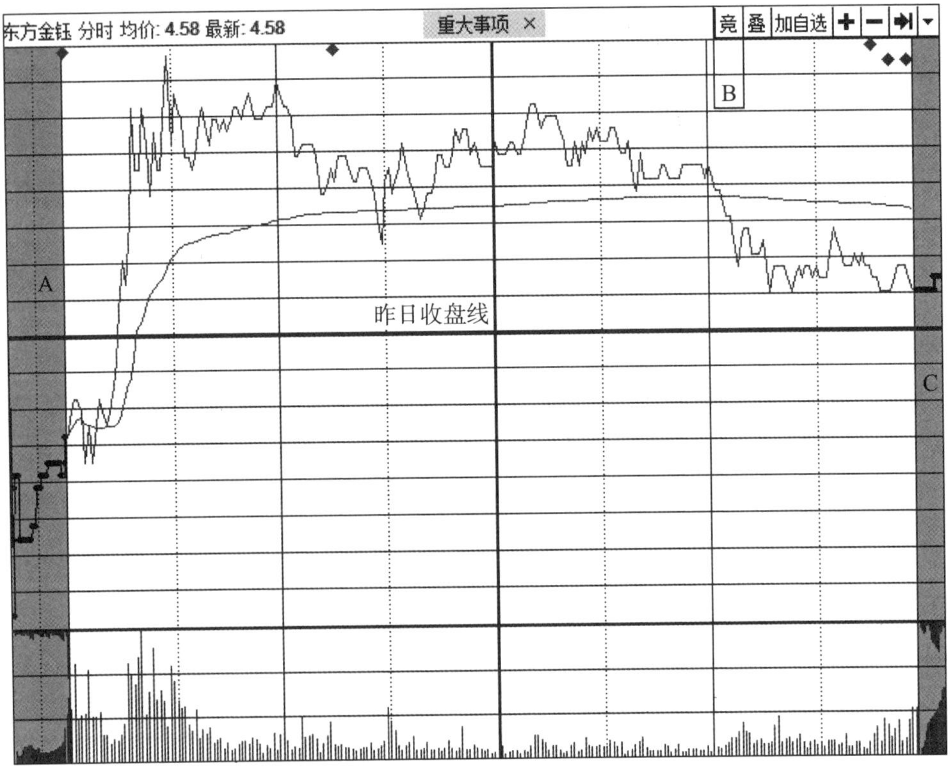

图 4-1　东方金钰（600086）分时走势图（2019.5.16）

（2）实战要点

第一，在观察集合竞价时，主要是观察早盘开盘前的集合竞价过程，即每个交易日 9:15—9:25 期间的股价走势，如图 4-1 中 A 区域所示的情况，不是 14:57—15:00 期间 C 区域所示的情况。

第二，在大多数情况下，一只股票集合竞价中的股价走势，基本上可以预示当天的走势情况，如图 4-1 中 A 区域的走势，即预示出了当天的股价走势。当然，这并非是绝对的，所以建议要理性地对待集合竞价的结果。

（3）小贴士

集合竞价只是反映出了一只股票开盘前资金的倾向，并不能真实地反映出一只股票开盘后的具体走向，所以只能作为一种对开盘后走势趋向的观察和判断。

2. 开盘价

了解集合竞价的规则可知，一只股票的开盘价是集合竞价的结果。当一只股票的开盘价确定后，投资者就可对这只股票的强弱程度有一个明确的判断，然后根据这只股票的开盘情况，以及开盘后具体的走势来分析其强弱程度。作为长期盯盘的短线投资者来说，了解开盘价是每日盯盘中一项不可缺少的准备工作。做足准备工作，然后就可以从集合竞价结果中选择那些开盘强劲的强势股，作为当日可能操作的股票进行持续观察。

（1）案例解读

图 4-2 是大名城（600094）2019 年 5 月 16 日的分时图。从 B 区域集合竞价情况可以看到，股价在集合竞价时一直处于资金全力做多的上升状态，致使 A 区域的开盘价开在昨日收盘线的上方，以高于昨日收盘价的方式开盘，说明这只股票开盘即表达出了做多的愿望。

（2）实战要点

第一，开盘价的高低，都是经过早盘集合竞价形成的，图 4-2 中 A 区域的高开，即是 B 区域集合竞价中资金持续做多的结果。

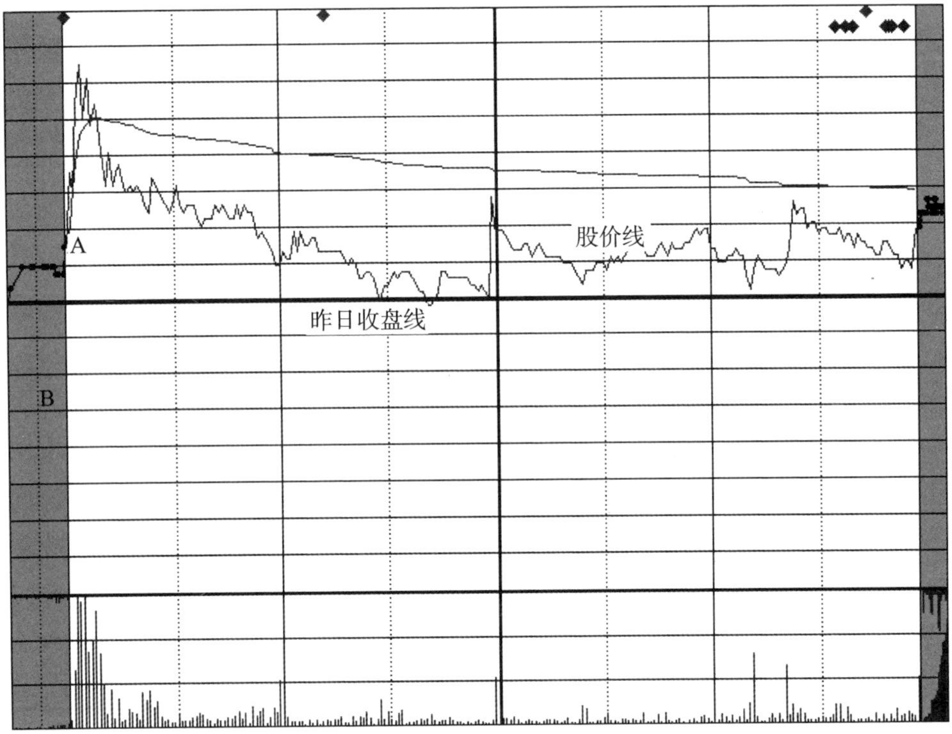

图 4-2　大名城（600094）分时走势图（2019.5.16）

第二，开盘价只是反映出集合竞价的结果，股价当天的走势强弱，还需要通过观察开盘后的走势情况来确定。图 4-2 中股价在 A 区域是高开的，其后却出现快速冲高回落，形成股价线围绕开盘价的反复上下震荡。

（3）小贴士

开盘价高开不一定意味着开盘后股价就会强势走高，同样，开盘价低不代表走势一定会走弱，应根据开盘后个股具体的走势来判断走势的强弱。

第 2 节　开盘方式

在大多数情况下，开盘方式均预示着这一交易日的股价强弱状态。投资者明白了高开、低开和平开的开盘方式，更容易提前预判股价全天的强弱走势。

1. 高开

高开就是股价以高于昨日收盘价的价格开盘。高开，往往体现出各路资金纷纷看好这只股票，因此在集合竞价阶段以较高价格成交。当然，也不排除主力资金以拉高卖出为目的而导致的股价大幅高开。当一只股票高开时，只能说明这只股票有进一步走高的可能，要确认是否为强势股，还应观察开盘后的走势情况。大多日线上处于低位启涨形态的股票，在分时图上高开时，成为强势股的概率往往要高一些；而那些日线上经过短线大幅上涨的股票，分时图上大幅高开后，连续交易阶段往往会出现大幅回落，这是趋势转弱时常见的现象。

（1）案例解读

图 4–3 是林海股份（600099）2019 年 2 月 25 日的分时图。当日股价是在昨日收盘线上方小幅高开的，高开后出现震荡上涨，但强势特征并不明显。此时要确认是否买入，建议再观察一下日线走势。

图 4–4 展示的是林海股份（600099）日线图，这只股票在图 4–3 中高开，开盘后震荡走高，但强势特征不明显。图 4–4 中 B 区域的 K 线对应该分时走势，此时股价正是日线形成均线多头上涨形态的初期，所以，可以在图 4–3 中股价震荡上涨时放量不明显的情况下，及时买入这只股票。

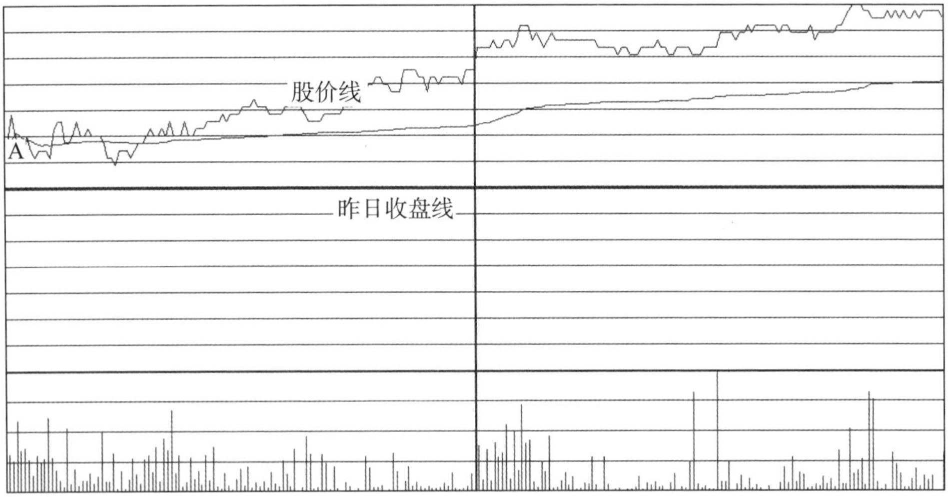

图 4-3　林海股份（600099）分时走势图（2019.2.25）

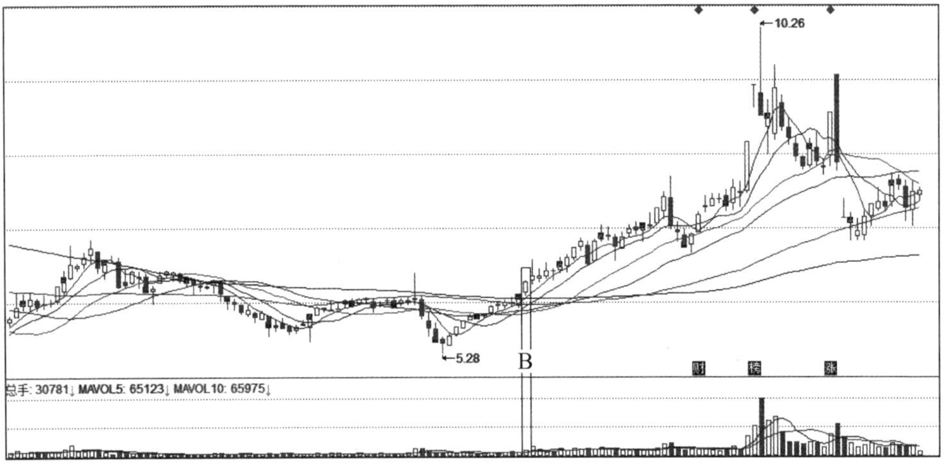

图 4-4　林海股份（600099）日线图

（2）实战要点

第一，一只股票出现高开，是指分时图上股价线开盘时位于昨日收盘线上方，如图 4-3 中所示的情况。

第二，股票高开并不意味着强势，当分时图上高开高走的股票强势特征并不明显时，可以观察日线图来判断走势强弱，然后再决定是否买入。图 4-4

中所示的情况，即为日线多头趋势初步形成的时期，可以安心买入。

（3）小贴士

高开代表集合竞价阶段股价有上涨的冲动，但最终高开后，股价并不一定会持续强势走高，甚至还会转弱。一只股票的走势强弱，应根据开盘后的具体走势来判定。

2. 低开

低开是指股票的开盘价低于昨日收盘价。在分时图上，低开表现为股价线出现在昨日收盘线下方，显示股价处于一种弱势。在判断股票当日走势强弱时，不能简单地以低开或高开来确定。低开只是表明当日这只股票具有弱势走低的欲望，并不表示一定会走低，尤其是股价在日线上处于明显的上涨趋势时，经常会出现上涨中的回调整理。此时，在分时图上会出现短时的弱势低开，但日线上只是上涨的中继整理，分时图上则表现为低开后的弱势震荡。

另外，也不排除主力资金在集合竞价阶段故意隐藏真实意图，任由股价大幅低开，开盘后则突然发力，或在弱势震荡中突然发力，造成这只股票由弱势直接转强。

分时图上的低开，只能说明这只股票开盘弱势，具体的强弱情况，还应根据开盘后的走势情况来判断。

（1）案例解读

图 4-5 是同方股份（600100）2019 年 5 月 13 日的分时图。A 区域开盘时股价线是位于昨日收盘线下方，所以属于低开，意味着空方在集合竞价时占据主动，股价开盘表现为弱势。在全天走势中，股价一直围绕开盘价弱势横盘震荡，建议持币观望。

（2）实战要点

第一，低开是指开盘时股价线位于昨日收盘线下方，如图 4-5 中 A 区域所示的情况。

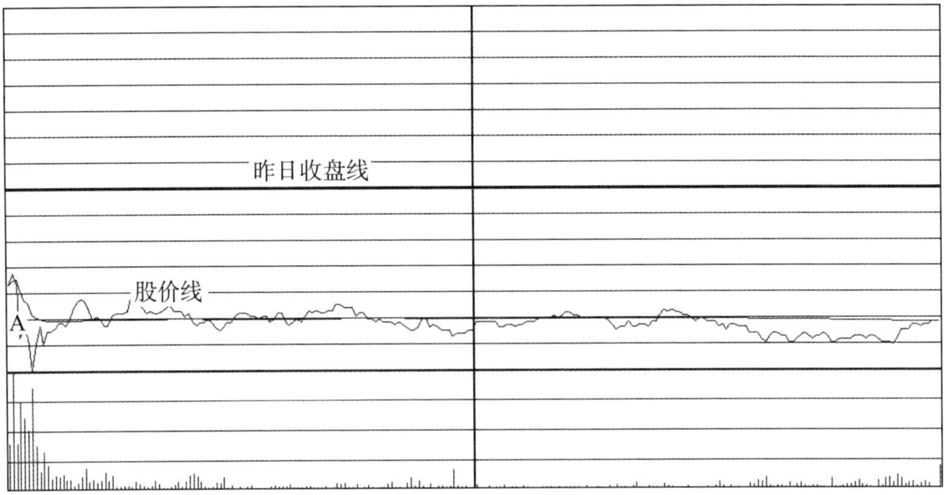

图 4-5　同方股份（600100）分时走势图（2019.5.13）

第二，低开只代表集合竞价中空方力量占据优势，但并不表示当日股价走势一定为弱势，只有观察盘中走势后方可确定走势强弱，如图 4-5 中的低开，全天依然保持着弱势震荡，所以表现为弱势。

（3）小贴士

低开的股票，开盘后并不一定就会呈现出继续弱势走低，低开后持续大幅走高的股票也非常多。实战中，不能忽视低开的股票，一定要在低开后观察其走势，方可判断出其走势强弱。

3. 平开

平开是指开盘价与昨日收盘价相同。这时，在分时图上会显示股价线出现在昨日收盘线上。现实中，不是开盘价与昨日收盘价完全相同时才叫平开，只要开盘价与昨日收盘价相差不大，即可认为是平开。

平开意味着股价维持着昨日的收盘状态，大多数情况下，可根据日线上昨日的走势来判断具体的走势强弱。但是，平开并不一定说明这一交易日内的股价走势会维持之前的走势，因为多空力量随时可能在盘中偏向一方。平开只是一种平淡开盘的表现，具体的走势强弱，依然要根据当天的盘中走势来确定。

（1）案例解读

图 4-6 是云天化（600096）2019 年 5 月 16 日的分时图。在 A 区域股价线开在昨日收盘线附近，从盘口信息中可以发现，当日是以 6.42 元开盘的，刚好是昨日收盘价，所以属于平开。其后，股价在下跌后出现回升，并一举向上突破昨日收盘线，形成强势震荡上涨，所以平开后的股价呈现出先弱后强的情况。

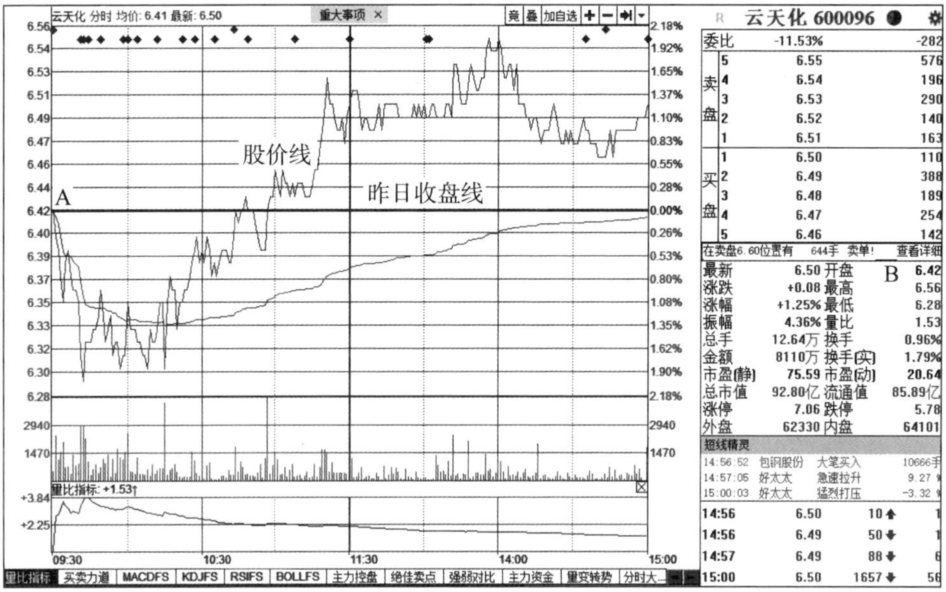

图 4-6　云天化（600096）分时走势图（2019.5.16）

（2）实战要点

第一，在分时图上出现平开时，并不需要开盘价刚好就是昨日收盘价，只要接近昨日收盘价即可，如图 4-6 中 A 区域所示的情况。

第二，平开的股票并不一定就会表现为弱势，应观察开盘后的股价走势来确定其强弱，图 4-6 中所示的情况，就是股价平开后先是弱势回调，而后又持续转强。

（3）小贴士

平开的股票并不一定意味着股票走势是平淡的，经常会出现平开高走或平开低走的情况。所以，不能以平开来判定当日股价走势较弱，不具有投资价值。

第3节　早盘强势形态

早盘间，股价呈现强势特征时有3种形态，即高开高走、平开高走和低开高走。

1. 高开高走

高开高走是指股价在昨日收盘线之上开盘后，出现向上运行。高开就意味着股价向上的愿望，高走则是直接实现这一愿望的具体表现。高开高走是分时图上股价强势特征最常见的形态。

投资者大都希望在股价低位出现上涨时买入，现实往往与他们的心理相悖。强势股经常会出现大幅高开后快速高走的情况。这时，只要分时量能够跟股价的上涨成正比，即量价齐升，就可以果断买入股票。

（1）案例解读

图4–7是上汽集团（600104）2019年4月4日的分时图。在A区域股价线出现在昨日收盘线之上，属于高开，其后持续向上运行，成交量保持着持续大量状态的阳量，B区域形成高开高走的阳量放大状态，是早盘股价强势的特征，建议及时买入股票。

（2）实战要点

第一，出现高开高走时，必须是股价线出现在昨日收盘线上方，且开盘后形成明显的股价线持续上行状态，方为高开高走形态，如图4–7中A区域所示的情况。

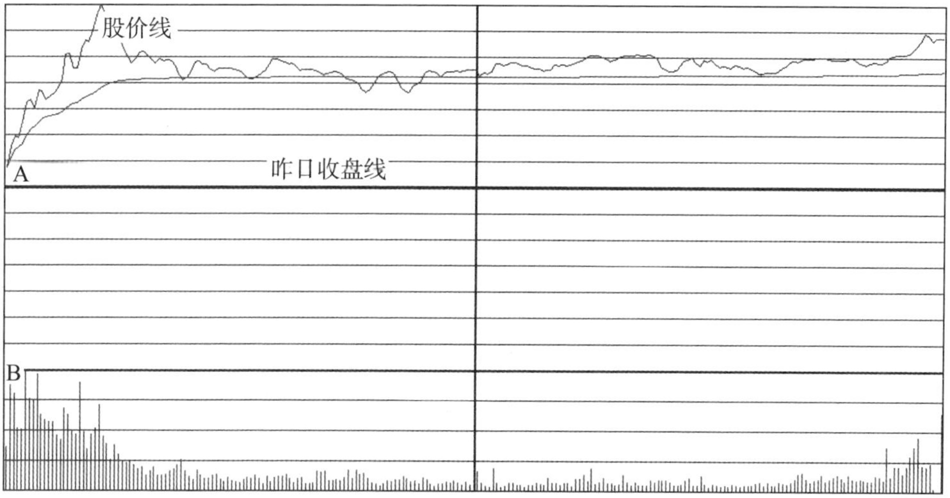

图 4-7　上汽集团（600104）分时走势图（2019.4.4）

第二，要想维持高开高走的强势走势，必须确保开盘后成交量持续处于放大的大阳量状态，如图 4-7 中 B 区域所示的情况。

（3）小贴士

高开高走的股票，只要是在回落中不跌破开盘价，就属于极强状态；如果在回调时跌破昨日收盘线，则说明股价相对转弱。

2. 平开高走

平开高走是指股价在昨日收盘线附近平淡开盘后，持续向上运行。出现这种形态，说明股价处于强势。主力资金在发动上攻时，有时为了麻痹对方，会在集合竞价阶段有意识地保存实力，不让对方看出自己的意图，会控制开盘价开在昨日收盘价附近。平开后突然发力，给空方一个措手不及，从而实现股价持续上涨。

判断平开高走的强弱程度时，一是看股价线在分时图上向上的角度，二是看分时量放大的情况。只要形成明显的持续放量上涨或快速大量上涨，即可确认股价强势，建议果断买入股票。

（1）案例解读

图 4-8 是明星电力（600101）2019 年 5 月 15 日的分时图，在 A 区域，股价线在昨日收盘线处开盘，形成平开形态。其后，股价高走后出现横盘震荡，形成平开高走的形态。由于平开高走后股价表现为高位震荡，所以，B 区域股价线大角度上行时，应确认阳量持续放大，形成区间向上突破时，再买入股票。

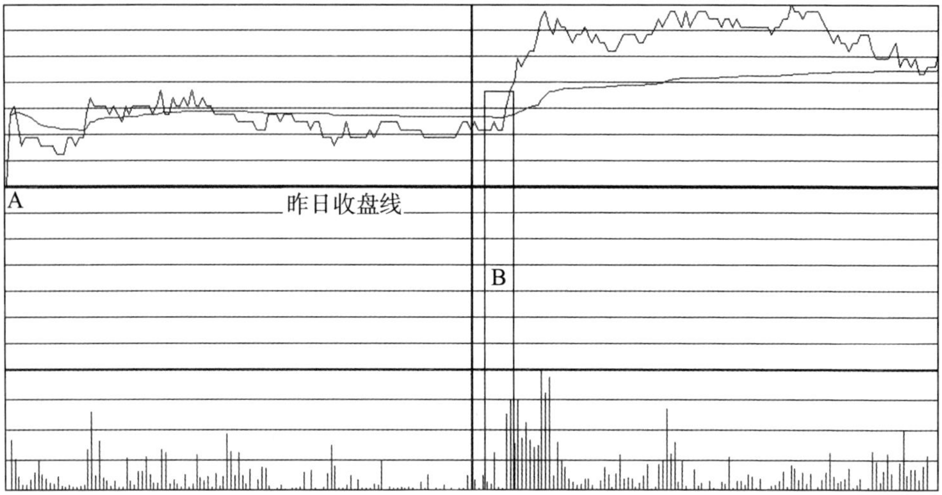

图 4-8　明星电力（600101）分时走势图（2019.5.15）

（2）实战要点

第一，出现平开高走走势时，股价线必须在昨日收盘线附近开盘，形成平开形态，其后必须出现明显的高走形态，方可确认为平开高走，如图 4-8 中 A 区域所示的情况。

第二，确认平开高走为强势，必须确保这种高走能够持续，如果高走后形成高位震荡，那么应在其后区间向上突破时买入股票，如图 4-8 中 B 区域所示的情况。

（3）小贴士

出现平开高走时，如果股价线能够持续高走，分时量也时常出现放大，则说明这只股票处于较强的状态，建议及时买入股票，或者在股价快速上涨时买入。

3. 低开高走

低开高走是指股价在昨日收盘线下方开盘后持续向上运行。出现这种形态，往往说明主力资金在集合竞价阶段力量不及空方，或是有意在集合竞价阶段向对手示弱。一旦开盘即发动向上的攻势，打对方一个措手不及，实现股价上涨。

判断低开高走时的股价强弱程度，同样要根据股价线向上的角度以及量能持续放大的情况。只有在持续放量状态下的低开高走，才是股价强势的表现。

（1）案例解读

图 4-9 是永鼎股份（600105）2019 年 1 月 4 日的分时图，在 A 区域，股价线出现在昨日收盘线下方，形成低开形态。其后股价持续震荡上行，形成高走形态，可以确认为低开高走。B 区域股价向上突破昨日收盘价后，依然放量上涨，表明股价处于强势状态，建议及时买入股票。

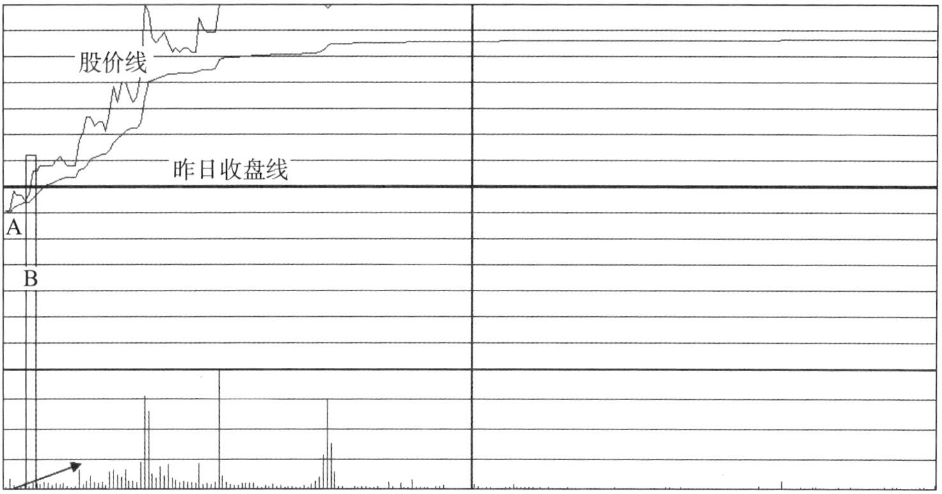

图 4-9　永鼎股份（600105）分时走势图（2019.1.4）

（2）实战要点

第一，出现低开高走走势时，是股价线先在昨日收盘线之下形成开盘的低开，再出现股价线持续向上运行的高走，如图 4-9 中 A 区域所示的情况。

第二，如果低开高走为强势买入形态，则必须确保股价在高走中向上突破昨日收盘线后，依然呈明显的量价齐升状态，如图 4-9 中 B 区域所示的情况。

（3）小贴士

出现低开高走时，如果股价线回调，只要不跌破昨日收盘线，依然可以确认为强势特征；若跌破昨日收盘线，哪怕是围绕昨日收盘线展开震荡，也证明走势再次转弱，此时应根据震荡转强时的特征买入股票。

第 4 节　早盘弱势形态

早盘间，股价处于弱势形态时有 3 种经典形态，即高开低走、低开低走和平开震荡。

1. 高开低走

高开低走是指股价在昨日收盘线上方开盘后，持续向下运行。高开低走是股价在日线上高位回落时，在分时图上经常出现的一种走势，说明股价由强势快速转为弱势，是一种卖出股票的形态。

在高开低走形态中，如果要确认股价快速转弱，应以量能突然放大为准。就是说，股价在高开的情况下，短时出现区间放量，分时量柱开盘就持续出现较长的阴量柱，即可确认股价进入快速转弱走势，建议果断卖出股票。

（1）案例解读

图 4–10 是诺德股份（600110）2019 年 4 月 29 日的分时图。在 A 区域，股价线在昨日收盘线之上开盘，形成高开形态，但开盘后出现持续向下运行，并跌破昨日收盘线后继续向下运行，形成高开低走形态，成交量表现为持续放大的阴量，表明股价由强势转为弱势，建议及时卖出股票。

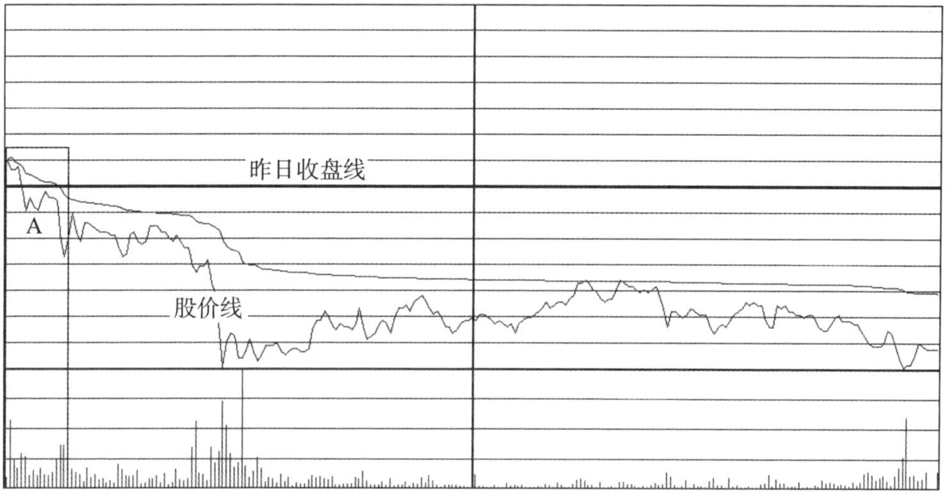

图 4–10　诺德股份（600110）分时走势图（2019.4.29）

（2）实战要点

第一，出现高开低走时，必须股价线先在昨日收盘线上方高开，而后再形成持续向下运行的走势，如图 4–10 中 A 区域所示的情况。

第二，形成高开低走时，如确认为股价由强快速转弱，一是确保期间形成放量下跌，二是如果高开并不太高，必须确保股价线跌破昨日收盘线后依然放量下跌，如图 4–10 中 A 区域所示的情况。但是，如果是大幅高开低走的形态，那么只要是大阴量股价线快速下行，即可确认走势快速转弱。

（3）小贴士

出现高开低走走势时，最好结合日线观察。如果在日线上高位区出现分时图的高开创新高后的低走，往往意味着趋势快速转弱，建议果断卖出股票。

2. 低开低走

低开低走是指股价在昨日收盘线之下低开后持续向下运行。出现这种形态，通常表现为弱势。期间，如果分时量柱持续较长，说明形成放量下跌，是弱势转弱的征兆，建议果断远离这类形态的股票。如果是量柱变化不明显的小量状态，同时为弱势盘跌的情况，建议保持观望。

（1）案例解读

图 4-11 是弘业股份（600128）2019 年 5 月 17 日的分时图。在 A 区域，股价线出现在昨日收盘线下方，形成低开，其后又持续震荡向下运行，形成低开低走形态。在 B 区域，阴量持续放大，说明走势已由弱势再次转弱，如持有此类股票，建议果断卖出。

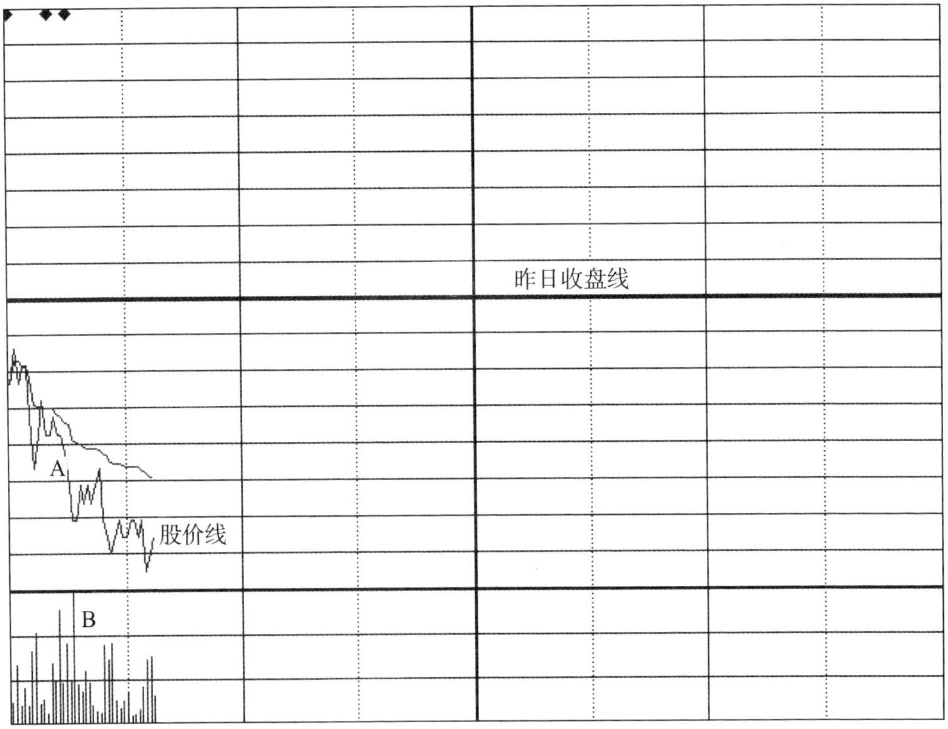

图 4-11　弘业股份（600128）分时走势图（2019.5.17）

（2）实战要点

第一，形成低开低走走势时，股价线必须先在昨日收盘线下方低开，其后出现持续下跌或震荡下跌，方可确认低开低走形态，如图 4–11 中 A 区域所示的情况。

第二，出现低开低走时，如确认为强势转弱的形态，必须确保期间的分时量表现为格外放大的阴量，或是持续大阴量。如图 4–11 中 B 区域为持续大阴量状态，可确认为弱势转弱。

（3）小贴士

低开低走是一种经常出现的股价极弱状态，尤其是日线上处于高位的股票，一旦在分时图上形成低开低走形态，就说明短期走势快速转弱，建议果断卖出股票。

3. 平开震荡

平开震荡是指股价以接近昨日收盘价的价格开盘，其后股价线围绕昨日收盘线反复震荡。出现这种形态，不管是日线上涨中继的整理，还是大趋势的震荡走势，分时图上不管分时量柱长短，还是始终保持较小的状态，都属于开盘弱势的表现，此时不应操作。只有观察到股价真正走强时，方可操作，否则就应始终保持观望。

（1）案例解读

图 4–12 是商赢环球（600146）2019 年 4 月 25 日的分时图，在 A 区域，股价线出现在昨日收盘线上方，形成平开形态。其后，虽然股价震荡上行，但很快转为震荡下行，并跌破昨日收盘线持续向下，且分时量一直保持小量状态，说明股价处于宽幅震荡，建议此时持币观望，不可轻易买入股票。

（2）实战要点

第一，出现平开震荡走势，必须是股价在昨日收盘价附近开盘，其后小幅震荡或宽幅震荡，图 4–12 中 A 区域及其后所示的走势为宽幅震荡。

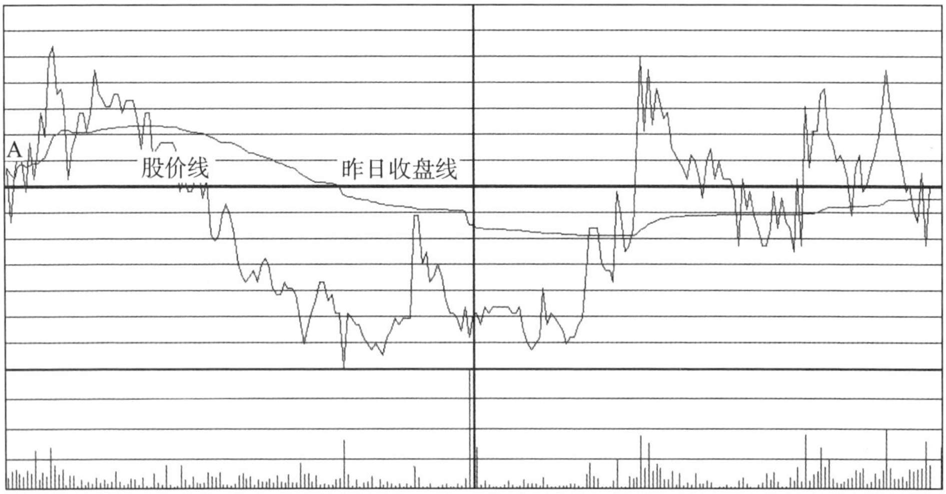

图 4-12 商赢环球（600146）分时走势图（2019.4.25）

第二，出现平开震荡时，若确认为震荡行情，应观察成交量，往往此期间的分时量忽大忽小，或是持续维持小量，如图 4-12 中的情况即为持续的小量状态。

（3）小贴士

在平开震荡形态中，不一定要求股价必须以昨日收盘价开盘，只要股价在昨日收盘价附近开盘即可，略高开些或略低开些也可，只要股价略冲高后回落，或略下跌后回升，走势上形成震荡，均不应参与。

第 5 节 早盘 30 分钟操盘技巧

在早盘实战中，明白了市场强势和弱势特征后，还必须掌握一些形态操作技巧，如开盘急拉、跳空高开、高开回落、低开低走等走势的操作技巧。只有准确分析这些形态的强弱情况，才能准确地把握住强势牛股，回避快速转弱的熊股。

1. 开盘急拉强弱分析

开盘急拉是指股价无论以高开、低开还是平开的方式开盘，在开盘后的 30 分钟内，股价线均以大角度向上运行，同时，分时量明显出现量柱变长的放量状态。

开盘急拉后，只有出现持续放量，方可确认为强势，才可买入股票。开盘急拉后，一旦量能大幅萎缩，股价线出现大角度下行，则说明这波急拉只是早盘的短时上冲，只能维持短时的上涨，此时不应买入股票，观望后再决定是否可以操作。

（1）案例解读

图 4-13 是当代明诚（600136）2019 年 5 月 17 日的分时图。在 A 区域，股价在昨日收盘线上方高开后，出现持续快速上涨，成交量阳量放大，由于是早盘，建议可观察一下再决定是否操作。进入 B 区域，股价回调时未跌破开盘价即止跌回升，建议有经验的投资者可在此时放量止跌回升时买入。或在其后的 C 区域，股价再次回调未跌回 B 区域的平台即出现阳量放大的量价齐升时，果断买入股票，因为这说明开盘急拉后的走势为强势上涨。

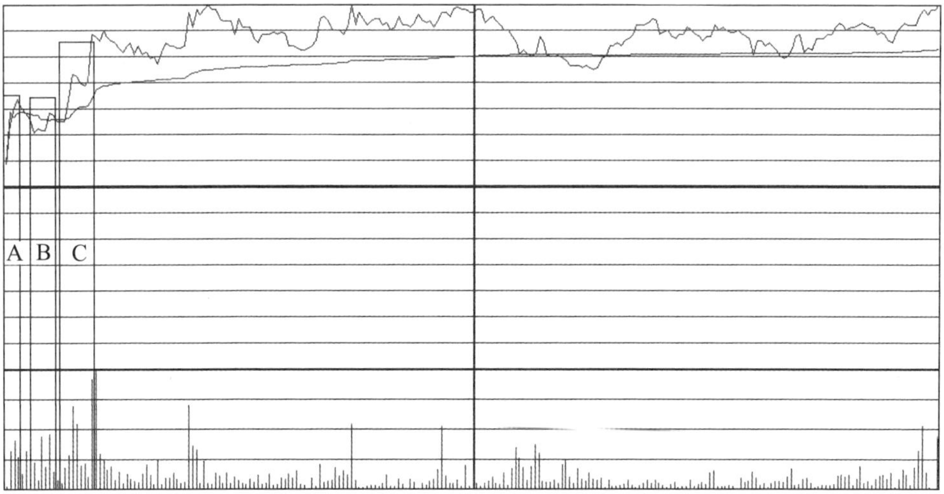

图 4-13　当代明诚（600136）分时走势图（2019.5.17）

图 4–14 是铁龙物流(600125)2019 年 5 月 17 日的分时图。在 A 区域，股价在昨日收盘线附近开盘，属于平开形态。其后股价快速上行，形成急拉，但又快速下跌，成交量为放大阴量，说明早盘分歧较大，不妨观察一下再决定是否买入。其后，股价很快放量跌破昨日收盘线，并持续向下运行，说明股价已快速转弱。所以，开盘急拉只是短线的快速冲高，建议回避此类股票。

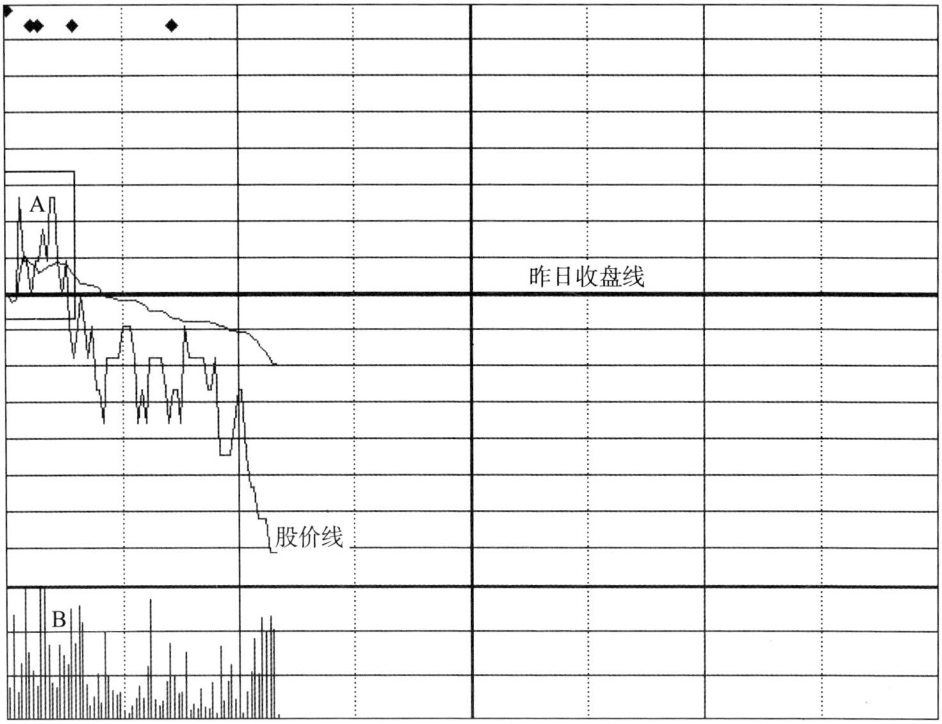

图 4–14　铁龙物流（600125）分时走势图（2019.5.17）

（2）实战要点

第一，开盘出现急拉时，在向上突破昨日收盘线后的回调中，如果股价出现量价齐升的止跌回升，或高开后回跌不跌破开盘价或昨日收盘线即止跌回升，说明走势处于强势，图 4–13 中所示的情况，即是高开后回跌不跌破开盘价即止跌回升的走势，为强势特征。

第二，如果开盘急拉后，股价线快速跌破昨日收盘线，之后依然持续阴量下跌，则表明股价进入弱势，建议回避这类股票，如图 4–14 中所示的情况。

（3）小贴士

出现开盘急拉时，不妨多观察一下，早盘的量能往往较大，股价走势不太真实。只有开盘急拉状态下量能持续放大，且股价线已经运行到昨日收盘线上方，方可确认股价处于强势。

2. 跳空高开强弱分析

跳空高开是指开盘价高过昨日最高价格的情况。跳空高开本身就是一种开盘股价强势的表现，但是只有持续强势才是短线介入的时机。跳空高开后股价持续向上运行，回落时不跌破开盘价，属于明显的超级强势特征。

如果跳空高开后股价跌破了开盘价，一旦在昨日收盘线上方止跌回升，持续上行，同样属于强势特征。但如果股价跌破开盘价后继续跌破昨日收盘线，则意味着股价转弱。如果股价在昨日收盘线附近震荡，则属于弱势整理。只有股价结束震荡，持续放量上涨，并突破昨日收盘线，才是转强的信号。

（1）案例解读

图 4–15 是华星创业（300025）2019 年 5 月 17 日的分时图。在 A 区域，股价线出现在昨日收盘线上方，其后持续快速上行，B 区域的分时量持续阳量放大，形成跳空高开后的快速放量高走，说明股价处于超强上涨状态，建议及时买入股票。

图 4–16 是同洲电子（002052）2019 年 5 月 17 日的分时图。股价在昨日收盘线上方开盘，形成跳空高开，且阳量持续放大，其后的回调中量能大幅萎缩，未跌破开盘价即在 B 区域持续放量上涨，为强势的加速上涨形态，建议果断买入股票。

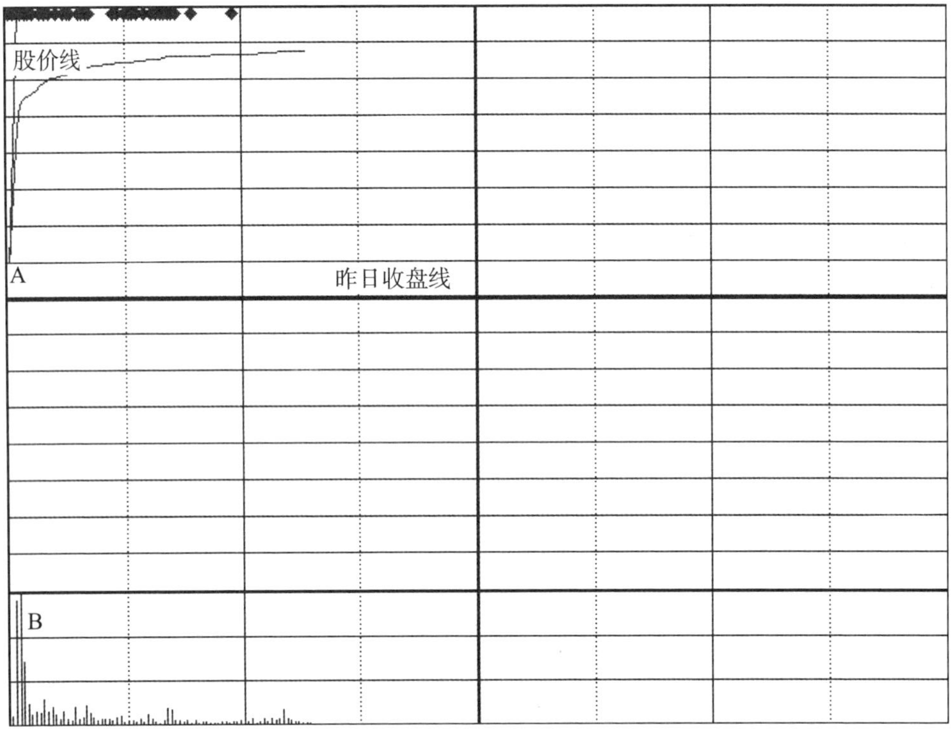

图 4-15　华星创业（300025）分时走势图（2019.5.17）

（2）实战要点

第一，出现跳空高开时，如果是超强类股票，此时股价线往往在持续放量的状态下大角度上行，这类股票的股价通常会直接封上涨停板，建议果断买入，如图 4-15 中所示的情况。

第二，出现跳空高开时，如果开盘急拉时量能放大不明显，其后股价回跌时在开盘价上方即放量止跌回升，为跳空高开后的加速上涨形态，建议及时买入股票，如图 4-16 中所示的情况。

（3）小贴士

分时图上跳空高开的股票，只有高开后持续放量高走，才是强势的特征。如果期间出现回落，且不低于开盘价，则证明超强。跌破昨日收盘线的股票，如果能够放量上涨快速回到昨日收盘线之上，同样证明强势，否则就属于弱势。

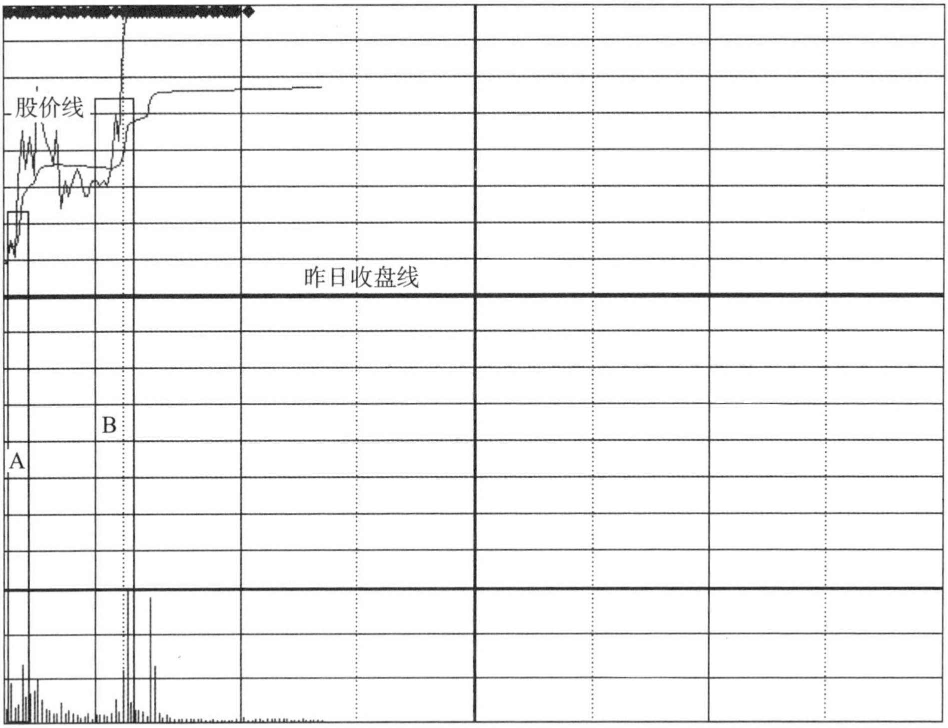

图 4-16　同洲电子（002052）分时走势图（2019.5.17）

3. 高开回落强弱分析

高开回落是指股价线在昨日收盘线上方开盘，小幅上行后转为回落下跌或开盘后直接下跌。出现高开回落，意味着股价高开后受到阻力，所以是一种弱势表现。此时不应买入股票，应在股价持续转强时再操作。

出现高开回落时，如果股价直接向下跌破昨日收盘线，则意味着走势较弱。只有股价在高开回落中未跌破昨日收盘线即持续放量止跌回升，才能证明股价强势，否则均属于弱势。

（1）案例解读

①高开回落的强势情况

图 4-17 是哈高科（600095）2019 年 5 月 17 日的分时图。在 A 区域，股价线在昨日收盘线上方开盘后，形成高开形态。其后，在 B 区域出现小幅

回落，股价短时跌破昨日收盘线。在D区域形成持续阳量温和放大的止跌回升走势。在E区域，再次小幅回落后未跌至D区域低点即开始放量持续回升，说明高开回落后的走势转为强势上涨，建议果断买入股票。

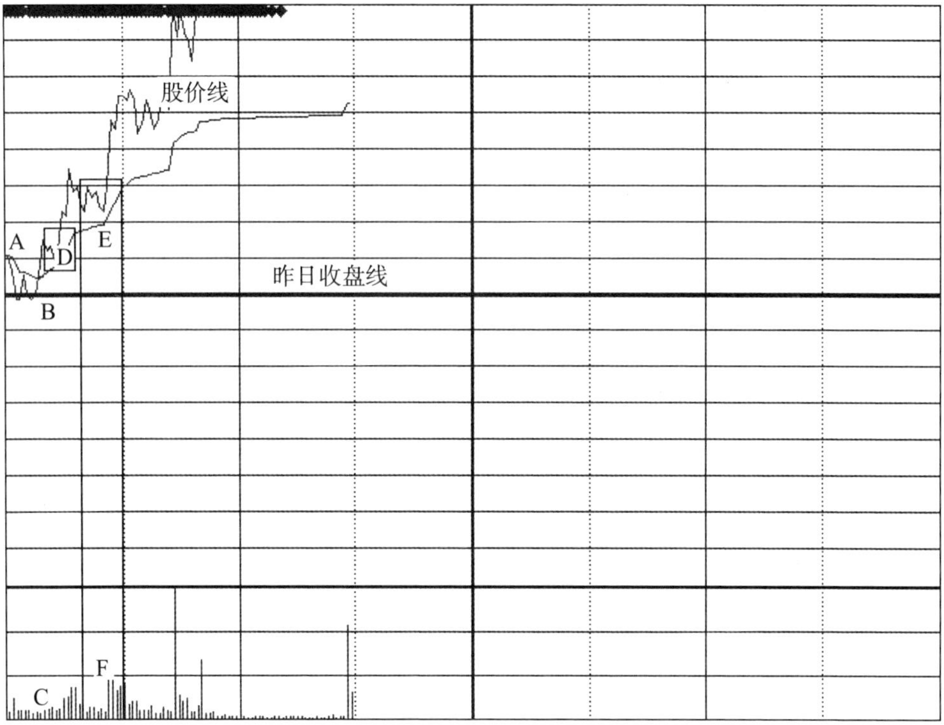

图4–17　哈高科（600095）分时走势图（2019.5.17）

②高开回落的弱势情况

图4–18是岷江水电（600131）2017年5月17日的分时图，在A区域，股价在昨日收盘线上方高开。其后，股价线大角度下行，快速跌破昨日收盘线后依然持续下行，且在B区域的分时量为持续放大状态的阴量，属于明显的量价齐跌状态，说明走势快速转弱，建议及时卖出股票。

（2）实战要点

第一，高开回落走势中形成强势时，股价回落的幅度往往并不大，会在昨日收盘线附近放量止跌回升，甚至仅仅小幅跌破开盘价即放量止跌回升，

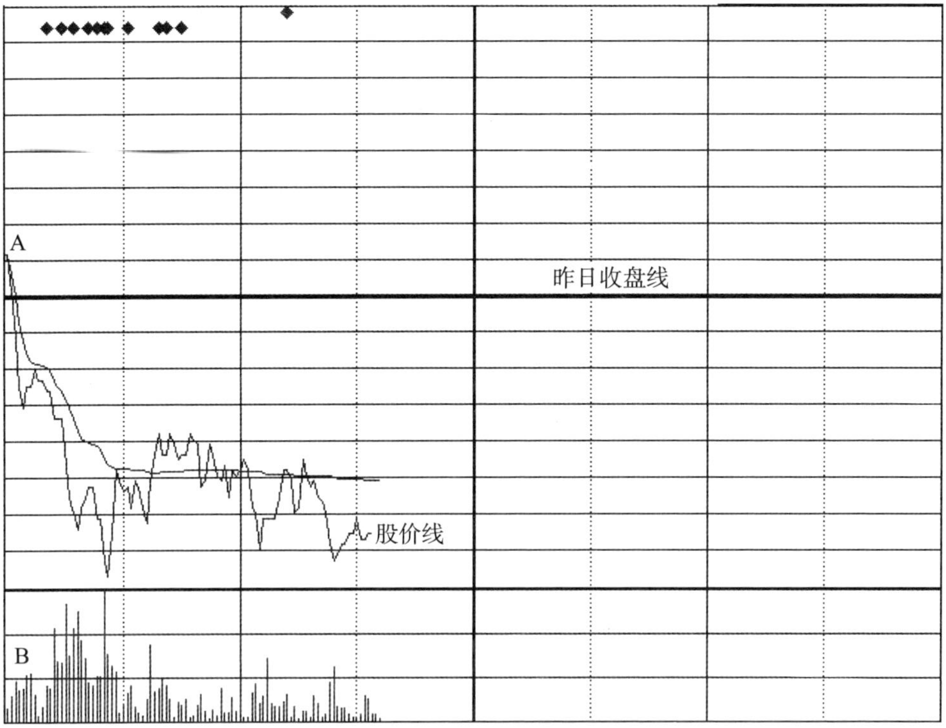

图 4-18　岷江水电（600131）分时走势图（2017.5.17）

图 4-17 中的情况即为股价回落至昨日收盘线附近出现放量止跌回升走势。

第二，高开回落走势中形成弱势时，往往回落时即会直接跌破昨日收盘线，并依然呈持续放量下跌状态，图 4-18 中所示的情况，即是股价在高开回落时，直接大角度跌破昨日收盘线后依然放量下跌。

（3）小贴士

高开回落是股价强势开盘后经常出现的走势，但由于早盘量能一般都处于放大状态，所以根据早盘高开回落特征买入股票时，一定要选择那些回落幅度不大，即未跌破开盘价就快速止跌回升的超强类股票来操作。

4. 低开低走强弱分析

低开低走是指股价在昨日收盘线下方开盘，而后出现持续向下运行，或期间出现小幅上行后再低走。

低开即意味着股价向下的愿望，低走又是这一愿望的具体体现，所以在绝大多数情况下，低开低走均属于极弱表现。当然不排除会有特殊情况，即多方在集合竞价期间未发力，任由股价呈现弱势，而在开盘后30分钟内，股价持续回落到低位时再发力向上。这种情况是早盘股价快速探底回升的表现。股价低开低走后，止跌时必须形成持续的放量上涨，方才可信。这种反转出现之时，即是走势转强后的买入时机，股价向上突破昨日收盘线后依然放量上涨，是最安全的买入时机。

（1）案例解读

①低开低走的强势情况

图4-19是敦煌种业（600354）2019年5月17日的分时图。在A区域，

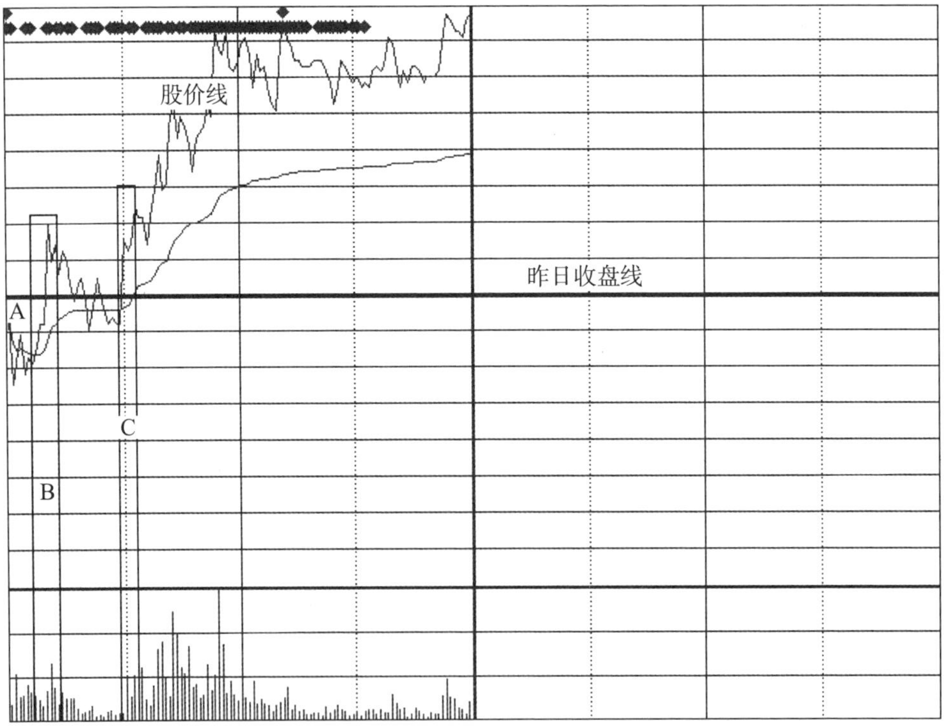

图4-19　敦煌种业（600354）分时走势图（2019.5.17）

股价在昨日收盘线下方低开后持续低走，很快在 B 区域出现明显的阳量温和放量止跌回升，并一举向上突破昨日收盘线。但是，股价很快又回落到昨日收盘线之下，至 C 区域时再次形成股价线大角度上行的量价齐升走势，且放量明显变大，股价很快再次突破昨日收盘线，说明走势已彻底转为强势，建议及时买入股票。

②低开低走的弱势情况

图 4-20 是兴发集团（600141）2019 年 5 月 17 日的分时图。在 A 区域，开盘时股价出现在昨日收盘线下方，属于低开。随后，出现量能温和放大的量价齐跌，为低开低走形态。其后股价持续震荡下跌，成交量也表现为不时放大的阴量柱，说明盘中卖盘较多，低开低走后形成弱势，建议远离这类形态的股票。

图 4-20　兴发集团（600141）分时走势图（2019.5.17）

（2）实战要点

第一，在低开低走后形成强势时，往往是股价小幅回落后即出现明显的放量止跌回升，但必须向上突破昨日收盘线方为转强的买点。若突破昨日收盘线时放量不明显，建议等后面强势特征明显时再买入股票，如图 4-19 中所示的情况。

第二，低开低走后形成弱势时，股价往往会持续下跌或震荡下跌，成交量以阴量居多，并不时出现一根或数根放大的阴量，如图 4-20 中所示的情况。

（3）小贴士

低开低走并不意味着当日股价一定处于弱势，很多股票低开低走是为了在低位进行充分整理。所以，在操作时，一定要在低开低走转强时及时买入。

第5章
盘中分时图形态实战

盘中，从时间上看，是一个交易日中时间最长的阶段。时间一旦拉长，就为其后走势的突变埋下了伏笔。只有把握住盘中几个重要的时间段，明白盘中的买卖形态和股价异动时的操盘技巧，才能不错过盘中股价突变时的异动，从而准确地捕捉买卖点。

第 1 节　盘中重要时间段

盘中有 4 个重要的时间段，即上午 10:00—10:30、上午收盘前、下午开盘后、下午 2:00—2:30，这 4 个时间段股价走势最容易发生异动。

1. 上午 10:00—10:30

上午开盘后的 10:00—10:30，是盘中的一个重要时段。开盘后的 30 分钟时间里，多空双方往往以集合竞价确定的开盘价展开争斗，以确定当天的股价走势基调。直到上午 10:00 以后，股价才能回归正常，包括在分时量上的表现。有经验的投资者通常会在此时观察一只股票的走势强弱，因为从 10:00 以后，股价才会回归理性运行。一只股票是否真正属于强势，往往在 10:00—10:30 期间更容易真实地体现出来。

（1）案例解读

图 5–1 是一拖股份（601038）2019 年 5 月 17 日的分时图。在盘中 10:30 左右，股价线几近以直线的大角度快速上行，成交量快速持续放大，说明盘中走势已快速转强，建议果断买入股票。其后，股价在短短数分钟内出现涨停，并维持至收盘。

（2）实战要点

第一，上午 10:00—10:30，是早盘 30 分钟多空激烈争夺结束后的首个 30 分钟，是盘中很重要的时段，很多强势股经常在这一时间段快速上涨，并封于涨停，如图 5–1 中所示的情况。

第二，上午 10:00—10:30 期间股价形成强势时，往往是明显的放量上涨形态，且多数强势股在早盘是位于昨日收盘线上方整理，10:00 后开始发力，如图 5–1 中 A 区域所示的情况。

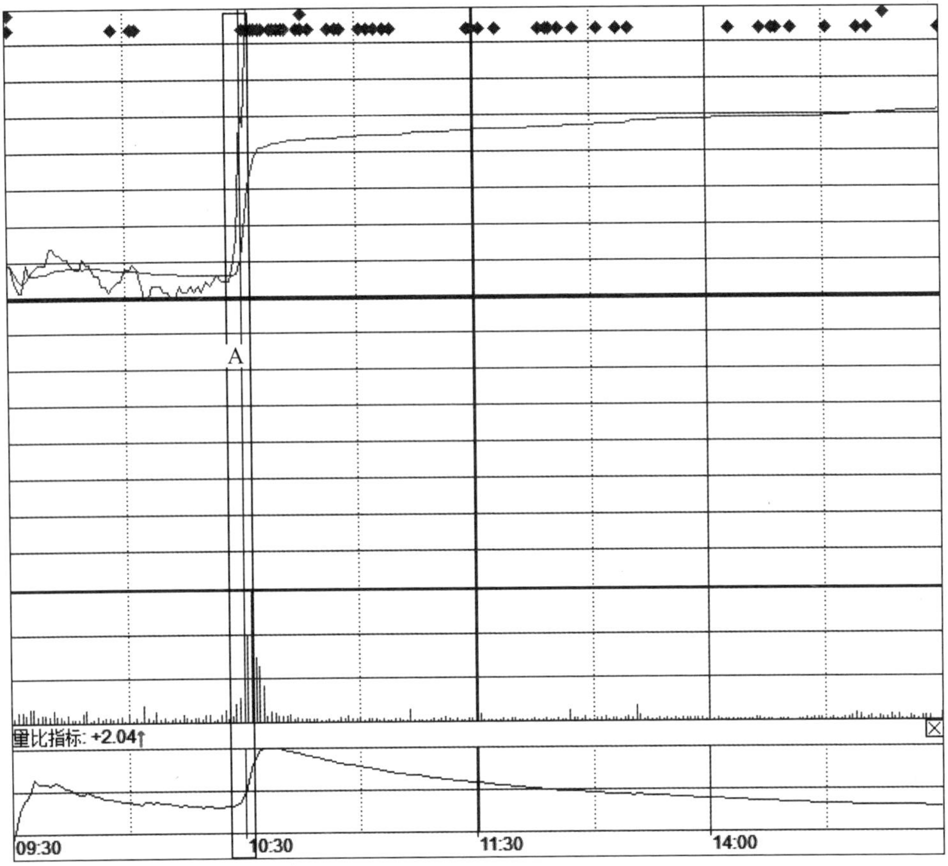

图 5-1　一拖股份（601038）分时走势图（2019.5.17）

（3）小贴士

上午 10:00—10:30，是经过早盘 30 分钟的激烈争夺后，股价回归正常走势的时间。在这一时间段，强势股往往会形成明显的上涨走势。这一时间内表现越强势的股票，越有短线投资价值。

2. 上午收盘前

上午收盘前是指上午 11:30 之前的 30 分钟时段。股市上午收盘时间在 11:30，通常在收盘前 10 分钟左右，甚至收盘前数分钟内，某些股票会出现异动。因为上午收盘前在时间上没有具体的约定，所以通常泛指 11:00—

11:30 之间 30 分钟内的时间。

上午收盘前，因股价经历早盘和上午的激烈争夺，中午临近收盘，是操盘手上午盯盘过程中最疲劳的时段。多方或空方最容易利用这一时机突然发动猛烈进攻，股价也容易直接上涨或突然下跌。一旦分时量快速放量，股价线大角度上行，并显示出持续性，就应果断买入股票。多方突然向上发力，最容易引发股价快速涨停，尤其股价在昨日收盘线之上小幅横盘震荡整理的股票，此时是最容易短线捕捉涨停股的时间段。

（1）案例解读

图 5-2 是名臣健康（002919）2019 年 5 月 17 日的分时图。在 A 区域，股价在昨日收盘线附近平淡开盘后，出现小幅下探，但很快回到昨日收盘线上方震荡上涨，并在 B 区域进行整理。到 11:30 收盘前数分钟的 C 区域，股价快速上涨，成交量持续阳量放大，说明股价快速转强，建议及时买入股票。

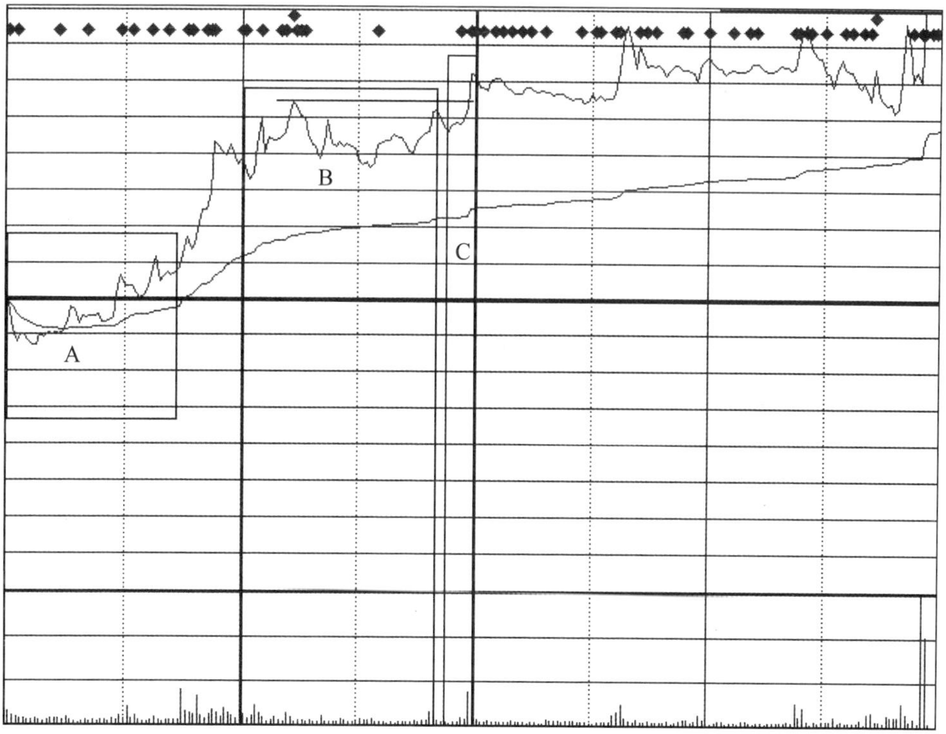

图 5-2　名臣健康（002919）分时走势图（2019.5.17）

（2）实战要点

第一，上午收盘前主要是指 11:00—11:30 之间的时间，由于此时股价经历上午的充分整理，所以经常会发生股价快速上涨的情况，如图 5-2 中所示的情况。

第二，股价在上午收盘前转强时，必然会形成明显的放量上涨，此时往往是股价在昨日收盘线之上快速启动的股票，如图 5-2 中 C 区域所示的情况。

（3）小贴士

在上午收盘前表现突出的强势股，往往之前处于震荡整理状态，只是在上午收盘前数分钟内才会突然发动上涨。这种情况一经出现，应果断买入。

3. 下午开盘后

下午开盘后是指下午 1:00—1:30 之间的时间段。这一时间段也是看盘时应格外留意的。刚刚经历上午的激烈争夺和中午的短暂休息，多空双方精神上较疲劳，是多方最容易展开突然反击的时刻。此时多方突然发力，往往就是利用空方处于疲倦阶段，精力不够集中，突然进行一击，其成功率极高。

下午开盘后的时间，往往也是股价最容易快速上涨的时间。一旦股价大角度快速上行，分时量持续或格外放大，就意味着股价快速启动的阶段到来了，由于强势特征明显，应抓住时机果断买入股票。尤其是股价在昨日收盘线上方运行时，一旦股价快速上涨，则极易快速涨停。

（1）案例解读

图 5-3 是泰晶科技（603738）2019 年 5 月 17 日的分时图，股价上午高开震荡，然后小幅回落。午后开盘，股价线在昨日收盘线上方出现几近直线的大角度上行，成交量表现为一根极长的天量阳量，形成快速放量上涨的强势形态，建议及时买入股票。

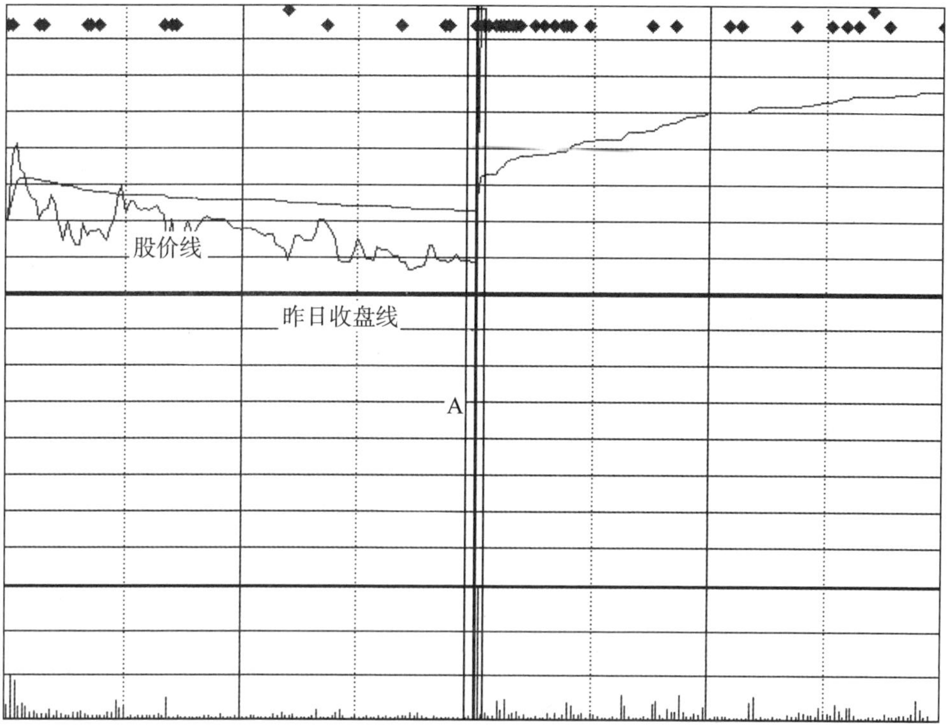

图 5-3　泰晶科技（603738）分时走势图（2019.5.17）

（2）实战要点

第一，下午开盘后主要是指下午 1:00—1:30 之间的时间，这一时间段，盘中股价最容易由弱转强，如图 5-3 中 A 区域所示的情况。

第二，下午开盘后转强的股票，往往会出现明显的持续放量上涨，或股价快速启动大角度上行的格外放量状态，图 5-3 中 A 区域所示的情况，即属于股价线放量大角度上行走势。

（3）小贴士

下午开盘后的强势股，往往表现为明显放量和股价线大角度上行等快速上涨形态，一经发现，应果断买入。

4. 下午 2:00—2:30

午后 2:00—2:30 属于一个交易日中下午交易时间的标准盘中时刻。

由于这一时间段经历整个上午和下午半天的交易，多空双方较量的时间较长，基本上一只股票的走势，在下午 2:00—2:30 期间已见分晓。在这一时间段，占据优势的一方会持续不断地发力，以巩固自己的战果。如果不出大的意外，下午 2:00—2:30 往往就能判断出一只股票的强弱走势，是中小投资者短线操盘中决定是否做多的时刻，建议只根据股价的强弱程度来决定是否操作。

（1）案例解读

图 5-4 是好想你（002582）2019 年 5 月 17 日的分时图。经历上午及下午开盘后 A 区域的震荡整理后，股价一直在昨日收盘线上方震荡，进入午后 2:00 多的 B 区域，股价线以大角度上行，成交阳量明显持续放大，形成量价齐升，说明股价已快速启动，建议果断买入股票。

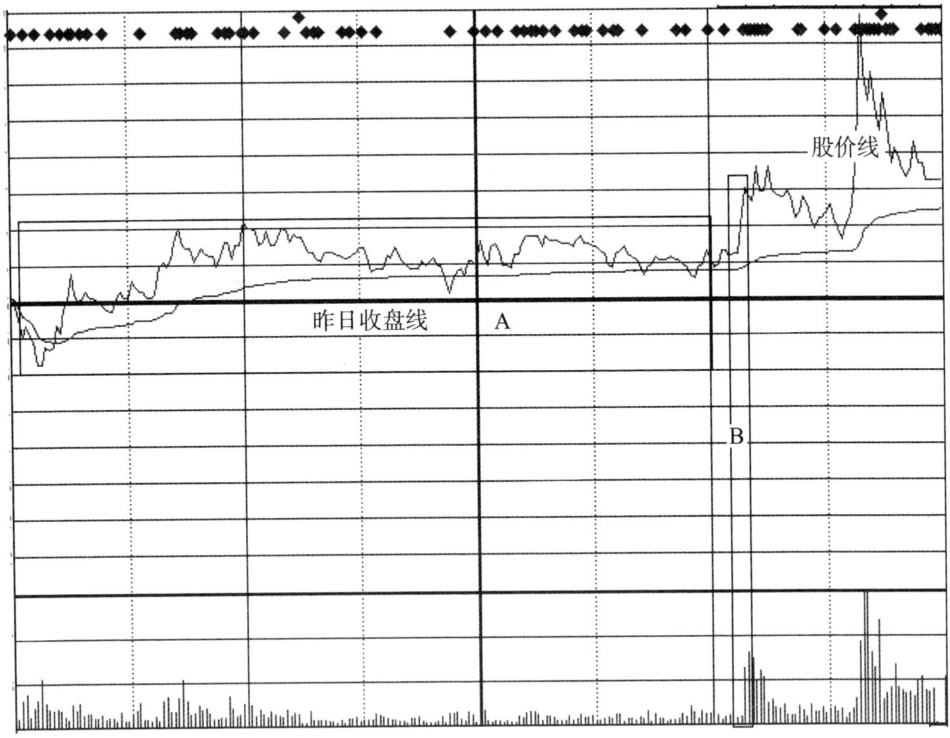

图 5-4　好想你（002582）分时走势图（2019.5.17）

（2）实战要点

第一，午后 2:00—2:30 的时段，属于全天临近收盘的盘中时分，经常是在全天交易中占据主动的多头发动上攻的时间，如图 5-4 中所示的情况，一经发现，应果断买入。

第二，午后 2:00—2:30 发动上涨的股票，必须形成明显的放量上涨，如果是快速启动形态，股价线位于昨日收盘线之上的股票强势特征更明显，如图 5-4 中 B 区域所示的情况。

（3）小贴士

午后 2:00—2:30 的时间段内，一只股票的走势基本已经定了下来。此时突然转强的股票，往往是多方占据主动地位的股票，其后即使回落，往往回落的幅度并不大，所以一经发现，应果断买入。

第 2 节　盘中买卖形态

盘中买卖形态是盘中突发异动时形成的走势形态，如底部形态和顶部形态。这些形态直接关系到股票的买卖点。

1. 底部形态

在盘中阶段，股价经常会形成底部形态。在分时图上，股价线或指标形成的底部形态，与日线等长周期 K 线图上的底部形态，虽然在形态上没有太大区别，如平底、双底等，但由于分时图的操作属于短线操作，所以根据分时图寻找底部买入形态时，只有日线等长周期图上形成上升趋势时，分时图上形成各种底部，才是买入股票的时机。如果只是根据分时图底部形态买入股票，那么这种底部必须是股价短线快速止跌回升的底部形态，如 V 型底、股价线放量大角度上行或股价线与均价线放量金叉等。也就是说，只根据分时图买入股票的盘中底部形态，均是明显放量上涨和比较强劲的止跌回升形态。

（1）案例解读

图 5-5 是大连港（601880）日线图，在 A 区域，股价出现快速启动上涨，此时可通过观察分时图上的变化来判断买点。

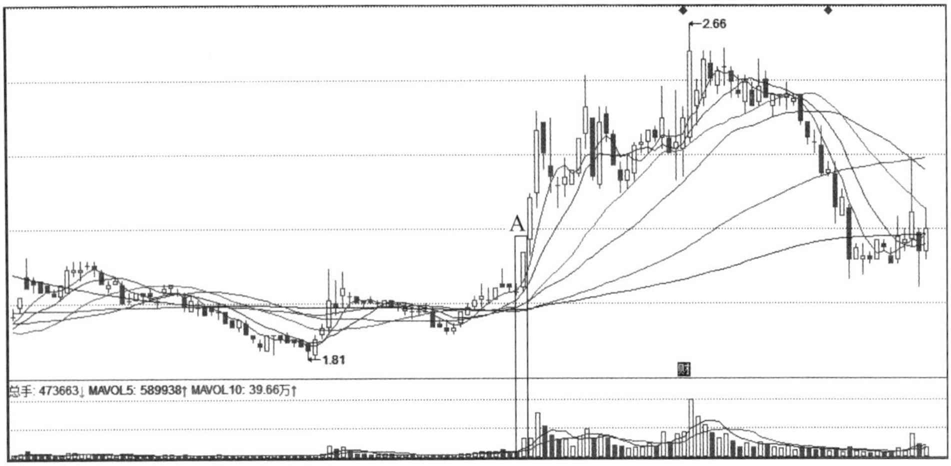

图 5-5 大连港（601880）日线图

图 5-6 是大连港（601880）2019 年 2 月 22 日的分时图，即是图 5-5 中 A 区域 K 线对应的分时图。股价高开后快速上涨，其后在 A 区域出现回落整理，形成明显的平底，在后面的 B 区域快速上涨。下方 C 区域的分时量表现为持续阳量，其在放大状态下突然出现一根天量阳量，说明股价已结束底部整理，发动强势上涨，建议果断买入股票。

（2）实战要点

第一，根据分时图的底部形态买入股票前，因分时图的时间周期较短，所以最好结合日线形态。当日线上形成底部，启动上涨时，再在分时图上寻找底部形态，如图 5-5 中 A 区域所示的情况，即是股价日线快速启动的情况。

第二，根据分时图的底部形态判断买点时，不应在纯粹的分时图底部形态中买入股票，应在股价向上离开底部、启动上涨时买入，如图 5-6 中 B 区域所示的情况。

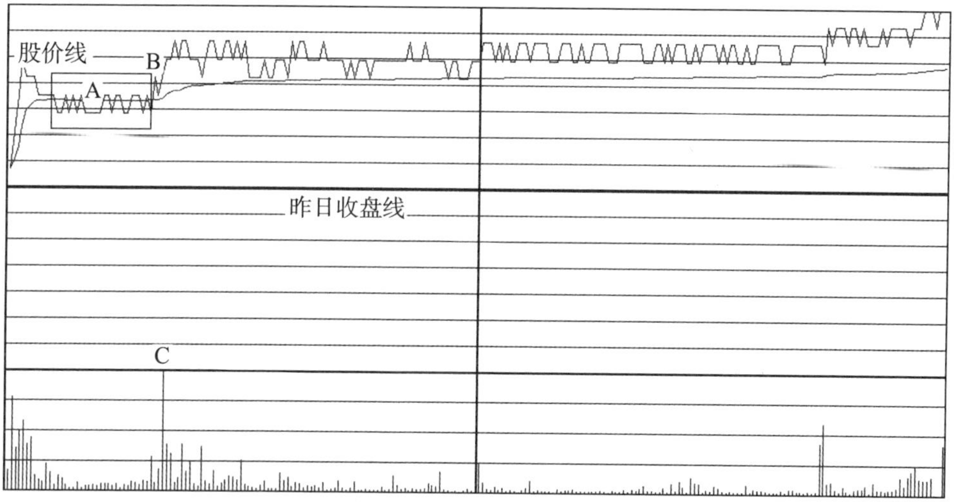

图 5–6　大连港（601880）分时走势图（2019.2.22）

（3）小贴士

由于盘中交易时间最长，所以只有形成明显的底部形态，并出现强势启动走势的股票，才是最强势的股票，更利于短线操作获利。

2. 顶部形态

盘中经常会形成顶部形态，顶部形态与买入形态不同。卖出股票时，必须事先拥有这只股票，在利用分时图顶部形态卖出股票时，只要是日线等长周期图上已经运行到高位区，此时分时图上一旦形成放量冲高回落的顶部形态，如倒 V 型顶、双顶、股价线放量大角度向下等放量下跌形态，就说明这只股票上涨乏力，建议果断卖出。

（1）案例解读

图 5–7 是神农基因（现名神农科技，300189）2019 年 3 月 28 日的分时图。在开盘后的 B 区域，股价线出现低开高走的高位震荡，进入 A 区域时又形成大角度下行且阴量持续放大的顶部形态。此时，虽然股价线尚未跌破昨日收盘线，但应结合日线来确定是否卖出。

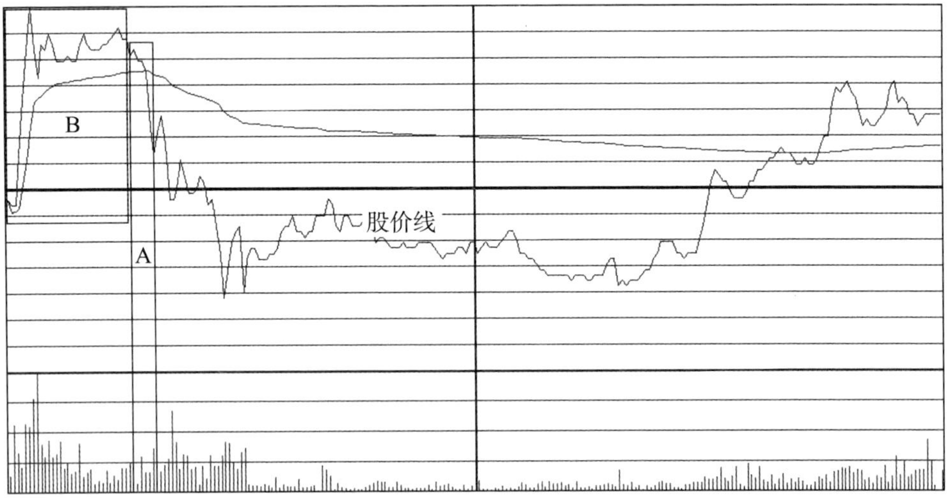

图 5-7　神农基因（现名神农科技，300189）分时走势图（2019.3.28）

如图 5-8 所示，图 5-7 形成明显的分时图顶部时，日线图上股价短期已经过大幅快速上涨，尤其在 A 区域出现上影线极长的阳线，预示行情即将回落。依据分时图进行短线操作时，应在图 5-7 中股价线形成顶部回落形态时及时卖出股票。

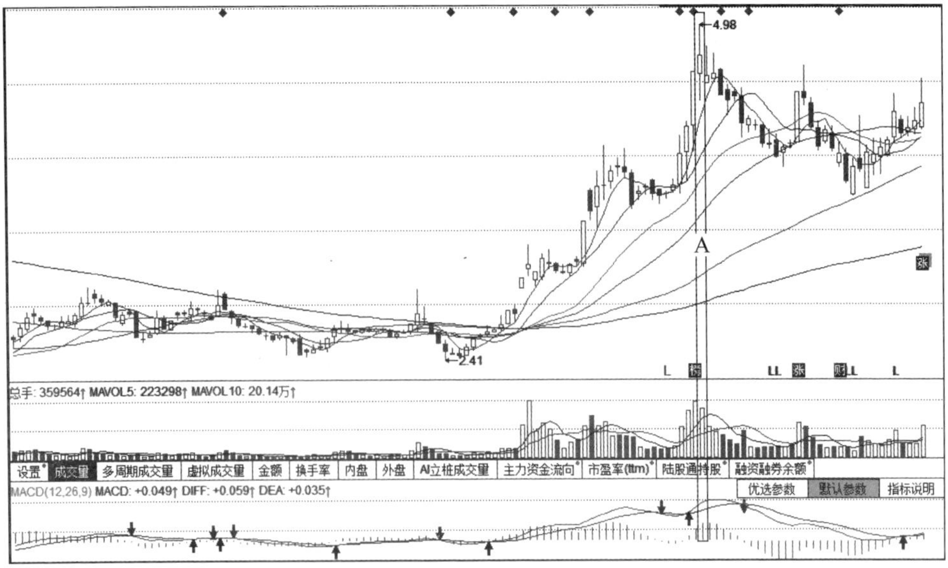

图 5-8　神农基因（现名神农科技，300189）日线图

（2）实战要点

第一，利用分时图判断顶部形态时，应确保分时图上形成明显的股价冲高回落后快速放量下跌走势，如图 5-7 所示的情况。

第二，在短线操盘中，如果根据分时图的顶部来判断卖点，还应结合日线图上的 K 线走势来进行综合判断，看股价是否形成高位区的快速回落，如图 5-8 中 A 区域所示的情况。

（3）小贴士

利用分时图顶部形态卖出股票时，如果日线上股价尚处于上涨中途，或日线涨幅并不大，那么在分时图上经常会出现较强的洗盘整理。有时，主力会采取天地板的方式快速洗盘，即盘中形成跌停板后又快速拉起封上涨停板，这时在分时图上，跌停前会形成明显的冲高回落和放量下跌走势。如果卖出了股票，建议在股价快速冲击涨停前再买回。

第 3 节　盘中股价异动操盘技巧

股价在盘中出现异动时，通常都有对应的操作技巧，如冲高回落卖出技巧、探底回升买入技巧、横盘震荡变盘操作技巧。

1. 冲高回落卖出技巧

在盘中阶段，股价经常出现冲高回落的异动，这是股价上冲无力转为下跌的表现。这时，只要分时图上股价线走出冲高回落的顶部形态，量价上出现明显的放量下跌，即可卖出股票。根据分时图操作，虽然只是一种短线行为，但仍然需要观察一下日线等长周期图，因为即使短线操作，也应在长周期图上形成高位回落或震荡走势，之后在分时图上形成明显的放量下跌形态时，再卖出股票。

（1）案例解读

图 5-9 是双塔食品（002481）2019 年 5 月 16 日的分时图。股价经过早盘的高开回落后，进入 A 区域，再次形成回升冲高后的回落，且形成前高后低的两个高点，即次高点顶部形态。此时股价线向下的角度为大角度，量能表现为略放大的阴量，形成分时图上的冲高回落走势。这时应结合日线来确认是否为高位回落的转弱走势，然后再决定如何操作。

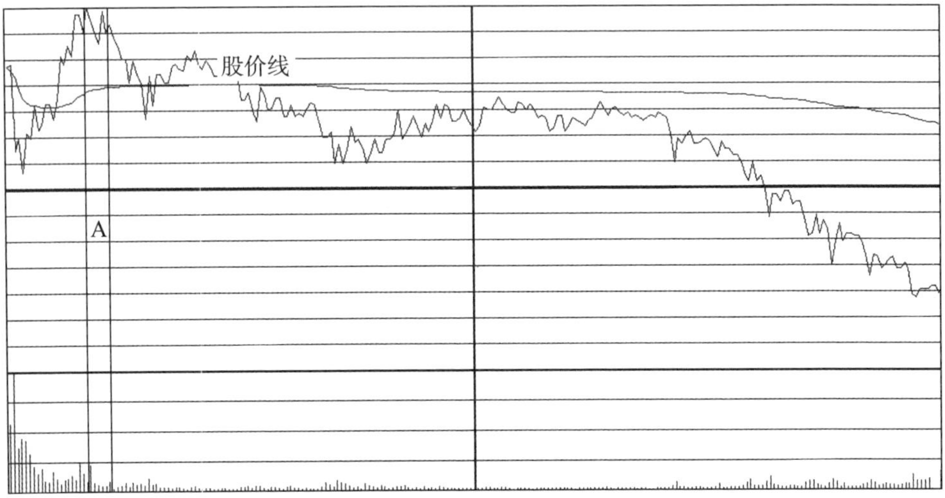

图 5-9 双塔食品（002481）分时走势图（2019.5.16）

如图 5-10 所示，C 区域展示的即是图 5-9 中冲高回落形成的日 K 线，这时在 C 区域形成明显的大幅上涨后的阴线阴量形态，说明股价出现日线上的冲高回落，应在图 5-9 中股价形成分时图顶部和股价冲高回落的异动时及时卖出股票。

（2）实战要点

第一，当分时图上出现冲高回落走势时，如果是趋势转弱，通常会形成股价线大角度下行的走势，但如果阴量放大不明显，应结合日线来判断是否为顶部的冲高回落，如图 5-9 中所示的情况。

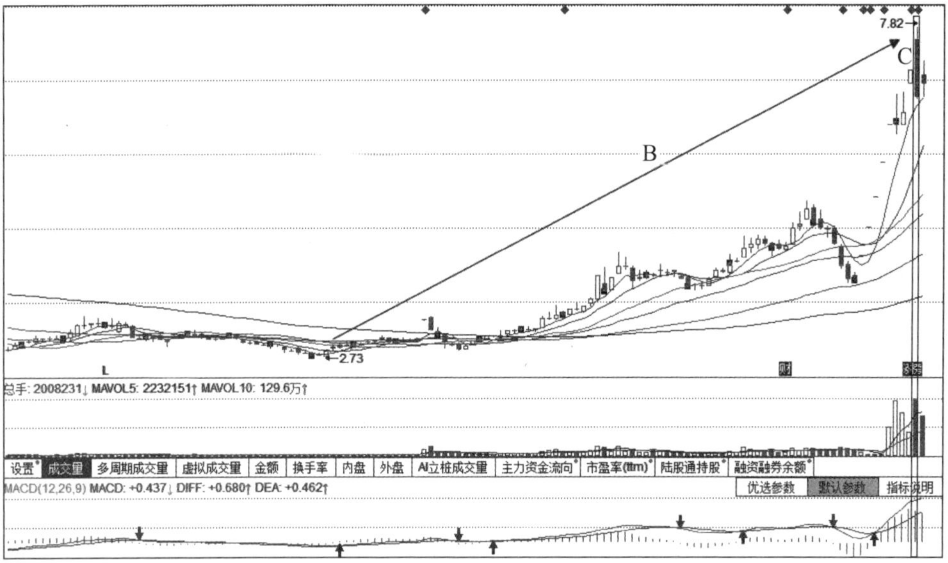

图 5-10　双塔食品（002481）日线图

第二，如果分时图上形成明显的冲高回落，那么在日线上必然也会出现这种形态。根据分时图判断冲高回落走势时，应结合日线来观察，以确认短线走势转弱，如图 5-10 中所示的情况。

（3）小贴士

利用冲高回落形态卖出股票时，如果不是超级短线操作者操作强势涨停股等行为，确认分时图冲高回落形成的顶部时，大多以股价线跌破昨日收盘线后依然下行作为标准。

2. 探底回升买入技巧

当盘中出现股价异动时，除了冲高回落，还有探底回升，这是两种对立的形态。探底回升就是在下跌或弱势震荡中，股价出现明显的止跌回升。对于弱势中的股票，回升并不意味着探到了底。在判断是否探到了底时，要根据股价线与分时量的放量走势来判断，并且这种放量必须较明显，且能够持续。否则，这种股价线的探底回升只是一种盘中的短线震荡走高，不应买入股票。

（1）案例解读

图 5-11 是亚联发展（002316）2019 年 5 月 10 日的分时图。股价平淡开盘后，一直在昨日收盘线上方小幅横盘震荡整理。午后开盘后的 A 区域，突然出现持续阴量下跌，但小幅下跌后，股价又明显快速上行，成交量持续阳量放大，形成一个 V 型反转的探底回升形态。形成这种形态，说明突破整理平台的股价异动是一次股价启动前的快速洗盘，应在 B 区域股价向上突破昨日收盘线后依然持续量价齐升时果断买入股票。

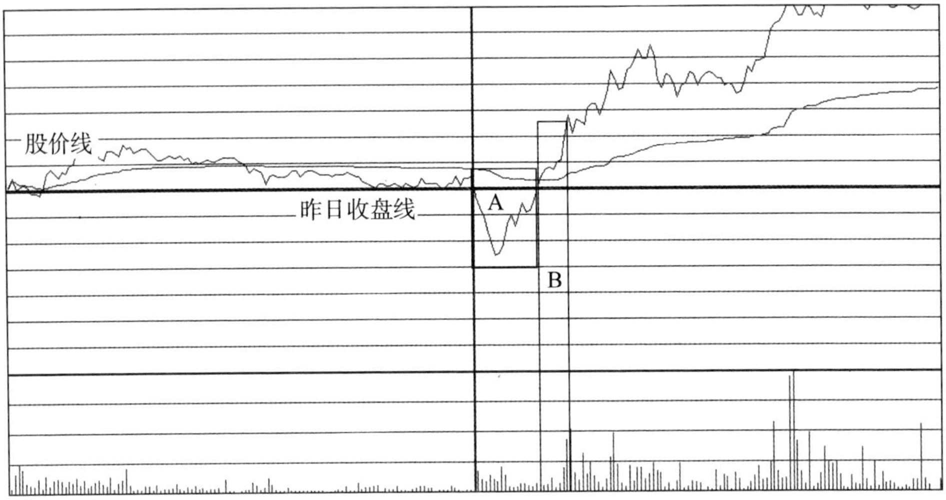

图 5-11　亚联发展（002316）分时走势图（2019.5.10）

（2）实战要点

第一，探底回升是盘中的一种股价异动行为，尤其股价突然跌破整理平台后的下跌回升，往往是主力资金快速洗盘的行为，如图 5-11 中 A 区域所示的情况。

第二，如果股价出现探底回升的异动，那么要在股价回到整理平台后买入股票。股价向上突破昨日收盘线依然放量上涨时，说明走势处于强势，如图 5-11 中 B 区域所示的情况。此外，投资者一定要警惕“真破位、假回升”的趋势走坏情况。

（3）小贴士

根据盘中股价异动和探底回升形态买入股票时，一定要选择那些回升力度强，即股价线大角度上行且持续放量上涨、向上突破昨日收盘线的股票来操作。

3. 横盘震荡变盘操作技巧

横盘震荡就是盘中股价线形成宽幅或窄幅的横盘震荡走势。横盘震荡说明多空双方处于势均力敌的状态，造成股价线或大幅或小幅的上涨与下跌。横盘震荡是最容易出现变盘的形态，一旦多空双方的力量向一方倾斜，即会发生变盘的异动。

横盘震荡中的变盘有两种情况：一是向上变盘，必须形成持续的量价齐升，且量能放大明显，方可确认向上变盘；二是向下变盘，只要股价跌破横盘震荡的区间下沿，分时量为阴量状态，即可确认。

横盘震荡后向下变盘，是股价向下寻找更低平台继续整理的征兆，应持观望的态度。横盘震荡后向上变盘，是股价结束整理转强时的征兆，应及时买入股票。一旦股价在分时图上形成横盘震荡，就应引起注意，出现盘中向上变盘的异动时，应果断买入股票。

（1）案例解读

①横盘震荡向上变盘

图 5-12 是商赢环球（600146）2019 年 3 月 26 日的分时图。股价震荡上行后，在 A 区域形成小幅横盘震荡走势，进入 B 区域，出现持续阳量明显放大和股价线大角度上行，说明股价横盘震荡后出现向上变盘的异动，应果断买入股票。

②横盘震荡向下变盘

图 5-13 是美盈森（002303）2019 年 4 月 25 日的分时图。股价弱势震荡后进入 A 区域，突破昨日收盘线后小幅横盘震荡，进入 B 区域，股价跌破昨日收盘线后持续震荡下行，分时量为阴量温和放大，说明横盘震荡中出现向下变盘的异动，应及时卖出股票，回避观望。

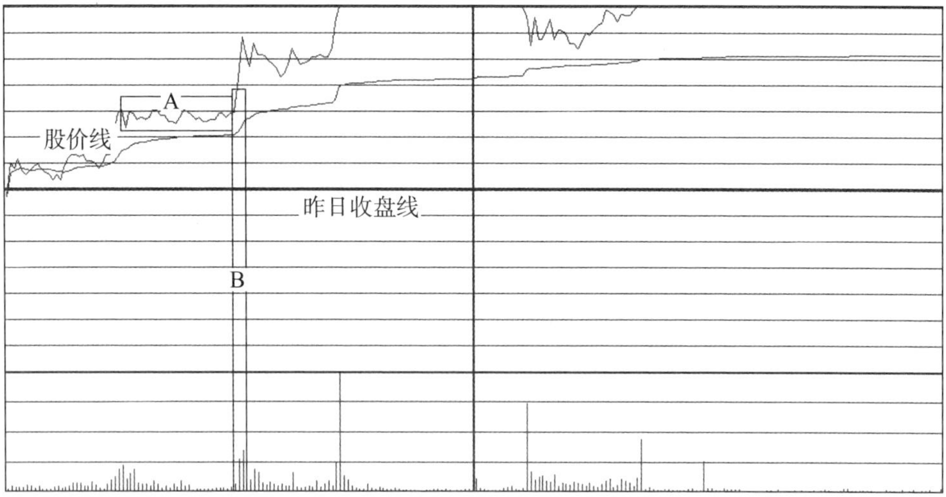

图 5-12　商赢环球（600146）分时走势图（2019.3.26）

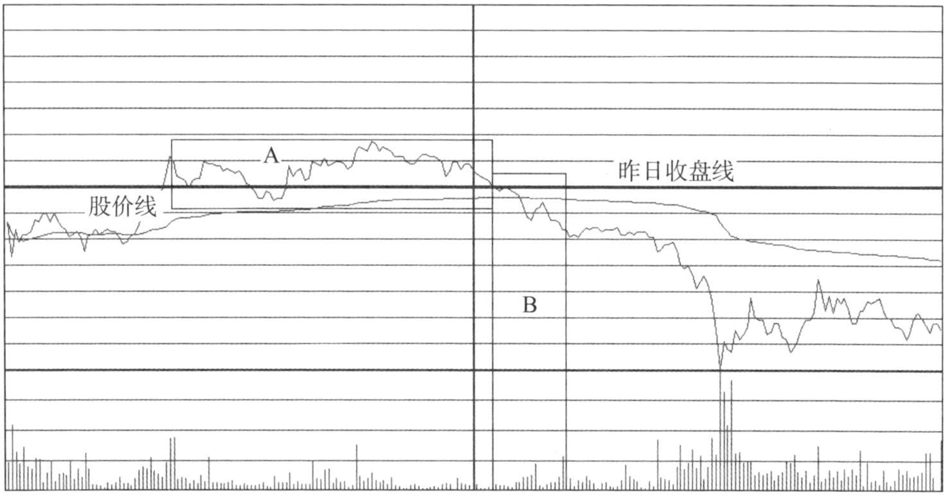

图 5-13　美盈森（002303）分时走势图（2019.4.25）

（2）实战要点

第一，股价横盘震荡后出现向上变盘的异动时，往往是股价出现明显的放量上涨，并突破昨日收盘线后依然保持这种状态，这时方可确认为强势的向上变盘，如图 5-12 中所示的情况。

第二，股价横盘震荡后出现向下变盘的异动时，通常股价会跌破横盘震荡整理平台，成交量为阴量，如图 5–13 中所示的情况。

（3）小贴士

根据盘中横盘震荡变盘时的特征操作股票时，主要是寻找那些向上变盘的股票来操作，操作时的主要参考依据是股价持续放量向上启动。如果股价横盘震荡出现在昨日收盘线下方，那么应在股价向上变盘突破昨日收盘线后依然量价齐升时，再买入股票。

第6章 尾盘分时图形态实战

在分时看盘中，尾盘同样是一个重要的时间段。尾盘收盘价的高低，往往决定着下一个交易日股价做高与做低的幅度。尾盘经常会出现莫名的异动，从而形成一些特殊形态。即使尾盘走势如常的股票，同样能够从中看出其强弱程度，尾盘常常是多空双方展开激烈争夺的时间段。

第 1 节　尾盘的意义

由于尾盘是一个交易日的最后时间段，所以有其特殊的意义，同时也充满许多的假象。

1. 尾盘 30 分钟的重要性

尾盘 30 分钟是指每个交易日临近下午收盘前的 30 分钟时段，即下午 2:30—3:00。在操盘中，尾盘看似无关紧要，但事实上尾盘股价的收盘价，往往决定着下一个交易日这只股票的开盘高低。实战中，尾盘 30 分钟走势占据着重要的地位，也是多空双方在当天的交易日中争夺最为惨烈的阶段。从一只股票尾盘 30 分钟的走势，不仅可以窥到次日的股价走势，同时也能看到主力资金异动时的意图，以便按照股价趋势发展的倾向操作。

（1）案例解读

图 6-1 是万向德农（600371）2019 年 5 月 16 日的分时图。在尾盘 30 分钟的 A 区域，股价在昨日收盘线上方呈震荡走势，全天走势为平开后的震荡转强，整体走势偏强，所以次日基本上会保持这种震荡向上的走势，甚至会发动快速上涨。

如图 6-2 所示，在昨日震荡走高的尾盘特征下，下一个交易日，股价选择在 A 区域低开震荡，其后很快向上突破昨日收盘线，形成如上一个交易日的走势。这说明目前这只股票的整体趋势是震荡上行的，可适当介入。

（2）实战要点

第一，一只股票在尾盘 30 分钟的表现，往往预示了这只股票在下一个交易日的走势，所以尾盘 30 分钟对下一个交易日的走势演变有着一定的预判性，如图 6-1 中所示的情况。

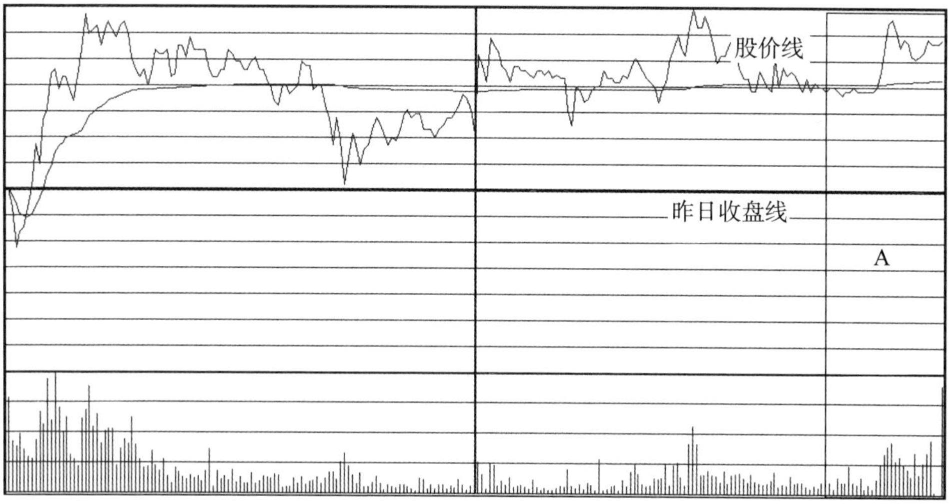

图 6-1　万向德农（600371）分时走势图（2019.5.16）

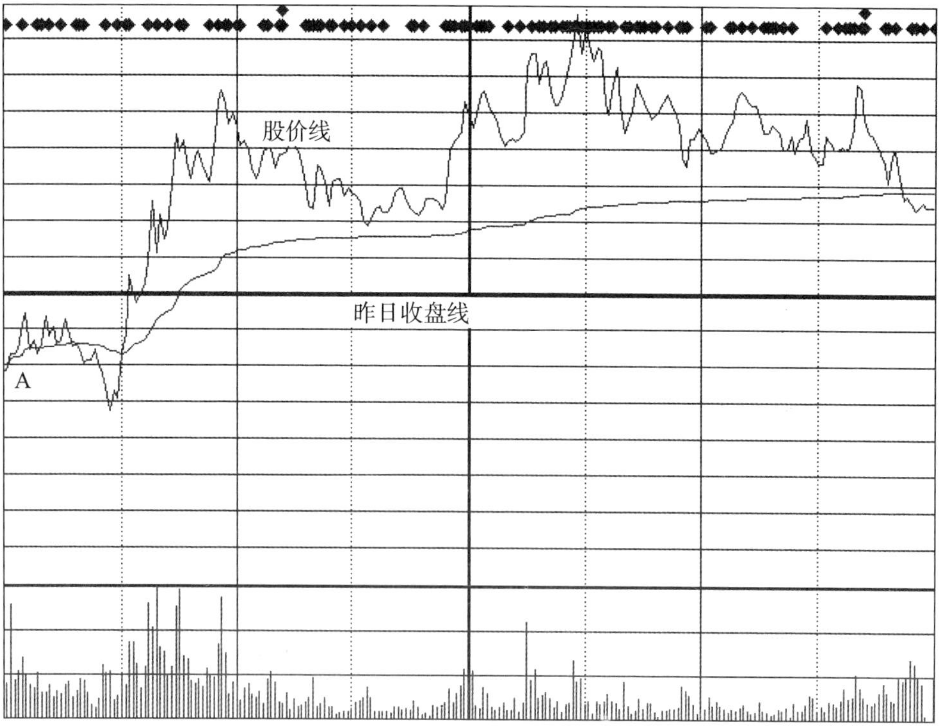

图 6-2　万向德农（600371）分时走势图（2019.5.17）

第二，尾盘 30 分钟内的个股走势，并不完全是下一个交易日的走势，但除非趋势发生反转，在大多数情况下，借助尾盘 30 分钟的走势，可以预判下一个交易日的大体走势，如图 6–2 中所示的情况。

（3）小贴士

在大多数情况下，尾盘 30 分钟内的股价线走势，基本预示了下一个交易日股价线的走势。但要确定下一个交易日的走势强弱，仍然要根据下一个交易日股价线的具体走势来判断。

2. 尾盘假象

尾盘经常会出现某些假象。主力资金打算大举买入或卖出一只股票时，是最不愿普通投资者看出其真实目的的，他们通常会利用资金营造出一些假象。比如，主力打算做多时，就会刻意压制股价上涨，但资金大笔流入肯定会露出蛛丝马迹。再比如，主力打算出货时，就会在尾盘刻意拉升一只股票的价格，以达到下一个交易日逢高出货的目的，但由于此时主力是以卖出为主，所以大笔资金流出同样会暴露其意图。

在观察尾盘时，主要是警惕主力资金进出以制造假象，做到不被其迷惑，不受其干扰，这样才能准确把握尾盘异动的时机，按照正常的走势节奏来操作。

（1）案例解读

图 6–3 是远望谷（002161）2019 年 3 月 12 日的分时图。在 A 区域的尾盘 30 分钟内，股价线出现快速放量上涨，看似强势特征明显。然而，如果观察下一个交易日的走势，就会发现趋势演变完全不一样。

图 6–4 是远望谷（002161）2019 年 3 月 13 日的分时图。在上一个交易日尾盘快速拉升后，图 6–4 的下一个交易日，开盘后股价线仅仅是平开后出现一轮快速上冲，然后又重新震荡走弱，在 B 区域破位快速下行。这说明图 6–3 中尾盘 30 分钟的快速拉升并非快速启动，而是资金刻意做高股价，这只股票依然处于震荡状态，这就是尾盘 30 分钟主力制造的假象。

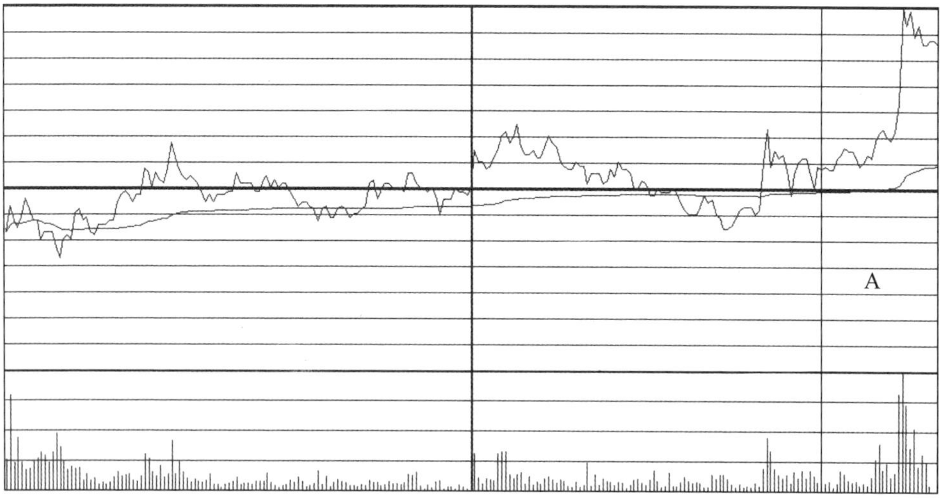

图 6-3　远望谷（002161）分时走势图（2019.3.12）

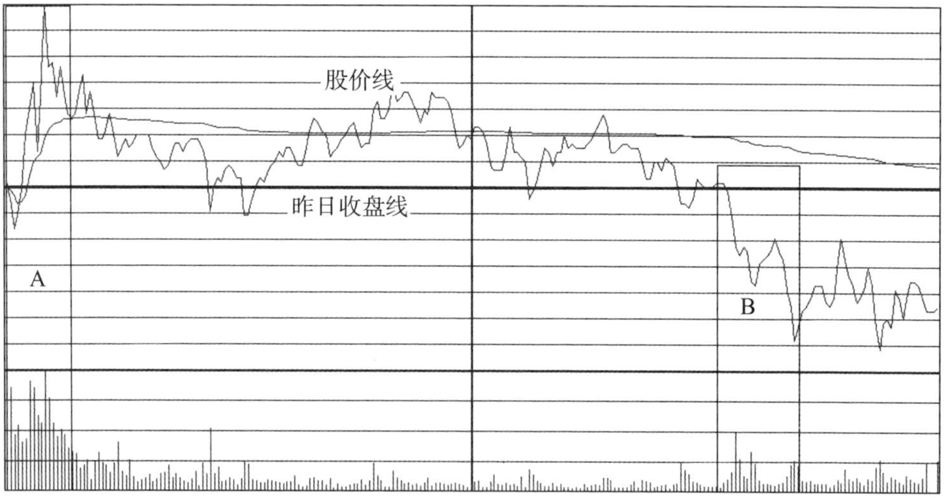

图 6-4　远望谷（002161）分时走势图（2019.3.13）

（2）实战要点

第一，尾盘走势决定下一个交易日股价做高与做低的程度，这导致尾盘经常会出现某些快速上涨或快速下跌的异动，如图 6-3 中 A 区域所示的情况。

第二，在实战操盘中，尾盘 30 分钟股价经常出现假象，尾盘出现异动时，只有确认为强势上涨时方可参与操作，否则应多观望，以免发生图 6-3 和图 6-4 中的情况。

（3）小贴士

尾盘 30 分钟的时间段最容易出现迷惑投资者的假象，根据分时图操作股票时，应结合日线等长周期图上的股价走势来判断具体的短线走势。

第 2 节　尾盘特殊形态

尾盘异动有 3 种特殊形态，即快速拉升、闪电急跌和尾盘涨停。

1. 快速拉升

尾盘股价快速拉升，主要表现在股价线快速向上运行，通常会形成大角度的向上，有时近乎以直线方式出现，同时成交量会出现较长的阳量柱，意味着大买单出现。

尾盘快速拉升是尾盘异动的一种特殊形态，在分析尾盘快速拉升的走势演变时应进行具体分析。

如果股价有向上的力量，出现这种尾盘的快速拉升时，股价必然处于明显的上涨趋势，尾盘快速拉升时呈持续放量上涨的态势，收盘前即使股价出现回落，回落幅度也较小。这是股价加速上涨的表现，此时股价通常在昨日收盘线上方持续向上运行。

如果股价上涨属于假象，出现这种尾盘的快速拉升，往往会表现出分时量无法持续放大，且大阳量拉升后的回落是快速的，伴随着阴量柱的放大，多数时候还会出现大幅回落。出现这种虚假的拉升前，股价经常处于弱势状态。尾盘快速虚假拉升时，股价线大多位于昨日收盘线下方，快速的向上拉升是弱势中虚假的突然转强行为。

（1）案例解读

①真实的尾盘快速拉升

图 6-5 是恒康医疗（002219）2019 年 5 月 16 日的分时图，股价平淡开盘后，围绕昨日收盘线小幅震荡。其后，出现略向上拉升后的震荡再拉升走势。然后再次形成横盘震荡，至尾盘 30 分钟时，在 A 区域股价出现明显的快速拉升，阳量持续放大，说明股价在尾盘出现加速上涨，是强势转强的特殊形态，应及时买入这类股票。

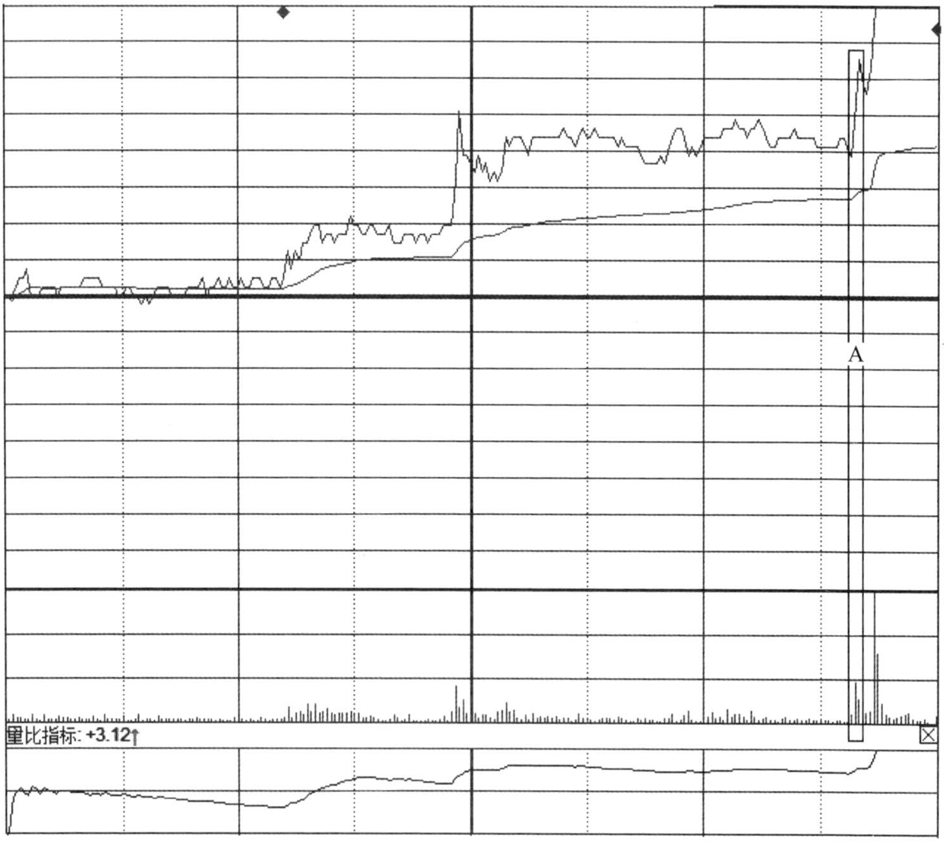

图 6-5　恒康医疗（002219）分时走势图（2019.5.16）

②虚假的尾盘快速拉升

图 6-6 是香梨股份（600506）2019 年 4 月 19 日的分时图。股价线全天几乎保持着较大幅度的震荡，至尾盘 30 分钟内时，突然在 A 区域形成阳量柱明显变长的股价快速上涨，但拉升时间很短，且股价未突破昨日收盘线即出现止涨回跌，阴量明显放大，说明这种尾盘的快速拉升是虚假的，应回避这类股票。

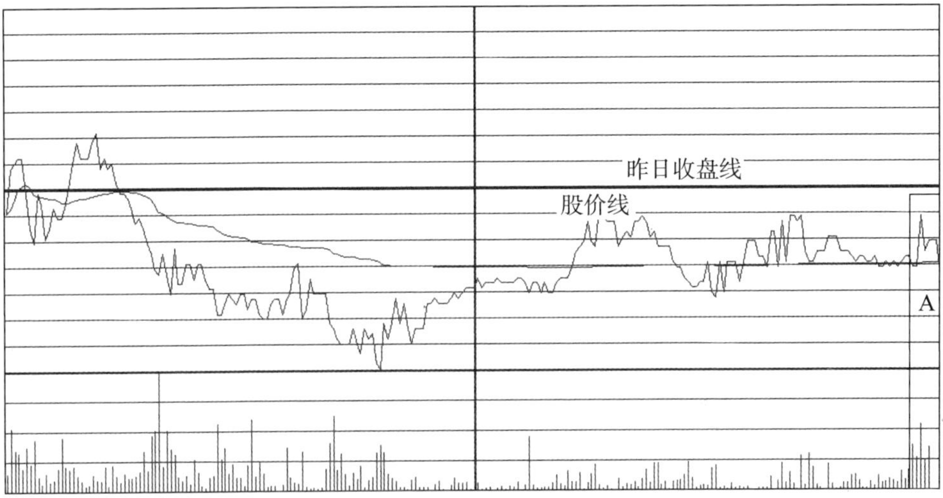

图 6-6　香梨股份（600506）分时走势图（2019.4.19）

（2）实战要点

第一，出现尾盘拉升，往往是股价在昨日收盘线之上的放量持续拉升，收盘大多以全天接近最高价收盘，这是强势的加速上涨特征，如图 6-5 中所示的情况。

第二，如果是虚假的尾盘拉升，这种拉升往往难以持续，其后股价回落的幅度较大，并且阴量明显放大，或股价线在昨日收盘线下方时，未能突破昨日收盘线即止涨回跌。图 6-6 中所示的情况，即是在昨日均价线下方的尾盘拉升，且未能突破昨日收盘线即阴量放大止涨回跌。

（3）小贴士

股价在尾盘 30 分钟内出现快速拉升时，一定要综合全天走势，以及尾盘快速拉升是否可持续，有效判断快速拉升是真上涨还是假上涨。看不准时可放弃操作，不可贸然买入股票。

2. 闪电急跌

尾盘股价闪电急跌是指在尾盘 30 分钟内，尤其在收盘前，股价出现看似大幅的下跌。要判断这种特殊异动形态的强弱，同样应进行具体分析。

如果股价处于强势，尾盘的闪电急跌往往伴随着一根或数根格外放大的阴量，说明是大单在向下作价，其后必然会转为较小的持续阳量柱。此时多头主力资金是以买入为主的，压低价格的目的是防止跟风盘大举买入，逼迫持股意志不坚定的投资者恐慌卖出。主力资金此时的目的是收集低价筹码。此时，股价往往在昨日收盘线上方向上运行，整体趋势是上涨的，闪电急跌中的回落幅度看似较大，但通常不会跌破前期支撑，甚至不会跌破开盘价。

如果闪电急跌后股价转为弱势，往往急跌时的放量是明显的，且能够持续出现较大的阴量。如果股价处于强势上涨趋势，那么急跌时的回落幅度通常较大，此时不管收盘前是否出现回升，均应回避。如果全天股价走势均较弱，则是弱势转弱的征兆，未来有可能进一步大幅走弱。

（1）案例解读

①强势中的尾盘闪电急跌

图 6–7 是吉翔股份（603399）2019 年 5 月 17 日的分时图。在尾盘的 A 区域，股价线出现接近 90° 的快速下行，分时量表现为持续缩减的阴量。但股价很快止跌回升，收盘依然收在昨日收盘线上方，说明市场依然保持着震荡上行的强势特征，尾盘的闪电急跌只是高位震荡，此时应继续持股。

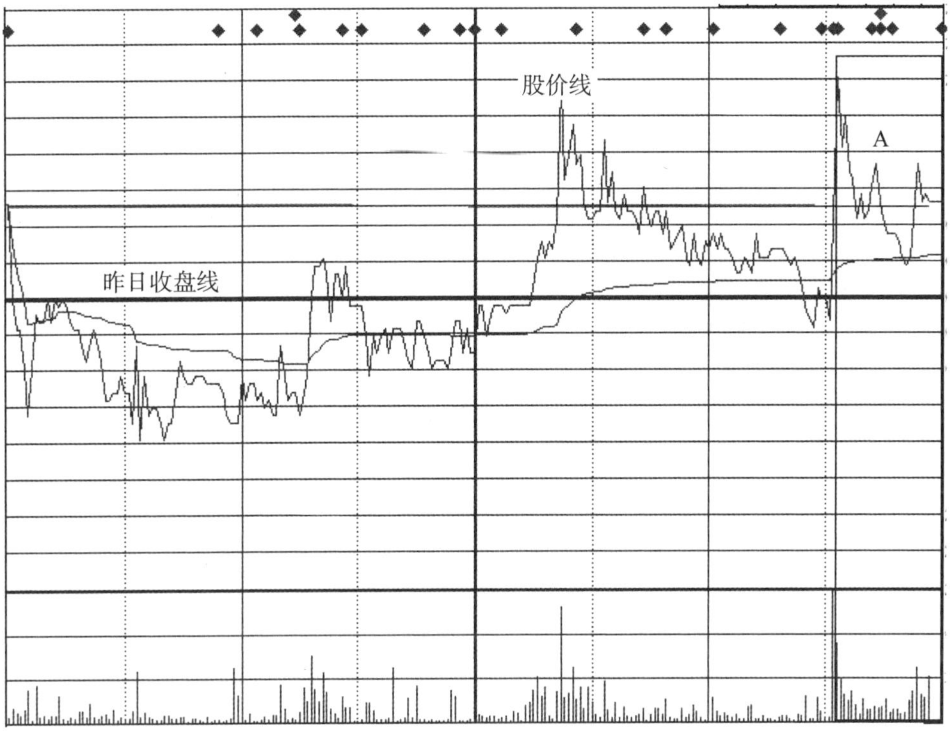

图 6-7　吉翔股份（603399）分时走势图（2019.5.17）

②弱势中的尾盘闪电急跌

图 6-8 是 ST 慧球（600556）2019 年 5 月 17 日的分时图。在尾盘的 A 区域，股价在高位震荡中出现持续阴量放大的闪电急跌，虽然没有跌破昨日收盘线，但依然保持着放量下跌的状态直到收盘。纵观全天的股价走势，形成平开大幅高走震荡后的尾盘闪电急跌，明显是资金拉高震荡出货的征兆，所以这种尾盘的闪电急跌属于趋势快速转弱的情况，应远离这类股票。

（2）实战要点

第一，尾盘的闪电急跌就是尾盘 30 分钟内，股价出现快速下跌，如图 6-7、图 6-8 中所示的情况。

第二，出现尾盘急跌时，一定要分清是真跌还是假跌。真跌时，往往会出现持续放量的急跌，尤其是股价大幅冲高后的急跌，如图 6-8 中所示的情况。

假跌时，往往回落的幅度并不大，不会跌破昨日收盘线，且急跌时的阴量并不大，如图 6-7 中所示的情况。

（3）小贴士

尾盘出现闪电急跌时，一定要分辨出这种急跌是强还是弱。只有尾盘闪电急跌较强时，方可买入股票。倘若跌势不够强，不要勉强操作。

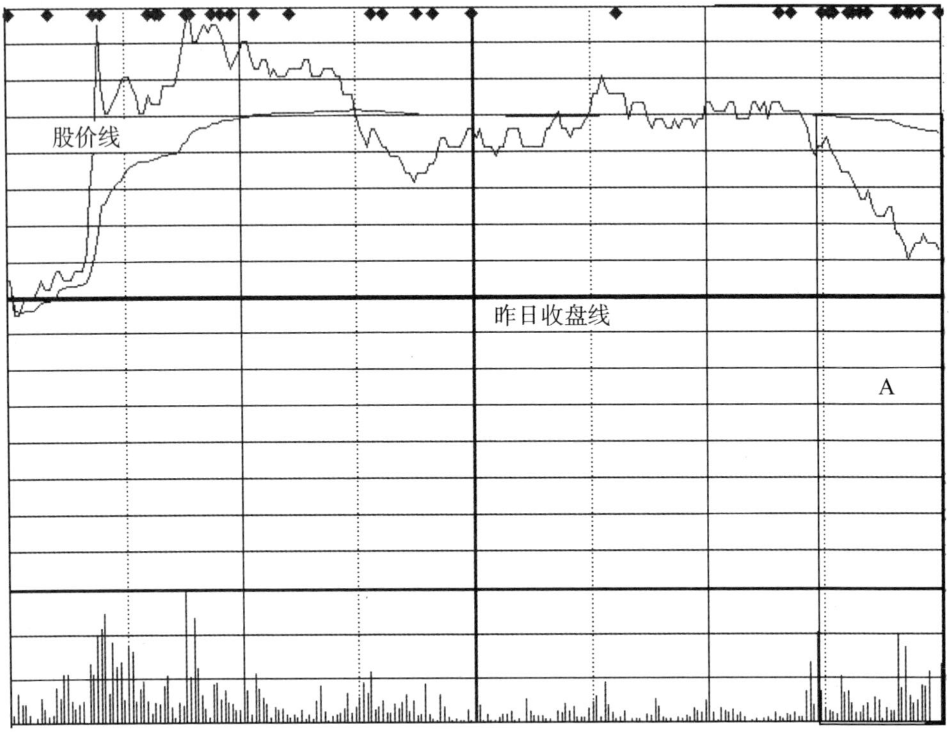

图 6-8　ST 慧球（600556）分时走势图（2019.5.17）

3. 尾盘涨停

尾盘涨停也是一种特殊走势形态，尾盘涨停时的股价强弱，同样需要具体分析。

如果出现尾盘涨停时股价是强势的，那么大多整个交易日中股价线都处于持续上涨或震荡上涨之中。此时，分时量表现得或许不太明显，但起码日线上股价处于上涨状态。只是因为短期获利盘较多，所以难以在盘中推升股价至涨停。

出现尾盘涨停时如果股价是弱势的，这时大多分时量较大，全天或许会形成经常性的股价涨停却始终无法封板，或股价在尾盘时总徘徊在涨停价附近，尾盘才出现封板。此时，日线上股价处于上涨的高位区，整个交易日至此的日线总量明显格外放大。此期间主力资金努力维持股价停留在高位区，目的是达到高位出货。若是股价处于强势，则盘中或早盘在如此放量的前提下，必然早已封死在涨停板上，根本没必要拖到尾盘才封上涨停。

（1）案例解读

①强势尾盘涨停

图 6–9 是 ST 慧球（600556）2019 年 3 月 15 日的分时图，平开高走后，股价形成高位震荡，量能缩减至极低状态。至尾盘的 A 区域时，股价快速向上突破，成交量出现格外放量，随后拉至涨停，这种尾盘涨停属于加速上涨形态，建议在 A 区域加速上涨时及时买入股票。

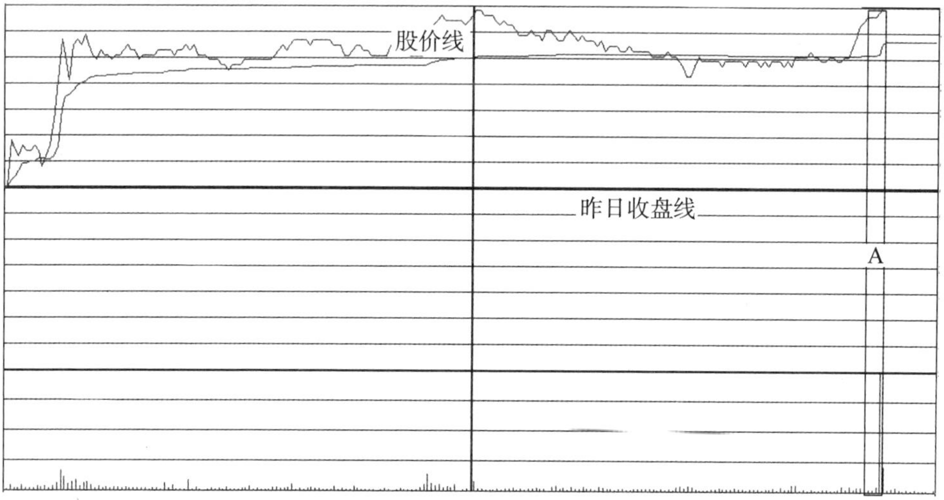

图 6–9　ST 慧球（600556）分时走势图（2019.3.15）

②弱势尾盘虚假涨停

图 6-10 是京粮控股（000505）2019 年 5 月 17 日的分时图。股价在上午持续震荡上涨，并出现涨停，但未能封死涨停板。尤其午后，盘中多次打开涨停又封于涨停，量能较大，至尾盘时股价再次封于涨停。这种尾盘涨停属于尾盘假涨停的特殊形态，如果股价真正强势的话，上午封板后，午后不会多次打开涨停，所以尾盘出现涨停时，应果断在涨停板上卖出股票。

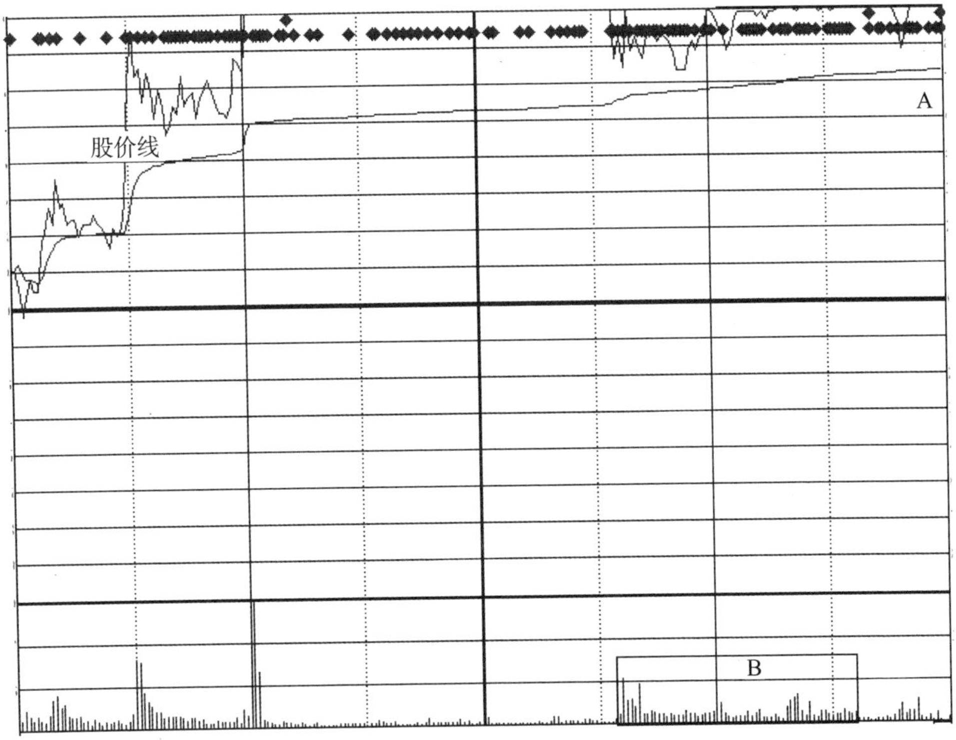

图 6-10　京粮控股（000505）分时走势图（2019.5.17）

（2）实战要点

第一，如果尾盘涨停是真的强势涨停，往往在前期盘中，股价处于明显的持续上涨及上涨后的缩量小幅整理状态，这时尾盘突然涨停时，只需稍稍放量即可，所以是加速上涨的征兆，如图 6-9 中所示的情况。

第二，如果尾盘涨停是转弱的假涨停，通常之前会多次宽幅震荡，或多次打开涨停再封涨停，是弱势的尾盘涨停，如图 6-10 中所示的情况。出现这种情况时，往往下一个交易日就会出现早盘急拉后的快速回落，甚至会直接低开低走。

（3）小贴士

当尾盘出现涨停时，一定要结合日线分清当前股价所处的位置，只有识别出尾盘的真假涨停，才能及时做出选择，放弃转弱股，坚定持有强势股。

第 3 节　尾盘操盘技巧

尾盘阶段，只有看清个股的强势和弱势特征，同时结合全天股价走势进行综合分析，才能抓住尾盘强势股，不错过交易机会。

1. 强势特征

当股价处于强势时，尾盘股价线与分时量必然会呈现明显的强势特征。正常的尾盘强势特征有如下两种。

第一，在整个交易日中，股价始终处于震荡上涨的状态，在分时图上呈现出稳定的放量上涨走势，即股价上涨时持续出现阳量，震荡时量能缩减，恢复上涨时再次放阳量。这是稳健上涨的强势特征，往往全天会以最高价或接近最高价收盘。

第二，在整个交易日中，股价开始处于弱势整理状态，盘中出现量价齐升的快速转强，尾盘时中止继续上涨，处于小幅震荡整理形态，这时股价不会跌破昨日收盘线，回落的幅度较小。这种情况属于开盘后弱势整理，尾盘结束弱势转为强势整理的表现。

（1）案例解读

①尾盘强势特征之一：间隔持续放量

图 6–11 是派思股份（603318）2019 年 5 月 17 日的分时图。在 C 区域，股价以平淡的方式开盘后快速上行，其后呈现出量能缩减状态的小幅震荡。至尾盘的 A 区域时，股价持续快速震荡上行，B、D、E、F、H 等区域的量能表现出持续的阳量放大，并呈逐级增长状态，属于加速上涨的尾盘强势特征，建议果断买入股票。

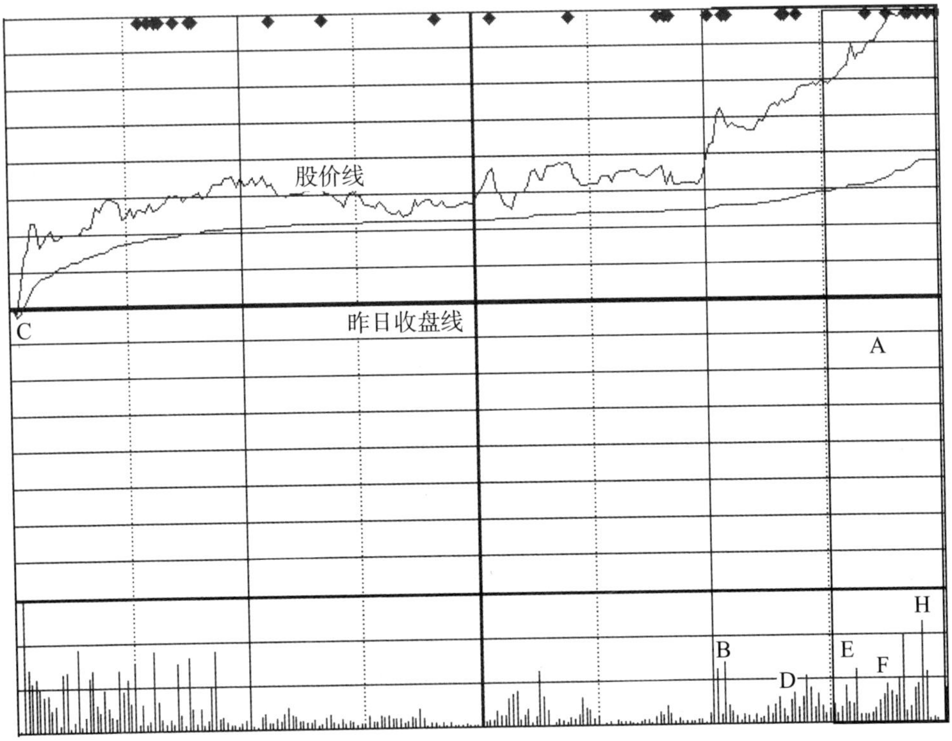

图 6–11　派思股份（603318）分时走势图（2019.5.17）

②尾盘强势特征之二：股价不破昨日收盘线

图 6–12 是嘉欣丝绸（002404）2019 年 5 月 17 日的分时图。股价经过上午 A 段平开后的持续震荡上行后，在 B 区域形成高位震荡，尾盘时出现 C 段的小幅回落走势，进入尾盘 D 区域，股价走势震荡，E 区域的成交量依然

保持 B 区域高位震荡的缩量状态，股价并未跌破昨日收盘线，说明尾盘只是小幅回落的强势整理，并未引发抛售筹码的松动，因此走势依然处于强势，建议继续持股。

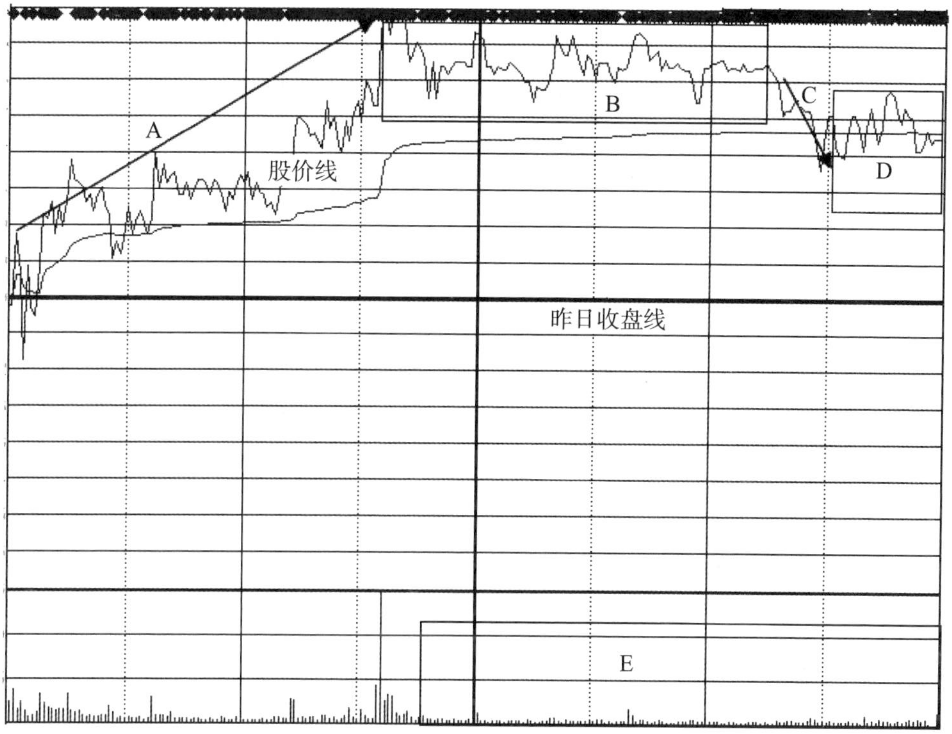

图 6-12　嘉欣丝绸（002404）分时走势图（2019.5.17）

（2）实战要点

第一，当尾盘呈现超强特征时，往往股价在保持之前的震荡上行状态下，尾盘出现加速上涨，如图 6-11 中所示的情况。

第二，如果股价尾盘处于强势整理状态，即使出现一定回落，也不会跌破昨日收盘线，同时也不会出现明显的阴量放大状态的下跌，如图 6-12 中所示的情况。

（3）小贴士

当股价在尾盘表现强势时，最主要的特征就是不跌破昨日收盘线，依然维持着整个交易日的震荡或持续上涨状态，即使尾盘回落也不会跌破昨日收盘线。

2. 弱势特征

股价在尾盘转为弱势时，同样有两种形态，即强势转弱和弱势转弱。

第一，强势转弱形态。此时，股价处于上涨状态或高位震荡状态，位于昨日收盘线上方，尾盘强势转弱时股价会形成明显的顶部回落态势，包括顶部快速反转向下的形态。但是此时处于尾盘阶段，为了维持股价在高位，以达到下一个交易日继续高位出货的目的，主力资金通常不会让股价回落的幅度太大，回落时的分时量柱则是大阴量状态。

第二，弱势转弱形态。出现此形态前，股价处于弱势震荡整理走势，股价位于昨日收盘线下方。尾盘转弱时，股价会破位下行，此时不一定会放量，只要保持阴量状态即可，但股价的破位应以跌破整理区间的下沿后继续下行作为判断依据。

（1）案例解读

①强势转弱形态

图 6–13 是金岭矿业（000655）2019 年 4 月 9 日的分时图，股价在昨日收盘线上方高开后快速上行，其后小幅回落，在 A 区域缩量震荡。进入尾盘的 B 区域后，出现量能持续温和放大状态的股价回落，不仅跌破开盘价，还以跌破昨日收盘线的价格收盘。因尾盘回落时放量并不大，此时需观察日线来进行判断。

图6–14是金岭矿业(000655)日线图,图6–13的分时走势即对应图6–14中G区域的K线，K线图中明显表现为冲高回落的阴量格外放大状态，只是在分时图上由于量能均衡，放量情况并不明显。当日的分时走势说明整体趋势已经由强转弱，建议在收盘前及时卖出股票。

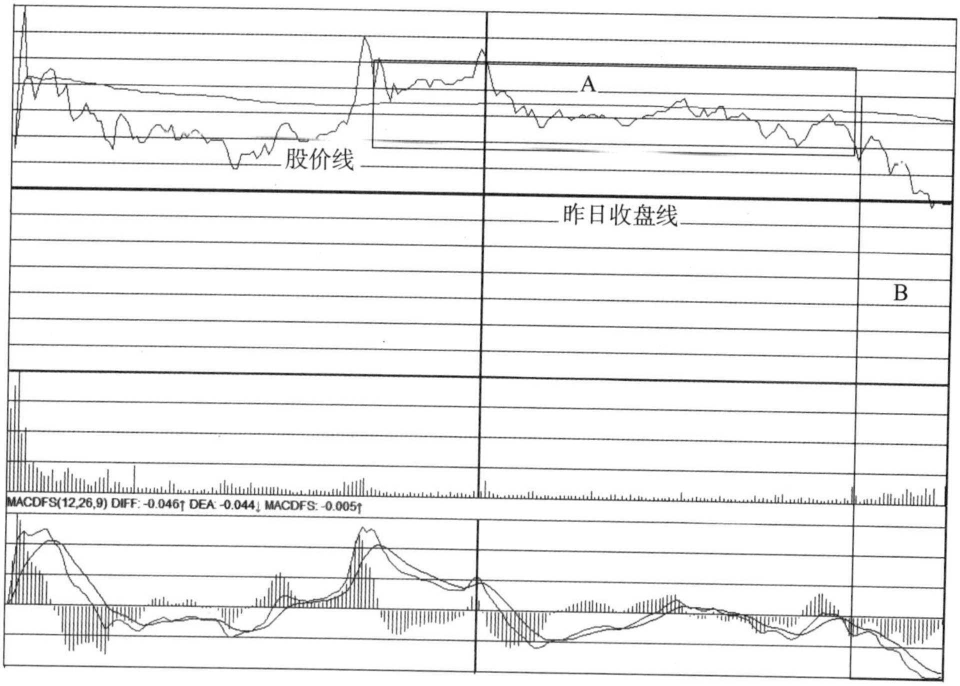

图 6-13　金岭矿业（000655）分时走势图（2019.4.9）

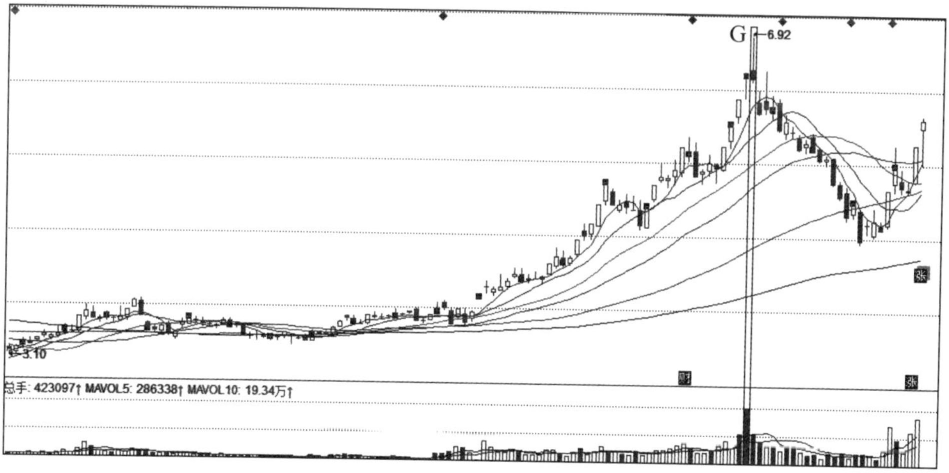

图 6-14　金岭矿业（000655）日线图

②弱势转弱形态

图 6–15 是滨海能源（000695）2019 年 5 月 17 日的分时图，股价平淡开盘后，一直围绕昨日收盘线小幅震荡。其后股价向下震荡，远离昨日收盘线，在 A 区域形成横盘震荡。在 B 区域的尾盘，股价线出现大角度下行，成交量突然爆出持续大阴量，说明弱势已快速转弱。如果拥有这只股票，应在尾盘及时卖出。

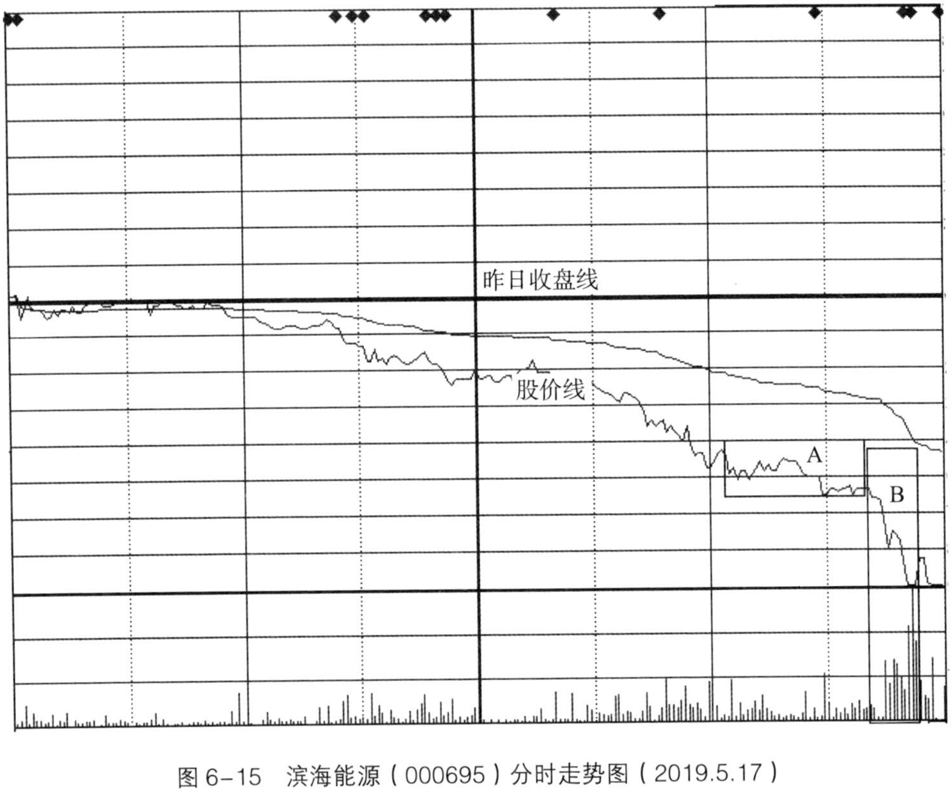

图 6–15　滨海能源（000695）分时走势图（2019.5.17）

（2）实战要点

第一，当出现强势转弱时，其实就是走势由上涨转为下跌时的形态，这时通常以股价在尾盘放量跌破昨日收盘线为特征，如图 6–13 中所示的情况。

第二，如果是弱势转弱，往往是股价阴量跌破弱势震荡整理平台，图 6–15

中所示的情况即是放量跌破整理平台，所以属于弱势快速转弱的走势。

（3）小贴士

当股价尾盘转弱时，最直观的特征就是尾盘时明显量价齐跌，并跌破昨日收盘线。如果股价运行在昨日收盘线下方，并跌破弱势震荡平台，则是弱势快速转弱，此时分时量不一定阴量放大，若放大则说明弱势更加明显。

3. 维持开盘特征

如果一只股票在尾盘阶段并不改变整个交易日的运行状态，维持着当天的走势收盘，那么就意味着这只股票的走势强度没有发生突变。这时，就需要根据全天的走势来判断短线强弱。同时，需要结合日线观察当前的走势情况，最终决定是否操作。

如果日线处于震荡走势，则说明此时依然为震荡，不应操作。如果日线属于上涨过程中的调整行情，说明依然在调整，不应盲目介入。如果日线上处于下跌状态，则短期趋势依然为弱势下跌，同样要回避操作。如果日线上属于上涨趋势，只要分时图表现为全天的强势特征，那么就可以买入股票。

（1）案例解读

图 6–16 是中广天泽（603721）2019 年 5 月 17 日的分时图。在 A 区域，股价小幅高开后震荡走低，并一举跌破昨日收盘线，之后持续震荡下行，说明早盘呈现出震荡下跌的弱势特征。到了尾盘 B 区域，股价依然维持着这种弱势震荡下跌的状态，只是收盘前出现一波较小的回升。由此可确认，尾盘并未改变全天的走势，维持着开盘时的特征，应回避这类股票。

（2）实战要点

第一，尾盘维持开盘特征的股票，应以开盘后股价运行的整个走势为标准进行分析，收盘前股价短时的异动可忽略，如图 6–16 中所示的情况。

第二，对开盘特征与尾盘特征进行比较分析时，应以早盘 30 分钟和尾盘 30 分钟的股价走势来进行研判，时间不可过短，如图 6–16 中 A 区域所示的早盘情况与 B 区域所示的尾盘情况。

（3）小贴士

当股价在分时图上的走势维持开盘状态时，则应观察日线等长周期 K 线图上的趋势，再决定是否操作，不可贸然买入。

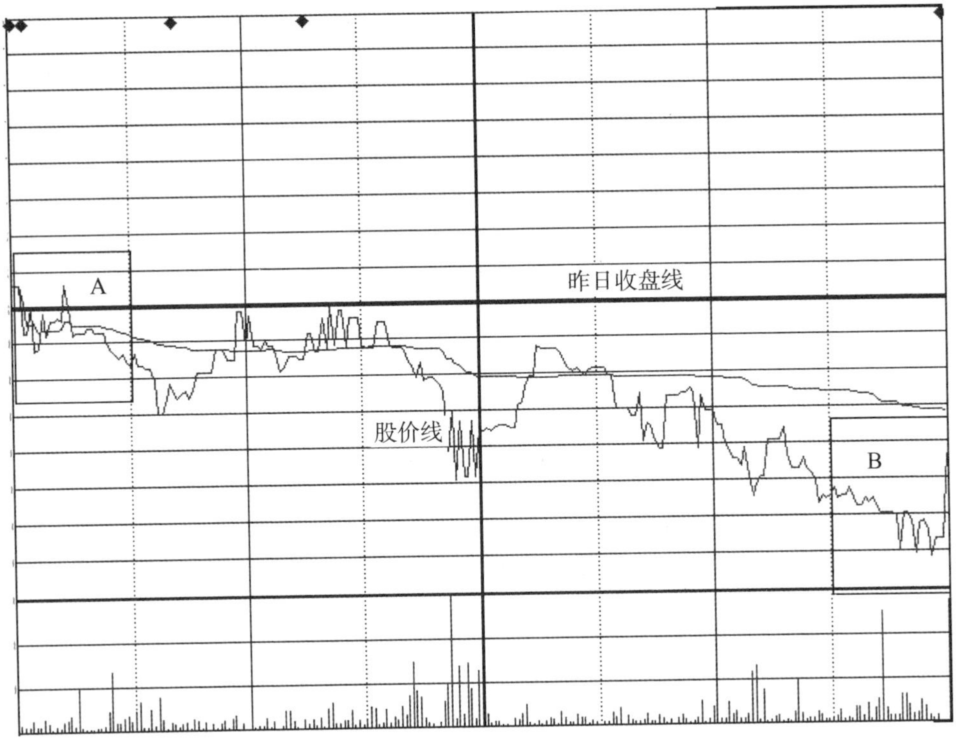

图 6-16　中广天泽（603721）分时走势图（2019.5.17）

第 7 章
分时图买入形态实战技巧

跟踪分析分时图走势，关键在于确定买卖时机。实战中，一定要牢记经典的分时图买入形态，根据形态的具体要求进行机械操作即可，如均价线与股价线买入形态和技巧，量价买入形态和技巧，强势买入形态和技巧，以及买入股票的交易技巧。

第 1 节　均价线与股价线买入形态和技巧

均价线与股价线是分时图上最重要的两条线，不同的均价线和股价线形态，对应着不同的操作技巧。

1. 股价线在均价线上的买入形态

在分时图上，股价线运行于均价线上方，说明此时的走势是强势的，因为即时股价在这种状态下一直高于成交均价。这时，只要股价线向上快速远离均价线，成交阳量明显放大，就说明股价已经快速启动，建议果断买入这类强势股。应当注意的一点是，判断这种强势买入形态时，要确保股价线与均价线均运行在昨日收盘线上方，否则就属于弱势转强的走势，只要股价线向上远离均价线时突破昨日收盘线后依然放量上涨，即可确认走势已经转强。

（1）案例解读

①昨日收盘线之上的强势买入形态

图 7-1 是中元股份（300018）2019 年 5 月 22 日的分时图。在 A 区域，股价小幅高开后，一直在均价线上方向上运行。当股价小幅回落，即将接触到均价线时，未跌破均价线即出现阳量放大的快速止跌回升，说明股价一直是高于成交均价的，市场热度较高，建议及时买入这类强势股。

②昨日收盘线之下的强势买入形态

图 7-2 是达华智能（002512）2019 年 5 月 22 日的分时图。在 A 区域，股价低开后，一直运行在均价线上方并转为上行。进入 B 区域时，股价线和均价线双双向上突破昨日收盘线，且阳量持续放大后形成格外放大，股价线大角度向上，说明弱势已快速转强，建议果断买入这类股票。

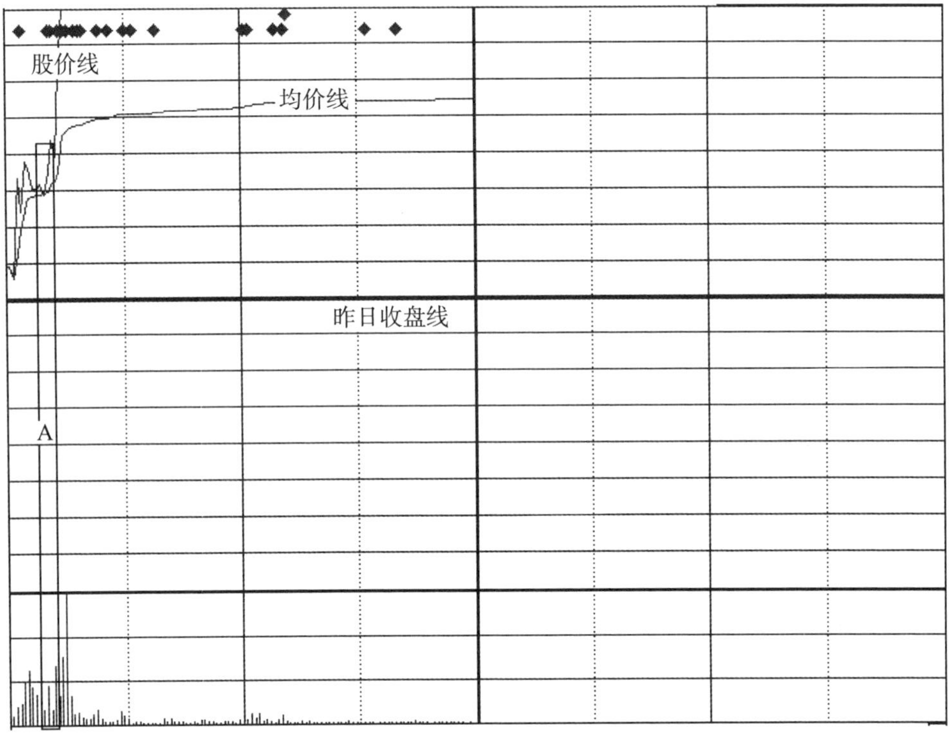

图 7-1　中元股份（300018）分时走势图（2019.5.22）

（2）实战要点

第一，当股价线在均价线上方运行时，往往是股价小幅高开后，放量快速上行的快速启动形态，股价线不会跌破均价线，如图 7-1 中所示的情况。

第二，如果股价线和均价线均在昨日收盘线下方运行，往往说明此时为弱势。但如果股价线一直在均价线上方运行，那么多数为低开高走的形态。此时，依然会出现股价线大角度上行的放量上涨，建议在股价线向上突破昨日收盘线后，依然放量上涨远离均价线时买入股票，如图 7-2 中所示的情况。

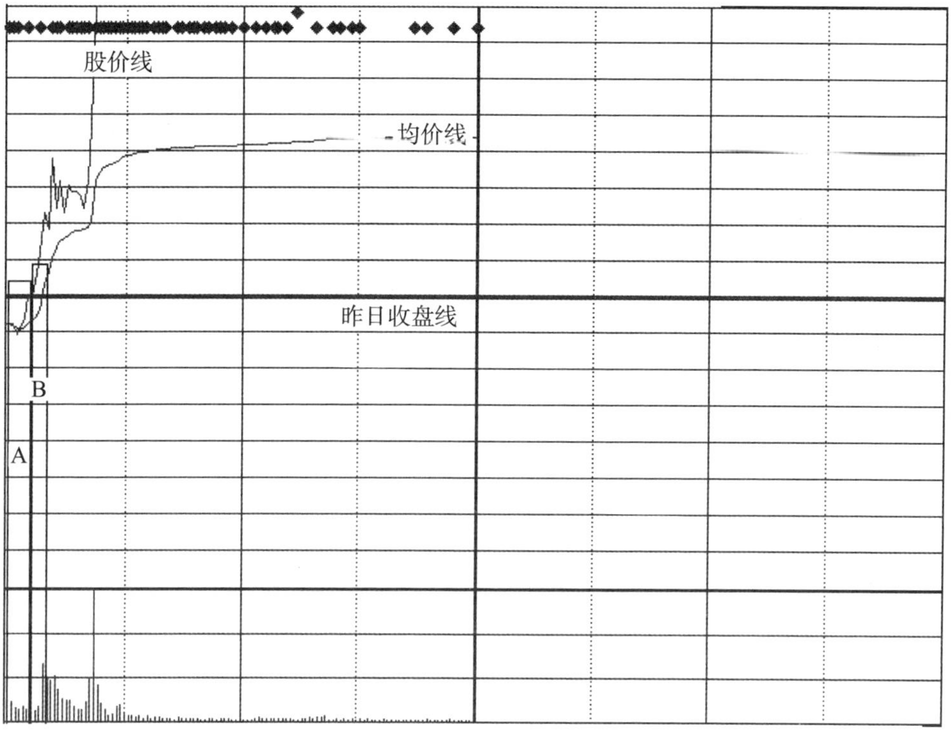

图 7-2　达华智能（002512）分时走势图（2019.5.22）

（3）小贴士

如果分时图上股价线在均价线上方运行期间，日线上股价已经运行到高位区，技术指标也到达高位顶部区域，那么分时图上这种股价线在均价线上方运行的震荡属于一种高位滞涨走势，是股价下跌前的征兆，此时应谨慎，建议不要轻易买入股票。

2. 股价线与均价线金叉买入形态

股价线与均价线金叉，是指股价线在均价线下方运行后转为上方运行，并与均价线形成交叉。股价线与均价线出现金叉，说明即时股价已经超过成交均价，股价处于强势。在股价线与均价线金叉期间，只要分时量表现为明显的放大或持续放大，即可确认为强势买入形态。

（1）案例解读

图 7-3 是国美通讯（600898）2019 年 5 月 17 日的分时图。股价开盘后，一直运行在均价线下方，进入 A 区域后，股价线出现大角度快速上行，与上方的均价线出现交叉，形成股价线与均价线金叉，同时量能为阳量持续放大，说明走势已经快速转强，建议果断买入这类股票。

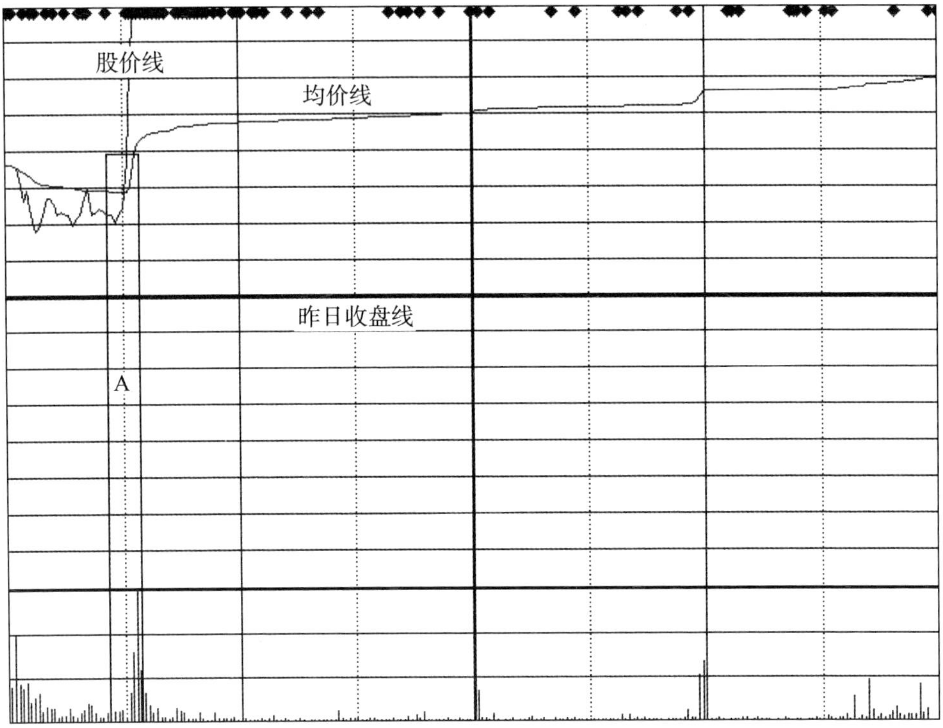

图 7-3　国美通讯（600898）分时走势图（2019.5.17）

（2）实战要点

第一，股价线与均价线金叉时，是股价线于下方向上与均价线形成的金叉，如图 7-3 中 A 区域所示的情况。

第二，股价线与均价线金叉后，如果属于强势特征的买入形态，往往是发生在昨日收盘线上方的金叉，这是股价加速上涨的征兆，量能明显为阳量放大状态时更加可靠，如图 7-3 中所示的情况。如果出现在昨日收盘线下方，那么必须确保金叉时出现持续放量，且向上突破昨日收盘线，方可确认为强势。

（3）小贴士

如果股价线出现向上交叉，不仅与均价线金叉，同时也与昨日收盘线金叉，则说明股价由弱快速转强，建议果断买入股票。

3. 股价线大角度向上突破昨日收盘线的买入形态

股价线大角度向上突破昨日收盘线，是指股价线在向下或平行震荡走势中，突然转为向上运行，且向上运行的角度大于 60°，构成股价线大角度向上运行的形态，股价线大角度上行时，向上突破昨日收盘线。出现这种形态，如果量能同时处于放量状态，意味着股价明显由弱势转为强势，是买入股票的形态，建议在股价线向上突破昨日收盘线时果断买入股票。

（1）案例解读

图 7–4 是宁波东力（002164）2019 年 5 月 17 日的分时图。开盘后股价弱势震荡，进入 A 区域，股价线以大于 60° 的角度向上运行，形成股价线大角度上行，且向上突破昨日收盘线，阳量明显持续放大，形成股价转强的买入形态，建议果断买入股票。

（2）实战要点

第一，股价线大角度向上突破昨日收盘线前，往往是在昨日收盘线下方弱势运行，如图 7–4 中 A 区域之前所示的情况。

第二，股价线大角度向上突破昨日收盘线时，只有分时量为阳量放大状态，方能确认为走势转强的买入形态，如图 7–4 中 A 区域所示的情况。

（3）小贴士

股价线大角度向上突破昨日收盘线时，如果股价线位于昨日收盘线上方向下或平行震荡运行，一旦转为大角度向上，只要量能为放大状态的阳量，就是一种股价快速转强的强势征兆。

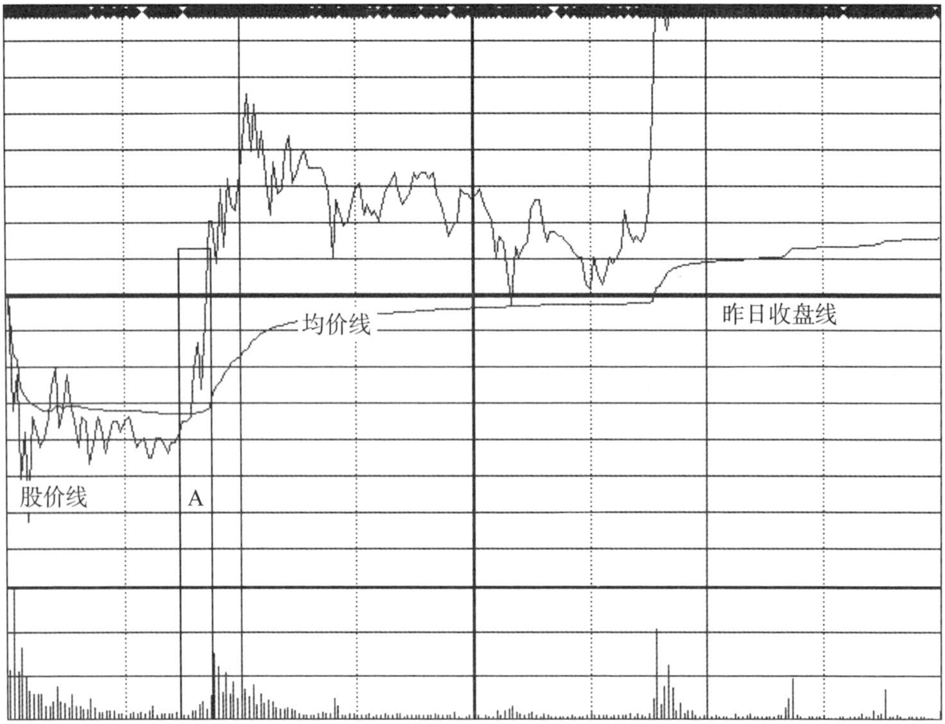

图 7-4　宁波东力（002164）分时走势图（2019.5.17）

第 2 节　量价买入形态和技巧

量价买入形态是分时图操作中最为重要的部分。量价买入形态不同，采用的交易技巧也不同，投资者只有明白这一点，才能运用自如。

1. 区间放量，股价线上行

区间放量，股价线上行，是指股价线向上运行时，分时量显示区域形成明显的量能持续放大。出现这种形态时，无论股价线运行在昨日收盘线上方还是运行在下方，均表示弱势调整已经结束，是加速上涨的征兆，建议果断买入股票。

（1）案例解读

图 7–5 是宜通世纪（300310）2019 年 5 月 17 日的分时图。股价在昨日收盘线上方高开后震荡上行，但量能较小，应继续观察一下。进入 B 区域，股价线快速向上运行，分时量表现为明显持续放大的阳量，形成区间放量的量价齐升走势，说明股价开始加速上涨，应果断买入股票。

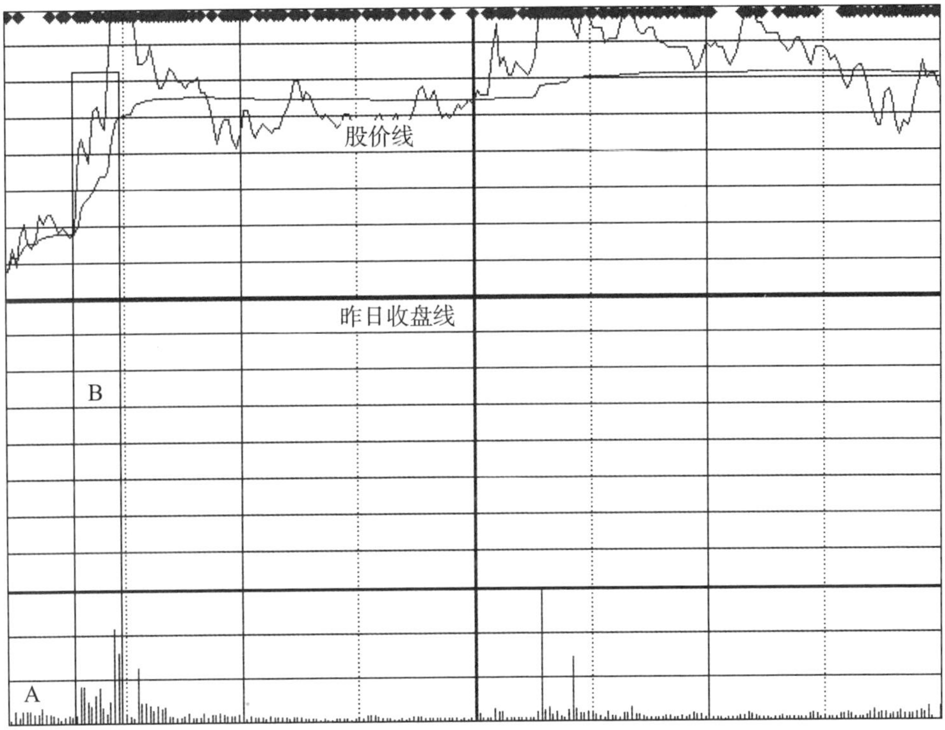

图 7–5　宜通世纪（300310）分时走势图（2019.5.17）

（2）实战要点

第一，当出现区间放量、股价线上行时，股价线往往会明显地快速向上运行，区间放量形态较明显时，方可确认形态，如图 7–5 中 B 区域所示的情况。

第二，当区间放量、股价线上行为强势买入形态时，如果发生在昨日收盘线上方，则更能表明股价强势，如图 7–5 中所示的情况。如果出现在昨日收盘线下方，则必须在股价放量突破昨日收盘线时，方可确认为强势。

（3）小贴士

当出现区间放量，股价线上行时，常规情况下，股价线位于昨日收盘线上方，属于上涨走势的调整行情结束的征兆，即上涨回调结束的上涨中继止跌回升点，其后上涨将更为强劲。

2. 天量阳量，股价线上行

天量阳量，股价线上行，是指股价线向上运行时，分时量显示区域出现一根向上到达区间顶部的黄色分时量柱线。

股价线上行时出现天量阳量，说明盘中瞬间出现超级大买单成交了这只股票，是买盘骤然大幅出现的表现。大举买入一只股票，意味着股价未来上涨的概率更高，天量阳量、股价线上行是一种股价快速转强的买入形态，一旦出现这种形态，应果断买入股票。

（1）案例解读

图 7–6 是登海种业（002041）2019 年 5 月 17 日的分时图，在 A 区域，股价小幅低开后震荡上行。B 区域，股价放量向上突破昨日收盘线，尤其在 B 区域末端的 C 处，股价线持续上行，分时量在持续放量下出现一根黄色的天量阳量，表明出现大买单，股价将加速上涨，建议果断买入股票。

（2）实战要点

第一，天量阳量，股价线上行时，股价线应为震荡或持续向上运行的状态，分时量表现为一根黄色的天量阳量，如图 7–6 中 B 区域 C 处所示的情况。

第二，天量阳量，股价线上行时，往往股价线运行于昨日收盘线上方，这样强势特征更明显，如图 7–6 中所示的情况。如果股价线运行于昨日收盘线下方，应在股价线放量突破昨日收盘线后再买入股票。

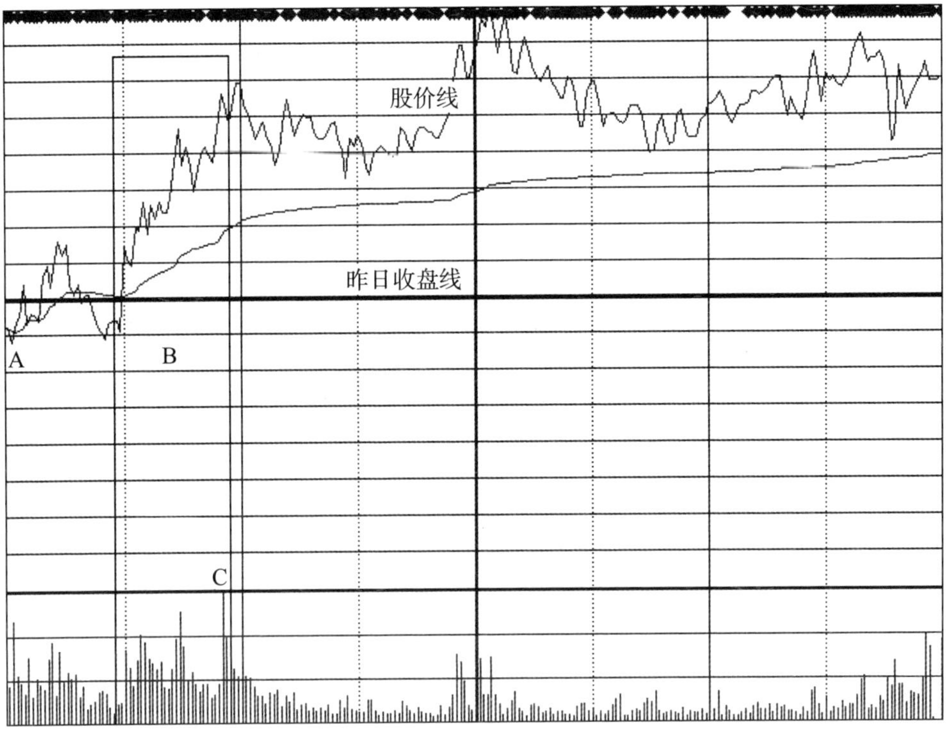

图 7-6　登海种业（002041）分时走势图（2019.5.17）

（3）小贴士

根据天量阳量、股价线上行这一形态特征买入股票时，如果股价线位于昨日收盘线下方，必须确保其后股价线上行时量能能够跟进放大，否则股价上涨很可能只是盘中的短暂反弹行为。

3. 温和放量，量价齐升

温和放量，量价齐升，是指股价线向上运行时，分时量柱线呈现阳量持续变长，但变长的幅度不大，只是出现小幅的持续变长，形成温和放量的量价齐升。

出现温和放量的量价齐升时，说明股价上涨的速度和幅度较小，但很稳健。只要温和放量状态能够持续，即可确认股价强势。一旦股价线在昨日收盘线下方向上运行，只要突破昨日收盘线时依然保持这种上升态势，就说明股价完全进入强势状态，建议果断买入股票。

（1）案例解读

图 7–7 是京粮控股（000505）2019 年 5 月 17 日的分时图。股价小幅高开后快速回调，在 A 区域出现分时量柱持续变长的阳量温和放大，同时股价线快速上行，形成温和放量的量价齐升，在其后的 B 区域再次出现这种形态，建议果断买入股票。

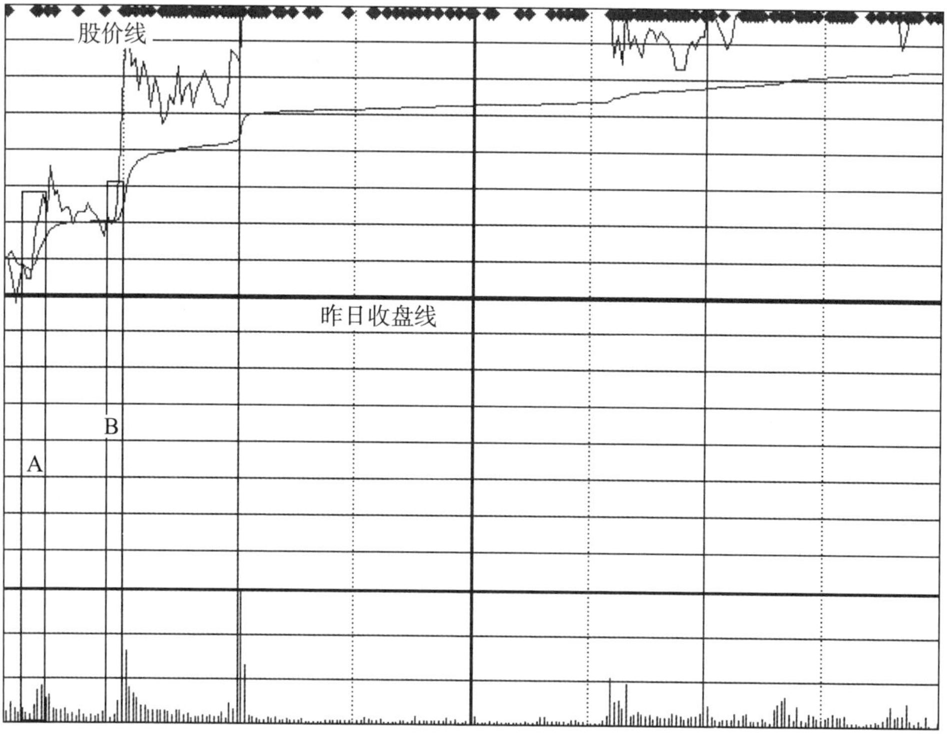

图 7–7　京粮控股（000505）分时走势图（2019.5.17）

（2）实战要点

第一，出现温和放量的量价齐升时，往往股价线在向上运行，成交量表现为持续小幅放量的状态，即分时阳量柱不断变长，如图 7–7 中 A 区域所示的情况。

第二，出现温和放量的量价齐升时，分时量温和放量，股价线也持续向上运行，方可确认为强势，如图 7–7 中 A 区域和 B 区域所示的情况。

（3）小贴士

出现温和放量的量价齐升时，如果股价线在昨日收盘线上方向上运行，那么股价强势特征更加明显。相反，若股价线在昨日收盘线下方向上运行，整体量能水平要明显放量，后市转强的概率才比较高。

4. 缩量下跌的买入形态

缩量下跌的买入形态，是指股价线在向下运行的过程中，分时成交量柱呈持续变短的缩量状态。缩量代表卖出股票减少，在股价正常下跌的状态下，缩量下跌属于正常形态，意味着市场参与度大幅变小。

利用缩量下跌买入股票时，必须确保此刻股价线是在昨日收盘线上方由向上运行转为向下运行。一旦缩量下跌时出现放量，股价线也由下行转为上行，则意味着短期的下跌调整结束。股价线在昨日收盘线上方向上运行时意味着上涨趋势强劲，股价线由上行转为下行，则说明出现短线调整，这里是上涨中继调整结束的买点。

（1）案例解读

图 7–8 是华天科技（002185）2019 年 5 月 17 日的分时图，股价开盘后高开高走。进入 A 区域，股价线震荡下行，成交量缩减到极低水平，形成缩量下跌形态。进入 B 区域，股价线在即将跌破昨日收盘线时出现快速上行，成交阳量明显持续放大，说明股价已结束调整，继续上涨，建议果断买入股票。

（2）实战要点

第一，形成缩量下跌的买入形态时，必须确保股价线位于昨日收盘线上方，这样强势特征才更加明显，如图 7–8 中所示的情况。如果股价线缩量下跌时跌破昨日收盘线，则不能远离昨日收盘线即止跌回升，否则应以弱势来对待。

第二，利用缩量下跌的买入形态来判断买点，应在股价线放量止跌回升时买入股票，如图 7–8 中 B 区域所示的情况。

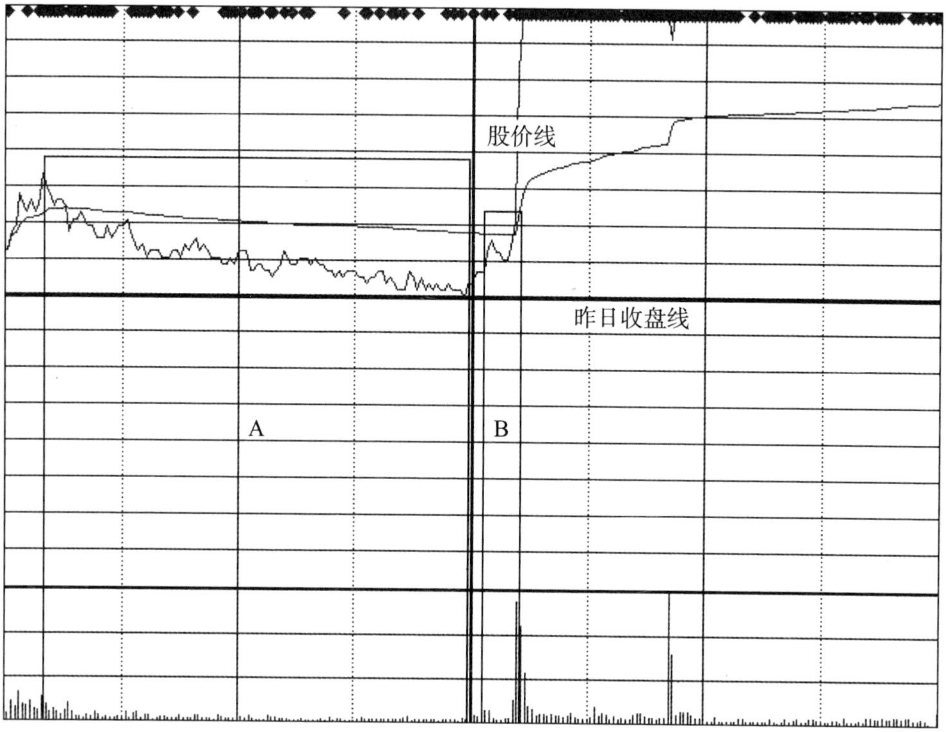

图 7-8　华天科技（002185）分时走势图（2019.5.17）

（3）小贴士

如果出现缩量下跌，股价线位于昨日收盘线下方持续向下运行，即使其后转为不明显的放量上涨，也不应轻易买入股票。这种情况多数是下跌走势中的中继反弹，上涨时间往往极短，之后会重归下跌走势。

第 3 节　强势买入形态

强势买入形态是买入股票时的一种重要形态。只有判断一只股票出现强势买入形态，才能根据具体的特征买入股票。

1. 不破昨日收盘线

不破昨日收盘线，是指分时图上股价线在昨日收盘线上方运行时，一旦向下运行，未跌破昨日收盘线即出现止跌回升。股价线在昨日收盘线上方运行时，属于强势上涨格局。股价线在此期间出现向下运行，只要不跌破昨日收盘线，就意味着股价依然处于强势状态。股价线在昨日收盘线之上止跌回升，成为结束短期调整时强势转强的买入形态。

（1）案例解读

图 7-9 是东方中科（002819）2019 年 5 月 17 日的分时图。股价开盘后形成明显的高开高走，进入 A 区域时，出现持续回落，但回落过程中并未跌破昨日收盘线，即在 B 区域出现快速上行、阳量持续放大的量价齐升，说明调整已经结束，股价回归涨势，建议及时买入股票。

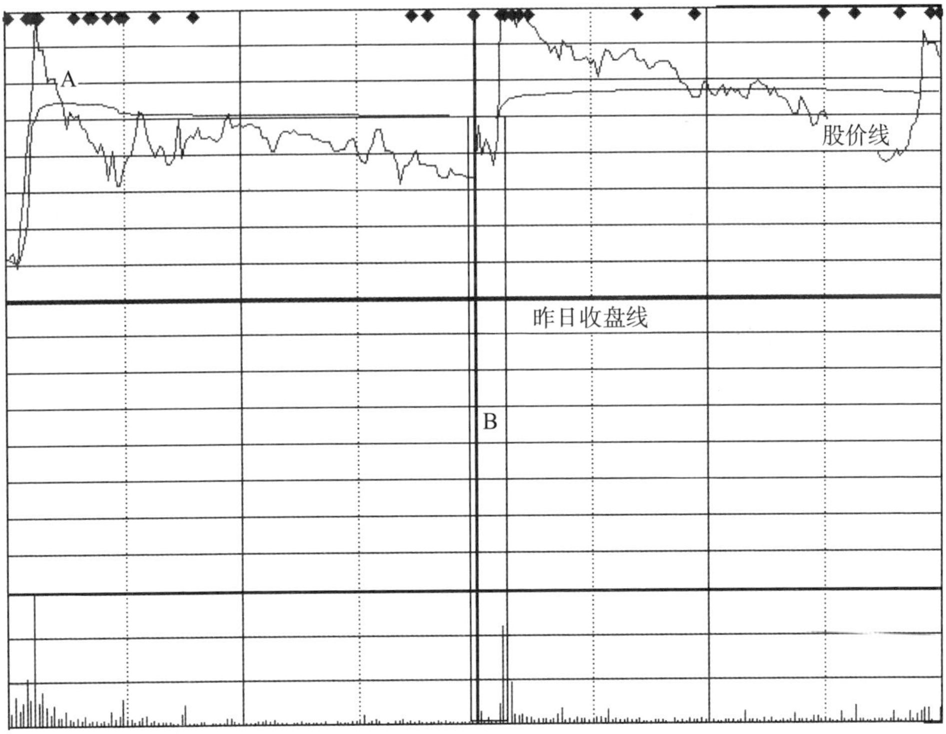

图 7-9　东方中科（002819）分时走势图（2019.5.17）

（2）实战要点

第一，不破昨日收盘线，是指股价线在昨日收盘线上方运行时，回调未跌破昨日收盘线即止跌回升，如图 7-9 中所示的情况。

第二，不破昨日收盘线，止跌回升时越是明显的阳量放大和股价线大角度上行，越能证明股价强势，如图 7-9 中 B 区域所示的情况。

（3）小贴士

股价高开高走，回调时如未跌破开盘价即止跌回升，意味着强势未改。这种形态比不破昨日收盘线的形态更为强势，建议果断买入股票，后市股价极易出现涨停。

2. 高开后持续高走

高开后持续高走，是指股价线在昨日收盘线上方开盘后，一直处于持续向上运行的状态，分时量也呈现明显的持续大量状态。高开后持续高走，意味着股价形成极强的上涨趋势，当日冲击涨停的概率极高，属于强势持续的买入形态，一旦出现这种形态，应果断买入股票。

（1）案例解读

图 7-10 是凌霄泵业（002884）2019 年 5 月 17 日的分时图。在 A 区域，股价线在昨日收盘线较高的位置高开后，持续向上运行，形成高开后持续高走形态，且分时量出现明显的持续放大，说明股价处于强势上涨状态，建议及时买入股票。

（2）实战要点

第一，高开后持续高走时，股价线必须出现在昨日收盘线上方，且持续向上运行，方可确认形态，如图 7-10 中 A 区域所示的情况。

第二，高开后持续高走时，必须确保分时量为持续放大状态，且股价线向上的角度越大，越能证明股价强势，如图 7-10 中 A 区域所示的情况。

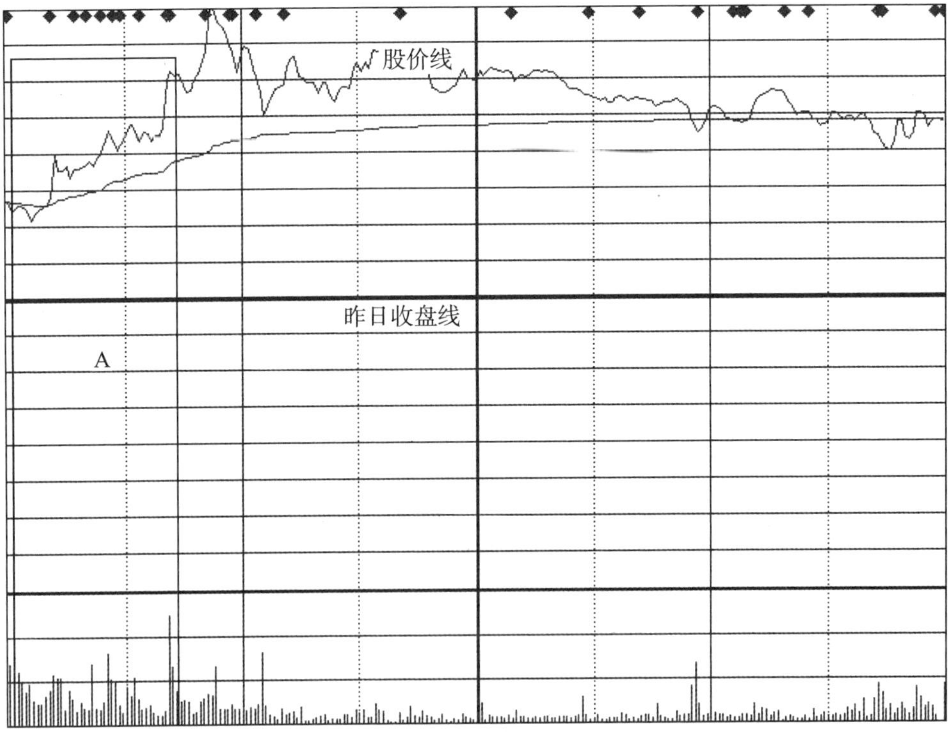

图 7-10　凌霄泵业（002884）分时走势图（2019.5.17）

（3）小贴士

高开后持续高走，要时刻留意分时量是否能够持续。因为在极强状态下，一旦量能无法持续，后市引发快速回落的概率极高，尤其在早盘 30 分钟内，股价高开后短线快速冲高回落的可能性极大。

3. 大幅低开后持续高走

大幅低开后持续高走，是指股价在昨日收盘线下方较远的位置开盘后，股价线持续向上运行。出现这种形态，说明主力资金在集合竞价阶段未能做高开盘价以推升股价，因盘中获利盘的兑现较多，借大幅低开让这些短期获利筹码大举涌现，自己刚好持续在低位吸纳筹码以推升股价，属于强势买入股票的形态。但由于是根据分时图操作的短线买入行为，所以此期间的分时量必须呈现出放量状态，同时，股价线向上突破昨日收盘线后依然能保持这种大量且持续走高，股价的强势特征更为明显。

（1）案例解读

图 7-11 是宏辉果蔬（603336）2019 年 5 月 17 日的分时图。在 A 区域，股价线在昨日收盘线下方较远的位置开盘，形成大幅低开，但随后持续震荡向上运行，低点不断抬高。在 B 区域，股价线持续放量向上突破昨日收盘线，进入强势状态，建议果断买入股票。

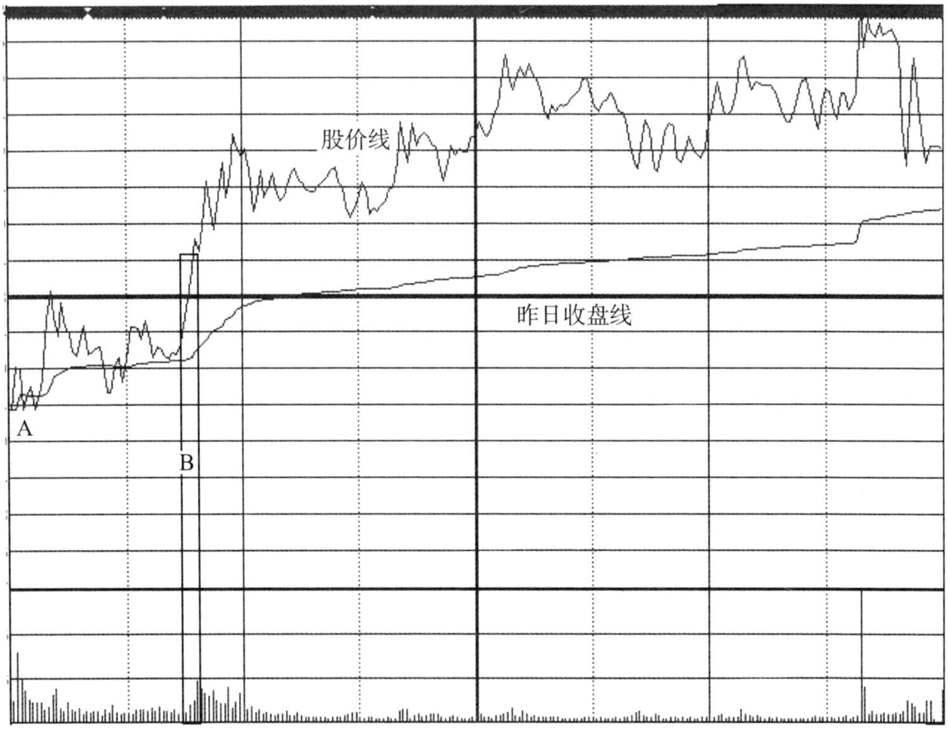

图 7-11　宏辉果蔬（603336）分时走势图（2019.5.17）

（2）实战要点

第一，大幅低开后持续高走时，股价线必须出现在昨日收盘线下方较远的位置，方可确认大幅低开。在持续高走中，可发现股价线震荡回调的低点在不断抬高，如图 7-11 中 A 区域所示的情况。

第二，大幅低开后的持续高走，应在股价持续放量向上突破昨日收盘线后买入股票，如图 7–11 中 B 区域所示的情况。

（3）小贴士

大幅低开后持续高走时，如果股价线向上遇到昨日收盘线后受阻或小幅回落，只要依然能很快恢复量价齐升的状态，即可在股价线再次向上突破昨日收盘线时买入股票。

4. 突破昨日收盘线量价齐升

突破昨日收盘线量价齐升，是指股价线在昨日收盘线下方运行，一旦向上突破昨日收盘线，就会呈现出股价线上行、分时成交量柱线明显或持续变长的量价齐升形态。出现这种形态，说明股价突破昨日收盘线转为强势时，得到了分时量的助涨，是股价由弱转强的可靠买入形态。一旦出现这种形态，应果断买入股票。

（1）案例解读

图 7–12 是创维数字（000810）2019 年 5 月 17 日的分时图，股价小幅高开后小幅震荡，并在盘中向下跌破昨日收盘线。午后开盘后，在 A 区域股价线大角度上行，并一举向上突破昨日收盘线，分时量表现为格外放大的持续阳量，形成突破昨日收盘线的量价齐升走势，说明股价快速结束调整，启动上涨，建议及时买入股票。

（2）实战要点

第一，突破昨日收盘线量价齐升前，股价线往往表现为昨日收盘线下方的弱势运行状态，如图 7–12 中所示上午收盘前的情况。

第二，突破昨日收盘线后，依然呈放量上涨状态，方可买入股票，如图 7–12 中 A 区域所示的情况。

（3）小贴士

利用股价线突破昨日收盘线量价齐升形态买入股票时，量价齐升形态必须能够持续，而不能仅仅以一根分时量柱线来确定股价转强。这种形态属于弱势转强势初期的走势特征，只有持续量价齐升，才能说明股价彻底转强。

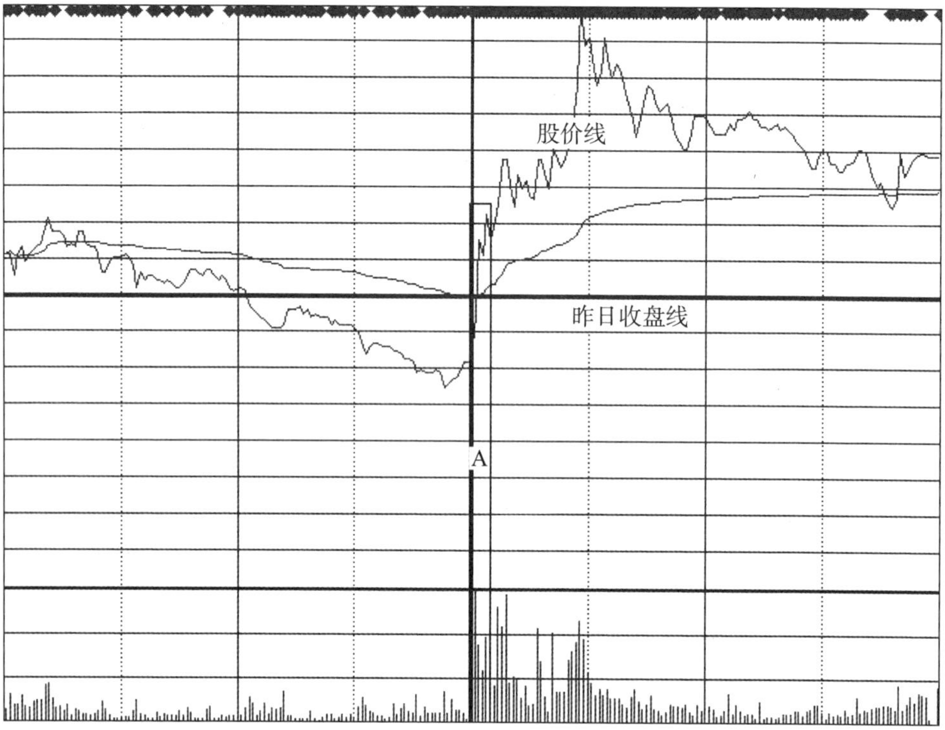

图 7-12　创维数字（000810）分时走势图（2019.5.17）

第 4 节　买入股票技巧

通过分时图买入股票属于短线操作，有特殊的操作技巧，如量价为主、结合日线和盘口信息的买入技巧。

1. 量价为主的买入技巧

量价为主是指利用分时图买入股票时，因是纯粹的短线行为，判断股价强势的依据应以量价关系中的量价齐升形态为主，尤其是分时量柱明显变长和持续放量，是最稳妥的股价转强征兆。量总是先于价运行，尤其在短线走势转强时，这种“量先于价运行”的特征会更加明显。

（1）案例解读

图 7–13 是梅安森（300275）2019 年 5 月 17 日的分时图。股价在 B 区域小幅高开后，形成围绕昨日收盘线的小幅震荡走势。进入 A 区域后，股价线明显大角度上行，分时量持续阳量放大，形成量价齐升的快速上涨形态，说明股价已经快速转强，建议果断买入股票。

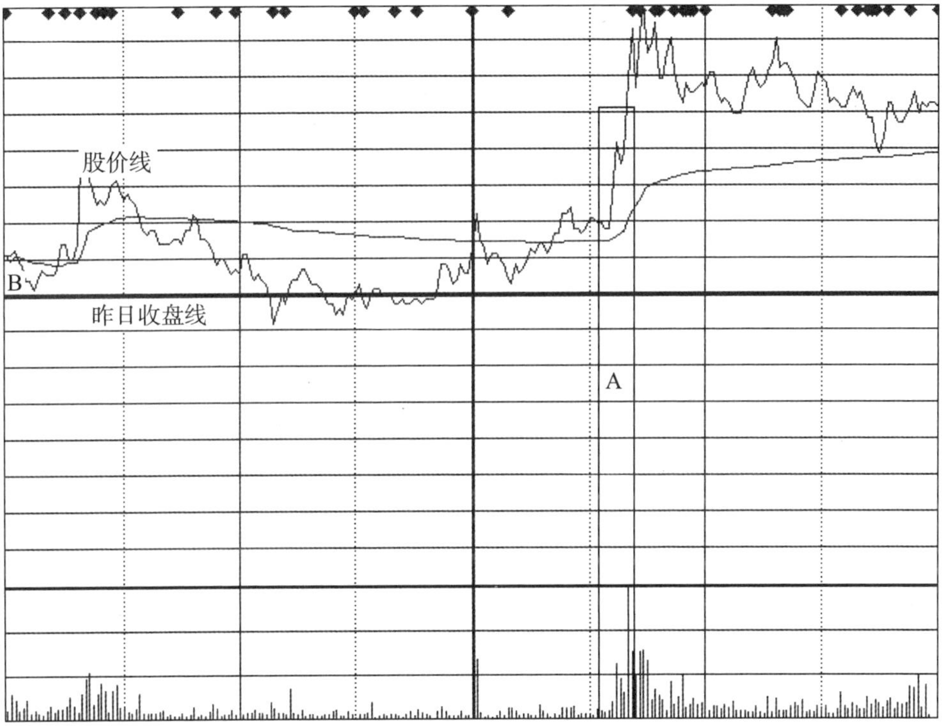

图 7–13　梅安森（300275）分时走势图（2019.5.17）

（2）实战要点

第一，在依据分时图交易的量价操作模式中，主要观察股价启动上涨时分时阳量能否持续放大，如图 7–13 中 A 区域所示的情况。

第二，在量价为主的操作模式中，发生在昨日收盘线上方的量价齐升，强势特征更明显，如图 7–13 中 A 区域所示的情况。如果量价齐升出现在昨日收盘线下方，那么这种形态在突破昨日收盘线后依然持续，才是买入股票的时机。

（3）小贴士

在量价为主的分时图操作模式中，出现在昨日收盘线上方的量价齐升更为可靠，是股价强势中加速上涨的表现。

2. 日线启动初期判断分时图强势股

启动初期结合日线判断分时图上的强势股，是指在日线图上呈现弱势启动上涨时，分时图上呈现强势上涨状态的股票。判断日线启动上涨的股票时，主要通过日线明显的持续量价齐升形态，或上涨初期均线形成多头排列形态，或技术指标呈明显的快速启动形态来进行确认。一旦日线上股价形成放量上涨的启动形态，即观察分时图走势，只要发现股价线在昨日收盘线之上持续向上运行，分时量能放大，就可以果断买入股票。

（1）案例解读

图 7-14 是东方材料（603110）日线图。在 A 区域，股价向上突破横盘震荡区域，出现快速启动，这时即可从分时图上来观察和判断买入股票的买点。

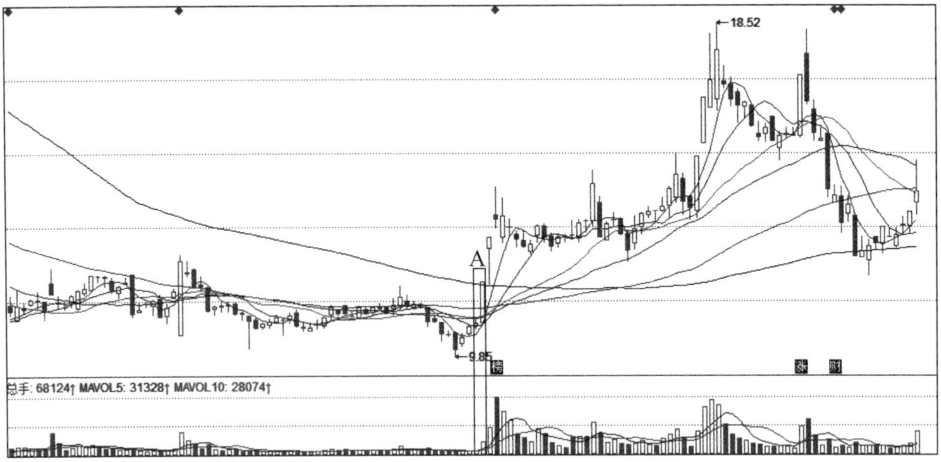

图 7-14 东方材料（603110）日线图

图 7–15 是东方材料（603110）2019 年 2 月 13 日的分时图。股价平开后小幅震荡上行，进入午后的 A 区域，股价线大角度上行，成交阳量持续明显放大，形成股价快速启动时的形态，建议果断买入股票。

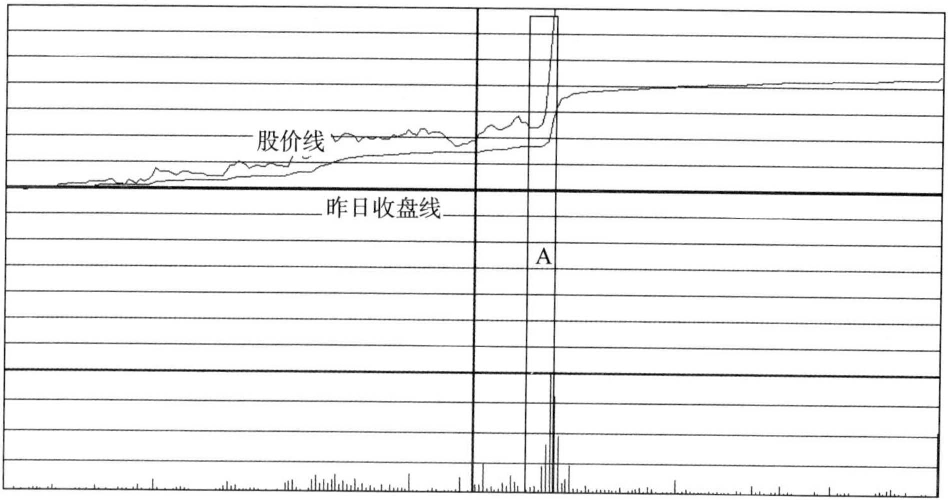

图 7–15　东方材料（603110）分时走势图（2019.2.13）

（2）实战要点

第一，日线启动初期寻找分时图强势股前，个股必须在日线上出现结束弱势震荡或下跌走势，启动快速上涨，如图 7–14 中所示的情况。

第二，日线启动初期寻找分时图强势股时，一旦日线上形成启动初期形态，只要分时图上呈现明显的持续放量上涨形态，即可确认这只股票已经转强，如图 7–15 中所示的情况。股价线向上的角度越大，分时放量越明显，强势就越明显。

（3）小贴士

日线启动初期判断分时图强势股时，一定要确保日线上股价处于明显的弱势启动行情，否则分时图上的强势极可能只是短暂走强，其后必然回归弱势。

3. 依据盘口信息辅助判断

短线买入股票时，一定要依据盘口信息来进行辅助判断。一只股票短线形成强势时，往往量比为正值的红色，外盘大于内盘，换手率放大。其中，最为明显的盘口信息就是换手率放大，如换手率达到3%~7%，就证明这只股票活跃度较高，分时图上形成明显的量价齐升状态，就说明这只股票已经转为短线的强势上涨。这时买入股票，短线安全系数较高。如果换手率无法增加，则说明市场热度依然不足，买入后股价短期上涨的成功率降低。

（1）案例解读

图7-16是富春股份（300299）2019年5月17日的分时图。在B区域，股价线平淡开盘后持续高走，分时量呈持续放大状态。右侧盘口显示，A区域的实际换手率呈现快速放大，最高达到12.41%，左侧下方的量比指标呈快速持续上行状态，说明股价快速启动，建议果断短线买入股票。

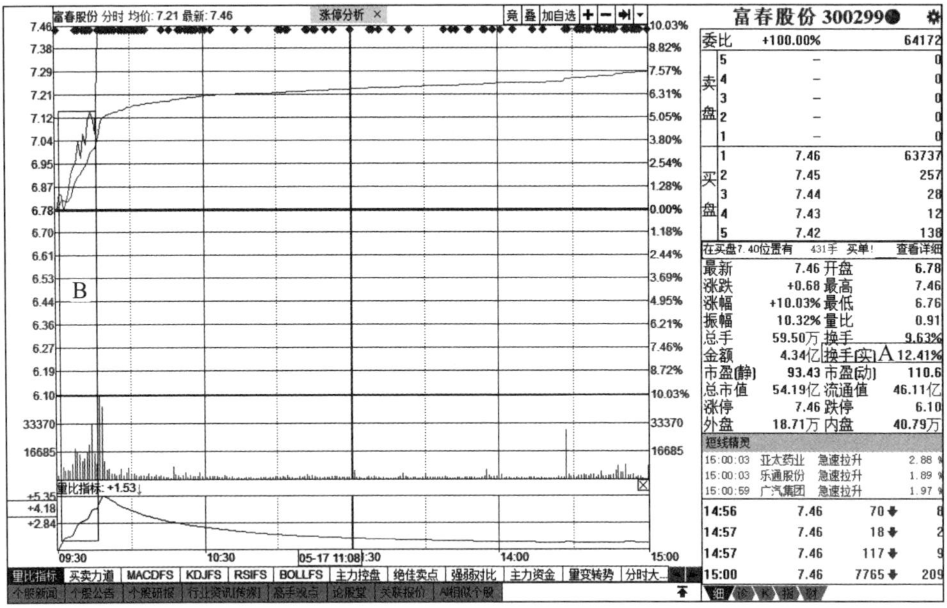

图7-16 富春股份（300299）分时走势图（2019.5.17）

（2）实战要点

第一，短线买入时依据盘口信息进行辅助判断，应确保股价线与分时量形成明显的量价齐升走势，再结合盘口信息予以判断，如图7-16中B区域所示的情况。

第二，短线买入时依据盘口信息进行辅助判断，主要是观察实际换手率，通常达到 3% 时，为快速启动的征兆，如图 7–16 中 A 区域所示的情况。至于量比指标或外盘与内盘等情况，往往可以忽略，尤其是股价快速启动时，这些数据可能反映的情况并不真实，只能作为参考。

（3）小贴士

短线买入时依据盘口信息进行辅助判断，其中量比或外盘与内盘信息，甚至卖盘与买盘信息，只能作为参考，只有换手率才是最关键的信息。

第8章

分时图卖出形态实战技巧

俗话说，会买的是徒弟，会卖的才是师父。明白分时图的买入形态和技巧后，还必须学会分时图的卖出形态和技巧，如均价线卖出形态和技巧，分时量价卖出形态和技巧，弱势卖出形态和技巧，以及分时图卖出股票技巧，这样才能准确把握住高点卖点。

第 1 节　均价线卖出形态和技巧

股价线在均价线上方或下方，股价线与均价线缠绕或跌破均价线，都会形成明显的卖出形态，并有着相应的操作技巧。

1. 均价线之上的卖出形态

均价线之上的卖出形态，是指股价线在均价线上方向上运行时，一旦向上大幅远离均价线后出现向下回落时，形成明显的顶部形态，如倒 V 型顶、双顶，甚至出现均价线放量大角度下行、高开低走，就说明趋势由强快速转弱，建议果断卖出股票。

（1）案例解读

图 8–1 是金科文化（300459）2019 年 4 月 26 日的分时图。股价线高开高走后进入 A 区域，向上远离均价线，并形成持续冲高回落形态，量能为大量状态的阴量，说明趋势反转向下，建议果断卖出股票。

（2）实战要点

第一，形成均价线之上的卖出形态时，往往出现在股价快速上涨之后，属于股价线位于均价线上方的形态，如图 8–1 中 A 区域所示的情况。

第二，形成均价线之上的卖出形态时，往往是股价线在均价线上方形成的顶部回落形态，同时为放大阴量或持续大阴量，方可确认顶部反转，如图 8–1 中 A 区域所示的情况。

（3）小贴士

在均价线之上卖出股票时，一定要结合日线股价的短期形态来确认。只有日线股价在短期快速上涨后于高位形成回落，或日线技术指标在不背离的

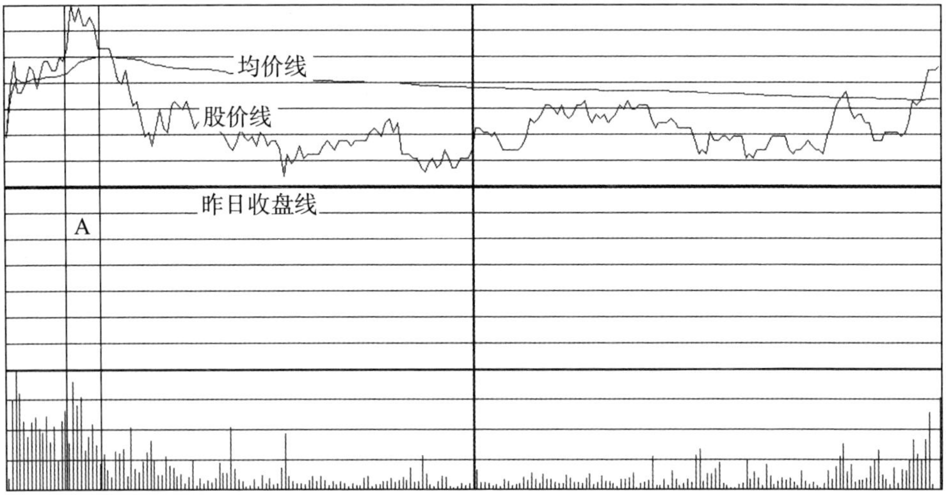

图 8-1　金科文化（300459）分时走势图（2019.4.26）

情况下到达指标区间的高位区，分时图股价短期快速回落形成高位转势的概率才更高。

2. 均价线之下的卖出形态

均价线之下的卖出形态，是指股价线在均价线下方运行时，一旦转为向下运行，若分时量柱变长，即下跌放量，就可以说明趋势已经彻底转弱。股价线运行在均价线下方，本身就说明股价的市场热度不高，已经低于平均成本价，盘中挂高委买的情况不是很积极。一旦股价线走弱时放量，就证明积累的卖盘出现放大，趋势自然快速转弱，建议及时卖出股票。

（1）案例解读

图 8-2 是紫鑫药业（002118）2019 年 4 月 22 日的分时图。股价小幅低开后，持续震荡下行，股价线一直在均价线下方向下运行，到 A 区域时，向下快速远离均价线，且分时量表现为持续阴量放大，形成明显的放量下跌，说明弱势再次转弱，是加速下跌的征兆，建议果断卖出股票。

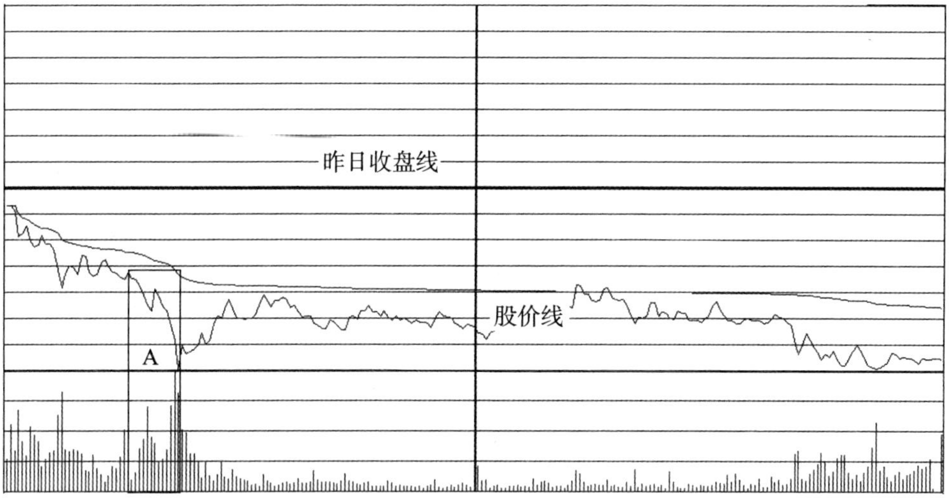

图 8-2　紫鑫药业（002118）分时走势图（2019.4.22）

（2）实战要点

第一，出现均价线之下的卖出形态前，股价线必须运行在均价线下方，如图 8-2 中 A 区域之前所示的形态。

第二，形成均价线之下的卖出形态时，股价线往往向下远离均价线，形成明显的量价齐跌状态，如图 8-2 中 A 区域所示的情况。

（3）小贴士

形成均价线之下的卖出形态时，主要观察的是分时量放大状态下的股价线向下运行，即量价齐跌形态，说明主力资金已无力将股价维持在高位，选择向下运行是主力筹码高度分散的征兆。

3. 股价线缠绕均价线的卖出形态

股价线缠绕均价线的卖出形态，是指股价线与均价线形成相距较近的反复缠绕。这是一种分时图的震荡整理形态，说明股价接近成交均价，间接证明这只股票的市场热度不高，此时多数成交价是以即时现价成交的。一旦形成弱势的卖出形态，股价线在缠绕均价线的状态下，向下快速远离均价线，或股价线大角度向下远离时，分时量也变长放大，说明这种整理出现向下破位，趋势已变弱，应果断卖出股票。

（1）案例解读

图 8-3 是厚普股份（300471）2019 年 4 月 26 日的分时图。在 A 区域，股价线与均价线反复缠绕，并位于昨日收盘线下方，说明股价是一种弱势震荡整理状态。进入 B 区域，股价线向下远离均价线，阴量持续放大，并向下离开股价线与均价线的震荡区间，说明趋势明显转为弱势下跌，建议及时卖出股票。

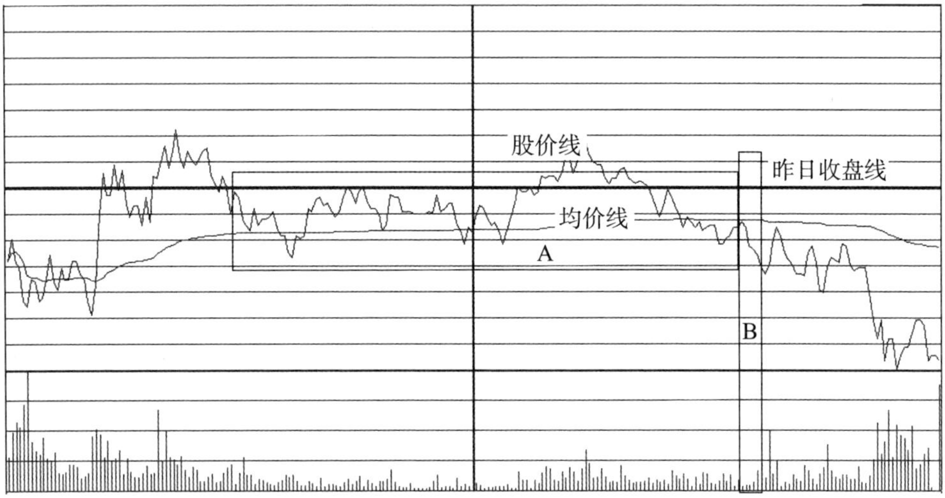

图 8-3 厚普股份（300471）分时走势图（2019.4.26）

（2）实战要点

第一，形成股价线缠绕均价线的卖出形态前，必须出现股价线与均价线的反复缠绕，方可确认弱势震荡，如图 8-3 中 A 区域所示的情况。

第二，形成股价线缠绕均价线的卖出形态时，往往股价线向下远离均价线时，只要成交量表现为阴量，即可确认弱势转弱的卖出形态，如图 8-3 中 B 区域所示的情况。

（3）小贴士

当分时图出现股价线反复缠绕均价线时，如果这只股票日线上呈上涨趋势中的短线调整行情，说明短线调整尚未结束，建议继续观望后再买入股票。

4. 跌破均价线的卖出形态

跌破均价线的卖出形态，就是股价线与均价线形成交叉形态，也就是股价线由上向下与均价线形成交叉形态。这时，如果分时量柱线明显放大变长，或股价线跌破均价线时形成大角度，就说明股价形成短期弱势状态，即使是上涨趋势的调整行情，也是深幅调整，是一种短线卖出股票的形态。

（1）案例解读

图 8-4 是川环科技（300547）2019 年 4 月 26 日的分时图。开盘后的 A 区域，股价小幅低开后短暂上行，股价线位于均价线上方，但很快向下与均价线交叉，同时成交阴量持续放大，说明趋势已快速转弱，建议果断卖出股票。

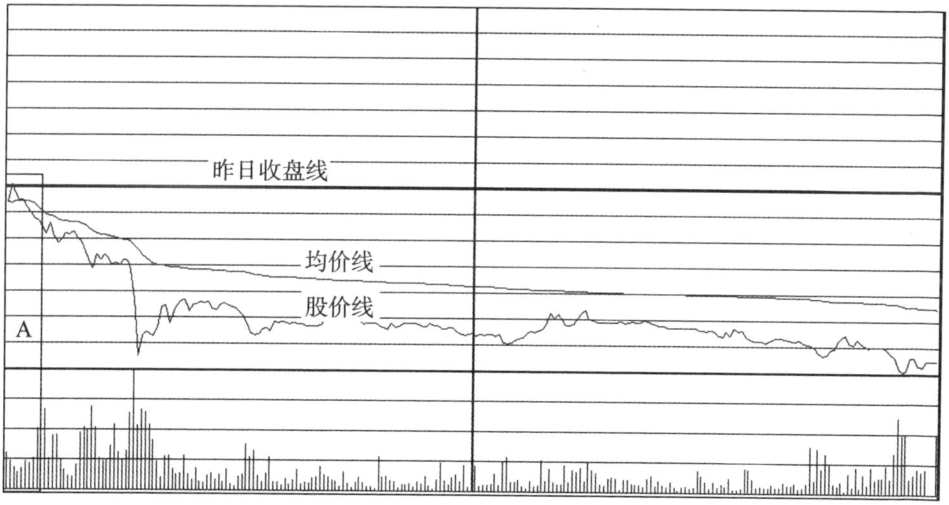

图 8-4　川环科技（300547）分时走势图（2019.4.26）

（2）实战要点

第一，形成跌破均价线的卖出形态前，往往有过一段明显的上涨，股价线位于均价线上方，向下与均价线交叉，如图 8-4 中 A 区域所示的情况。

第二，形成跌破均价线的卖出形态后，分时成交量必须表现为明显的持续阴量或格外放大的阴量，方可确认趋势快速转弱，如图 8-4 中 A 区域所示的情况。

（3）小贴士

形成股价线跌破均价线的卖出形态时，如果发生在昨日收盘线之下，表明行情是弱势震荡整理中的再次转弱，即弱势转弱，建议及时卖出股票。一旦放量下跌，往往股价容易跌停。

第 2 节　分时量价卖出形态和技巧

分时量价就是量价不同的形态。当不同的量价形态明显形成时，同样会形成明显的卖出形态，并产生相关的操作技巧。

1. 天量阴量的股价线下行

天量阴量的股价线下行，是指股价线向下运行时，分时成交量表现为一根绿色的向上到达分时量区间顶部的量能柱，形成天量阴量。

出现这种形态，说明盘中有大单的快速卖出股票的成交量，是股价快速转跌的征兆。一旦出现这种形态，应果断卖出股票，以免因短暂迟疑造成损失。

（1）案例解读

图 8-5 是科隆股份（300405）2019 年 5 月 17 日的分时图，在 A 区域，股价大幅低开后，小幅高走。但很快进入 B 区域，股价线中止上行，转为以接近 90° 的角度向下运行，分时量表现为持续放阴量后的格外天量阴量放量，形成明显的天量阴量的股价线下行，说明趋势快速转弱，建议果断卖出股票。

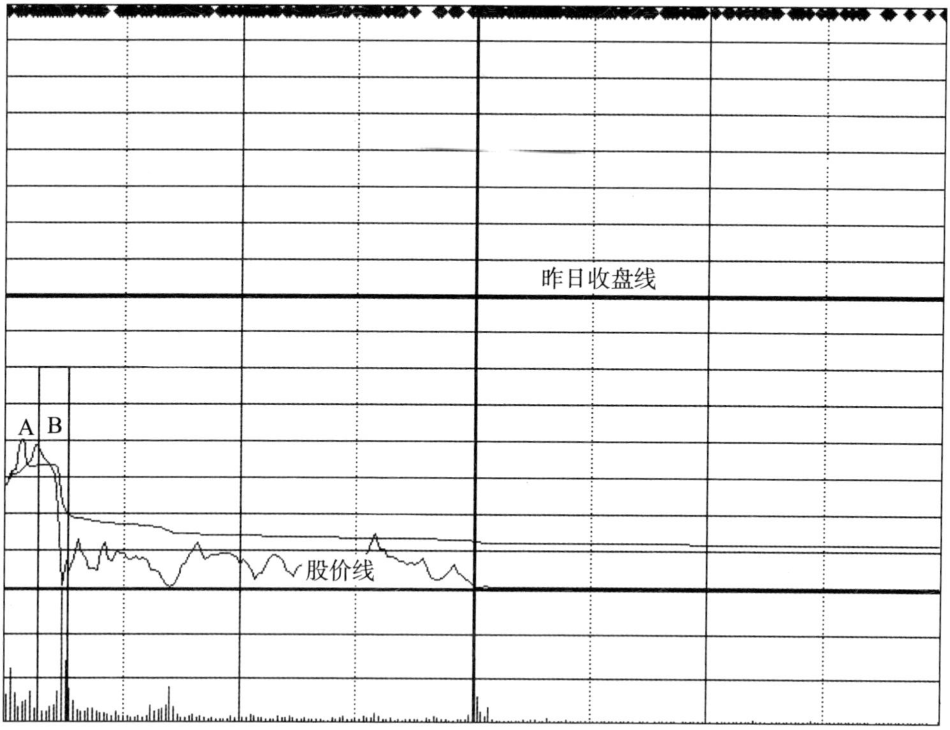

图 8-5　科隆股份（300405）分时走势图（2019.5.17）

（2）实战要点

第一，出现天量阴量的股价线下行时，股价线必须呈明显向下运行的状态，如图 8-5 中 B 区域所示的情况。股价线向下的角度越大，向下的趋势越坚决。

第二，出现天量阴量的股价线下行时，股价线向下运行，分时量必须出现一根向上到达顶部的绿色天量阴量柱，方可确认趋势快速转弱，如图 8-5 中 B 区域所示的情况。

（3）小贴士

出现天量阴量的股价线下行时，如果分时量柱未能形成到达区间顶部的天量，只要量柱明显变长，即可确认为明显的格外放量下跌形态，建议及时卖出股票。

2. 区间放量的股价线下行

区间放量的股价线下行，是指股价线向下运行的过程中，分时量显示区域出现明显的量柱线持续变长的情况，与前期的量能水平相比明显偏大。出现这种形态，说明股价线的下跌得到量能的助跌，即成交量放大时，股价出现下跌，属于放量下跌的一种弱势形态，建议果断卖出股票。

（1）案例解读

图 8-6 是迈为股份（300751）2019 年 4 月 26 日的分时图，在 A 区域，股价平淡开盘后，横盘小幅震荡。进入 B 区域，股价线震荡下行，向下远离均价线与昨日收盘线，同时分时量表现为明显的突然量能持续放大，出现区间放量，形成区间放量的股价线下行，说明股价上行压力突然加剧，建议及时卖出股票。

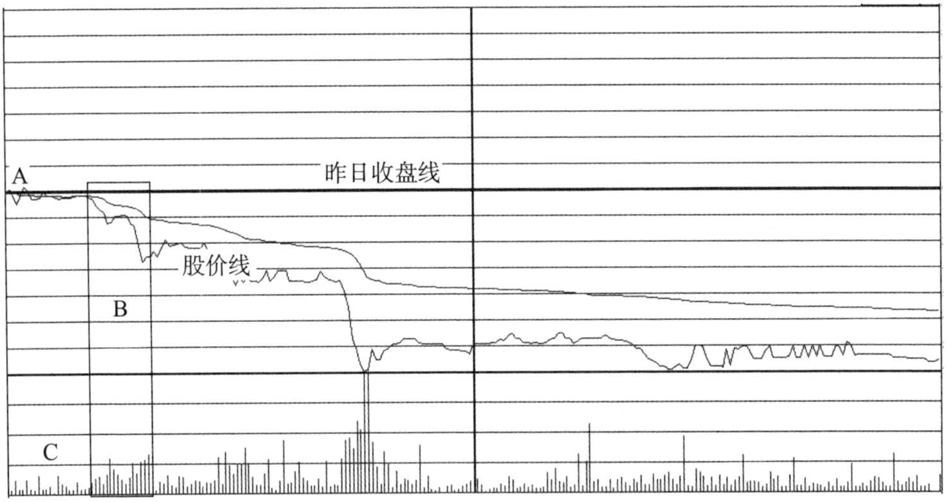

图 8-6　迈为股份（300751）分时走势图（2019.4.26）

（2）实战要点

第一，出现区间放量的股价线下行时，必须确保股价线出现明显的向下运行，此期间股价线在昨日收盘线上方或下方运行均可，如图 8-6 中 B 区域所示的情况。

第二，出现区间放量的股价线下行时，股价线向下运行，分时量必须出现明显的区间放量，如图 8–6 中 B 区域所示的情况。

（3）小贴士

出现区间放量的股价线下行时，属于持续放量状态的股价下跌。虽然观察单根分时量柱时，量能放大可能不明显，但由于是持续出现的，所以有时出现区间放量的股价线下行，量能的整体水平是远远超过天量阴量的股价线下跌的。

3. 持续大量的量价齐跌

持续大量的量价齐跌，是指当股价线向下运行时，成交量明显出现持续放大状态，即分时量柱线明显持续长于之前的分时量。这种量价齐跌同样是严重的放量下跌情况，一旦出现这种情况，就说明趋势已持续形成弱势下跌，建议果断在形态形成时卖出股票。

（1）案例解读

图 8–7 是福达合金（603045）2019 年 4 月 29 日的分时图。股价低开后，虽然期间曾突破昨日收盘线，但很快又跌破了昨日收盘线，一直在昨日收盘线下方呈现水平小幅震荡状态。进入 A 区域，股价线快速下行，分时成交量表现为持续放大的阴量，形成持续大量的量价齐跌，说明趋势突然快速转弱，建议果断卖出股票。

（2）实战要点

第一，出现持续大量的量价齐跌前，股价线往往表现为上行或震荡形态，如图 8–7 中 A 区域之前所示的情况，即为横盘震荡。

第二，出现持续大量的量价齐跌时，股价线向下运行，分时量必须为明显的持续阴量较大状态，如图 8–7 中 A 区域所示的情况。

（3）小贴士

出现持续大量的量价齐跌时，至少要有两根分时量柱线呈阴量状态，并且分时量柱的长度要明显长于之前的分时量柱，方可确认卖出形态的持续大量的量价齐跌。

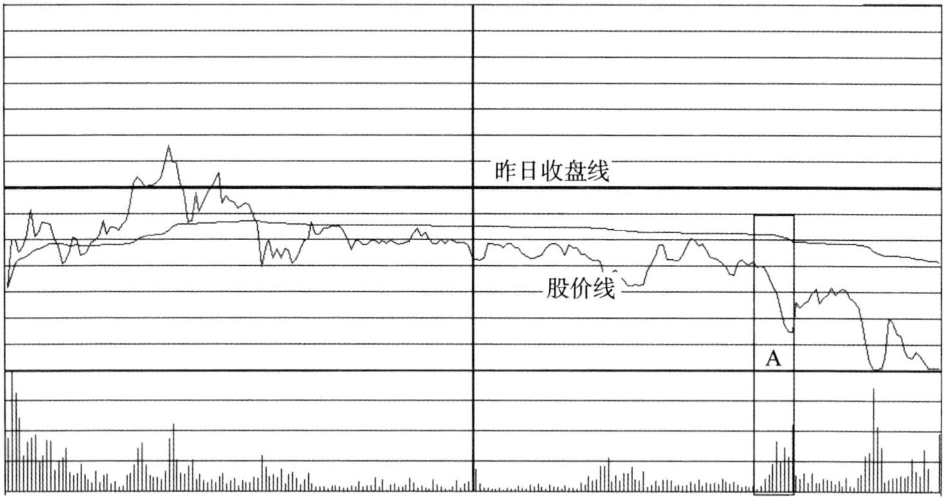

图 8-7　福达合金（603045）分时走势图（2019.4.29）

4. 缩量上涨的卖出形态

缩量上涨的卖出形态，是指股价线持续向上运行时，分时成交量却出现明显萎缩，即分时量柱线明显变得极短。出现这种情况，从另一方面证明，主力资金的筹码比较集中，无须大量即可推动股价上涨。其后，股价会继续上涨，但上涨的时间往往极短，尤其日线上股价在高位区形成震荡上涨期间。因此，一旦分时图上形成缩量上涨，只要其后股价线向下运行，就是卖出股票的最佳时机，此时往往会形成明显的放量下跌。

（1）案例解读

图 8-8 是和科达（002816）2019 年 3 月 25 日的分时图，股价高开后，形成震荡上涨趋势。进入 A 区域，股价持续上行，分时量柱却出现明显的持续缩量，形成缩量上涨，这时不妨观察一下日线图来确认趋势。

图 8-9 是和科达（002816）日线图，图 8-8 即是图 8-9 中 H 区域的分时走势，此时日线上的股价处于高位震荡滞涨状态。当图 8-8 中 A 区域出现缩量上涨时，应选择在其后进入 B 区域，股价线明显中止上涨转为下行时，卖出股票。

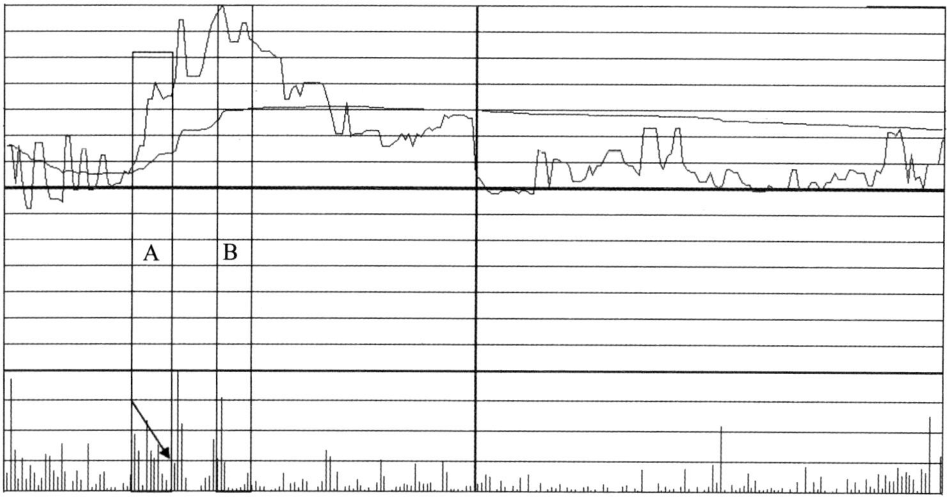

图 8-8　和科达（002816）分时走势图（2019.3.25）

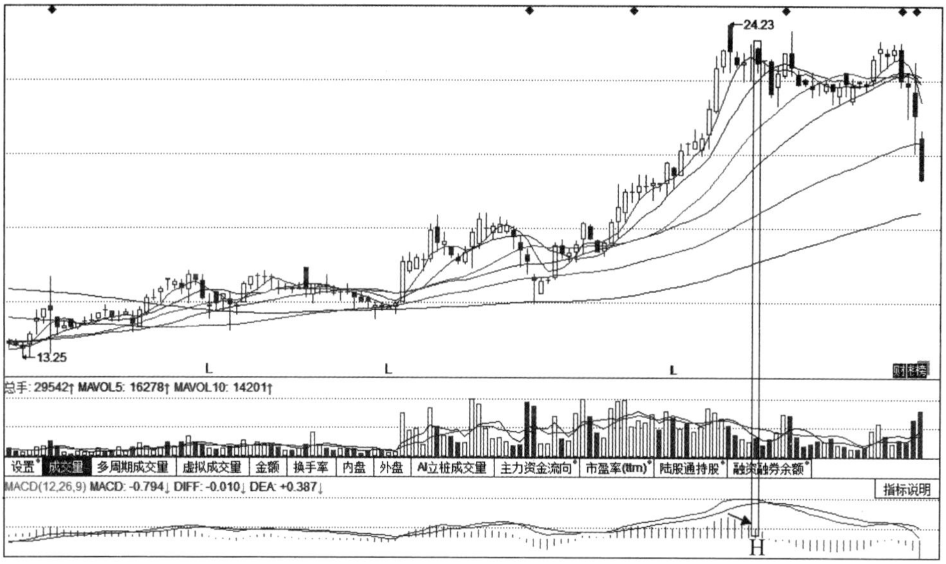

图 8-9　和科达（002816）日线图

（2）实战要点

第一，出现缩量上涨的卖出形态时，股价线必须在上涨趋势中出现明显缩量状态，方可确认。缩量上涨属于涨势即将中止的征兆，应在其后股价线转为下跌时卖出股票，如图 8–8 中所示的情况。

第二，在分时图上出现缩量上涨的卖出形态时，最好结合日线观察一下短期的整体趋势。一旦日线处于高位震荡，或短线形成下跌趋势，应根据分时图上缩量上涨后的转跌，及时卖出股票，如图 8–9 中所示的情况。

（3）小贴士

缩量上涨的卖出时机，不在缩量上涨期间，而在缩量上涨后股价线形成放量下跌状态之时。一旦出现缩量上涨，就要时刻盯盘，出现放量下跌时就是高位转跌卖出股票的最佳时机。

第 3 节　弱势卖出形态和技巧

股价处于弱势时，会出现弱势走弱的情况，同样形成了明显的卖出形态，并有着对应的相关技巧。

1. 低开后持续低走

低开后持续低走，是指股价在昨日收盘线下方开盘后持续向下运行。出现这种形态，是股价弱势走弱的一种表现。股价低开本身，就意味着趋势处于弱势状态，而后的持续低走，则更表明这种弱势持续，所以是一种弱势走弱的卖出股票形态。一旦出现这种形态，建议果断卖出股票，尤其在分时成交量形成放量状态时，弱势更为强烈和明显，后市极易引发跌停。

（1）案例解读

图 8–10 是融捷股份（002192）2019 年 5 月 17 日的分时图。在 A 区域，股价线在昨日收盘线下方低开后，快速向下运行，形成明显的低开低走状态。在 B 区域，分时量为持续大量状态的阴量，说明趋势已经持续走弱，建议果断卖出股票。

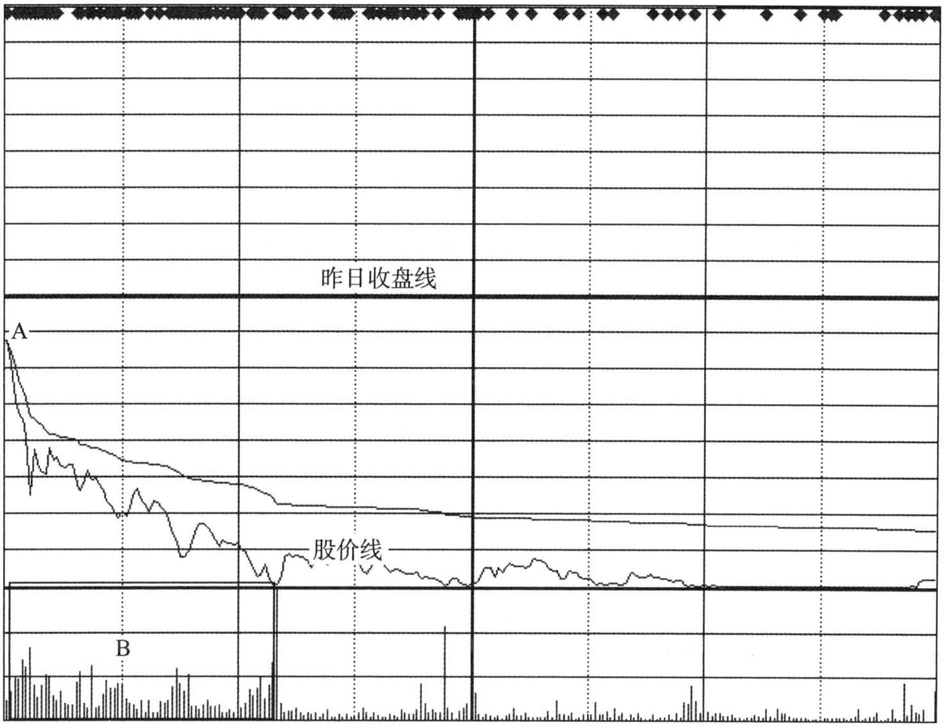

图 8-10　融捷股份（002192）分时走势图（2019.5.17）

（2）实战要点

第一，低开后持续低走出现时，股价线必须在昨日收盘线下方开盘，形成低开后继续向下运行，方可确认低开低走形态，如图 8-10 中 A 区域所示的情况。

第二，低开后持续低走形成时，低走状态必须能够持续，且量能表现为持续阴量，方可确认趋势持续走弱的卖出形态，如图 8-10 中 A 区域和 B 区域所示的情况。

（3）小贴士

低开后持续低走出现时，如果分时量柱明显变长，则属于弱势状态的放量下跌。通常说来，这说明此时股价趋势表现极弱，建议果断卖出股票。即使股价快速接近跌停，也应在跌停前不计价格地卖出股票。

2. 高开低走跌破昨日收盘线

高开低走跌破昨日收盘线，是指股价在昨日收盘线上方较远的位置开盘后，形成高开状态，其后无论是否出现向上运行，只要股价线转跌后跌破昨日收盘线，就证明短期趋势快速转弱。高开本身就意味着股价有做高的愿望，但低走时不仅跌破开盘价，还跌破昨日收盘线，说明短线调整的需求较大。一旦分时量出现持续或格外的放量，就说明趋势快速转弱，建议果断卖出股票。

（1）案例解读

图 8-11 是长青股份（002391）2019 年 5 月 17 日的分时图，在 A 区域，股价线出现在昨日收盘线上方，形成高开。其后，股价线持续震荡下行，并快速跌破昨日收盘线，回升时未突破昨日收盘线即再次转跌，同时在 B 区域为持续大量状态的阴量，说明强势快速转弱，建议果断卖出股票。

图 8-11　长青股份（002391）分时走势图（2019.5.17）

（2）实战要点

第一，高开低走跌破昨日收盘线时，必须首先形成高开低走形态，并且在股价线低走时一举跌破昨日收盘线，如图 8–11 中 A 区域所示的情况。

第二，高开低走跌破昨日收盘线后，只有量能表现为较大状态的阴量，方可确认趋势转弱，如图 8–11 中 B 区域所示的情况。

（3）小贴士

根据分时图上股价高开低走跌破昨日收盘线来卖出股票时，最好结合日线上股价的趋势来判断是否形成短线卖点，因为股价在高位调整行情时也会形成这种形态。日线高位大幅回落状态下，分时图上股价高开低走后跌破昨日收盘线时，短期趋势转跌的概率更高。

3. 大幅高开后快速低走

大幅高开后快速低走，是指股价在昨日收盘线上方较远的位置开盘后，出现快速向下运行的情况。出现这种情况时，股价线往往会形成大角度下行状态，同时成交量柱表现为较长的阴量。这说明高开做高的愿望失败，股价弱势下跌，是快速冲高回落卖出股票的形态。

（1）案例解读

图 8–12 是京威股份（002662）2019 年 4 月 19 日的分时图。在 A 区域，股价线明显出现在昨日收盘线上方较远的位置，为大幅高开。其后，股价线大角度持续向下，同时分时量为持续大阴量，表明趋势已经快速由强转弱，建议果断卖出股票。

（2）实战要点

第一，出现大幅高开后快速低走时，股价线必须出现在昨日收盘线上方较远的位置，形成大幅高开，而后以大于60° 的角度向下运行，方可确认形态，如图 8–12 中 A 区域所示的情况。

第二，出现大幅高开后快速低走时，分时成交量必须为持续大阴量，方可确认趋势快速由强转弱，如图 8–12 中 A 区域所示的情况。

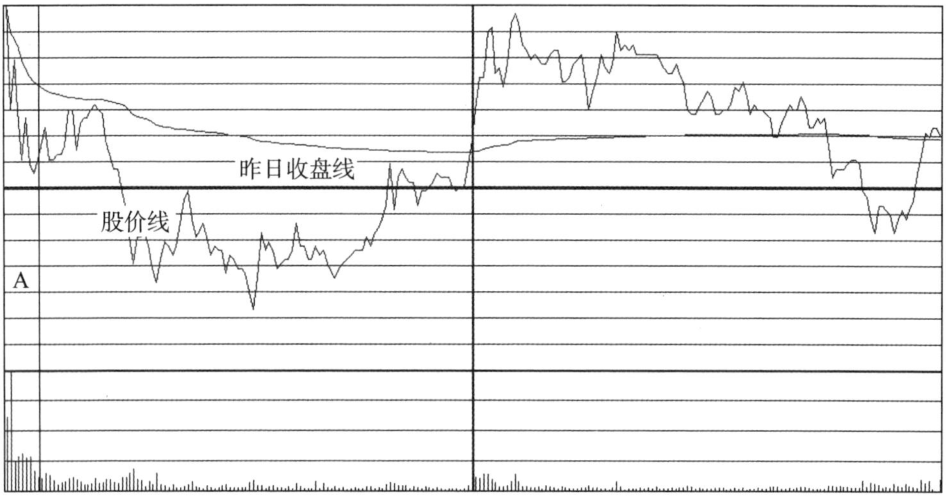

图 8-12　京威股份（002662）分时走势图（2019.4.19）

（3）小贴士

大幅高开后快速低走，事实上就是一种股价冲高回落的形态。只不过，在分时图上表现为高开后的快速回落，分时量能会呈现出明显的阴量放大状态。要准确运用这一形态来判断趋势转弱，应结合日线上股价是否到达顶部回落状态来综合判断。

4. 昨日收盘线之上的卖出形态

昨日收盘线之上的卖出形态，就是股价线位于昨日收盘线上方的强势特征时，形成的顶部卖出形态，属于股价线冲高回落形成的明显顶部形态。股价线向下的角度较大，分时量柱放大，形成分时图顶部回落的明显放量下跌状态时，方可确认短线高点形成，建议此时卖出股票。

（1）案例解读

图 8-13 是宜华健康（000150）2019 年 4 月 17 日的分时图，在 A 区域，股价线明显呈现大幅高开、快速高走的形态。其后，股价线快速回落，形成前高后低两个高点，后一个高点低于前一个，形成次高点，同时分时量表现为持续大量状态的阴量，说明趋势已经快速转弱，建议在次高点处果断卖出股票。

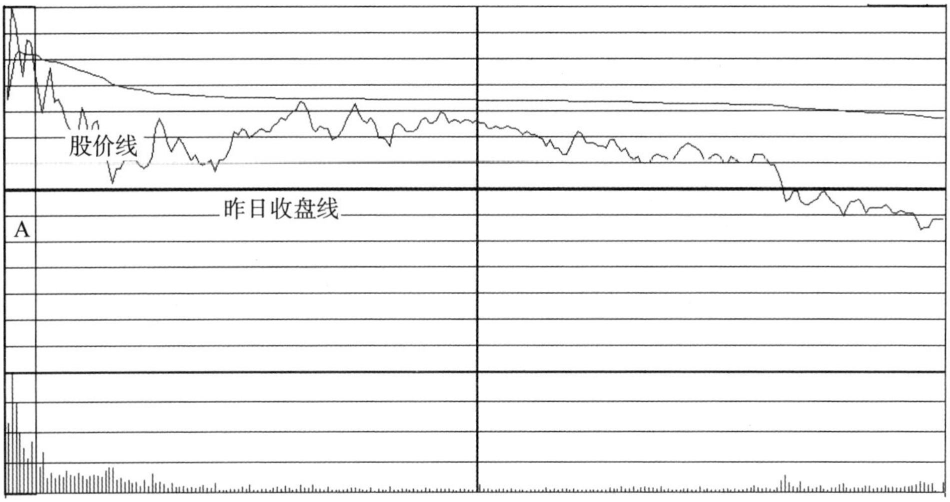

图 8-13　宜华健康（000150）分时走势图（2019.4.17）

（2）实战要点

第一，形成昨日收盘线之上的卖出形态时，股价线必须在昨日收盘线之上，形成冲高回落的顶部形态，如图 8-13 中 A 区域所示，即是股价线高开后冲高回落形成的顶部形态。

第二，形成昨日收盘线之上的卖出形态时，分时量必须呈明显的持续或格外大阴量，方可确认卖出形态，如图 8-13 中所示的情况，即是持续大阴量状态。

（3）小贴士

根据昨日收盘线之上的股价线顶部形态卖出股票时，应结合日线股价在高位形成冲高回落时来判断是否可以卖出股票。因为在上涨调整行情中，分时图上同样会形成股价线在昨日收盘线之上的顶部卖出形态。

5. 封不住涨停板的卖出形态

封不住涨停板的卖出形态，是指股价快速涨停后，并没有封死在涨停板上，而是反复打开涨停，而后又封于涨停。这种股价不断打开涨停又封于涨停的情况，说明盘中的卖盘一直持续出现，卖盘较多，所以封不死涨停。

股价在涨停价附近，如果主力资金做多，很容易用大单将股价封死在涨停板上，不封死就说明主力做多的欲望不大，甚至主力资金也在逢高卖出股票。一旦股价出现封不死涨停板的情况，就意味着股价已经转为弱势，尤其股价出现在日线高位区时，更是股价大幅快速下跌的开始，建议果断逢高卖出股票。

（1）案例解读

图 8-14 是交大昂立（600530）2019 年 3 月 21 日的分时图。股价小幅低开后，持续震荡上行，并很快在 A 区域出现涨停，但其后的 B 区域、C 区域、D 区域，接连打开涨停后再封板，说明盘中压力较大，不时出现大量卖盘。建议在涨停价上果断卖出股票，以免其后在尾盘 E 区域股价大幅回落时造成损失。

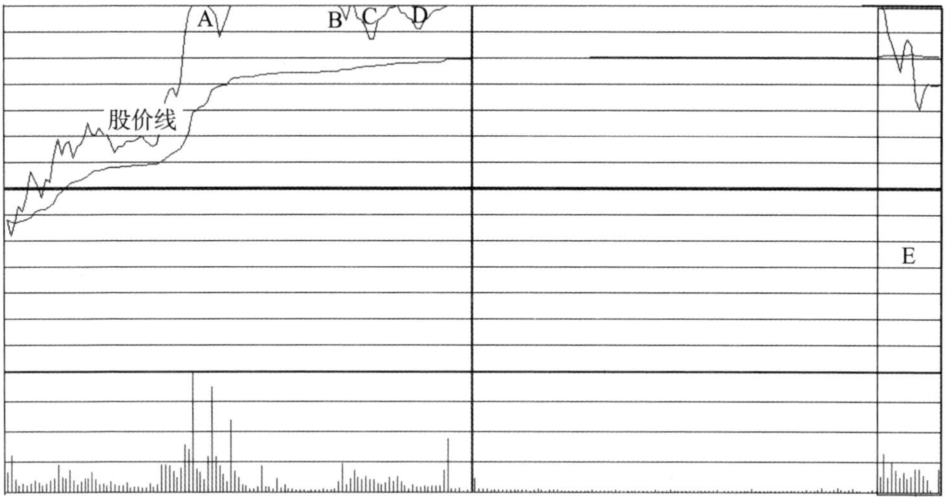

图 8-14　交大昂立（600530）分时走势图（2019.3.21）

（2）实战要点

第一，出现封不住涨停板的卖出形态时，往往是股价线在上行到最上方出现涨停后，没有持续至收盘，即反复打开涨停板，如图 8-14 中所示的情况。

第二，出现封不住涨停板的卖出形态后，即使打开涨停板后的量并不大，也应及时卖出股票，以免再次打开涨停后股价出现大幅回落造成损失，如图 8–14 中所示的情况。

（3）小贴士

出现封不住涨停板时，如果在尾盘几分钟内，股价又封在涨停板上，那么形态往往更不可信，下一个交易日出现快速回落，甚至大幅低开回落的情况较多，建议在尾盘果断卖出股票。

第 4 节　分时图卖出股票技巧

量价为主的操作，结合日线的分时图操作，参考盘口信息的操作，同样是分时图卖出股票时的技巧。

1. 量价为主的卖出技巧

量价为主的卖出技巧，就是投资者根据分时图卖出股票时，一定要坚持以量价齐跌的状态为主要的参考依据，来判断股价线的顶部回落情况。分时图交易是一种短线操作行为，在短线操作中，量价状况直接反映出股价趋势反转时，因供需关系突变而引发的反转。

在卖出股票时，应当多从量价入手来判断股价由强转弱的情况。只有在持续或格外大阴量状态下出现股价线大角度向下，股价顶部回落的概率才更高，这时卖出股票才能卖在高点位置，否则很容易卖在半山腰。

（1）案例解读

图 8–15 是综艺股份（600770）2019 年 4 月 8 日的分时图。在 A 区域，股价线平开后大角度下行，同时阴量持续放大，形成区间放量，应根据量价齐跌果断卖出股票。如果未能及时卖出股票，则应在 B 区域区间放量的股价线大角度下行时，坚决卖出股票。

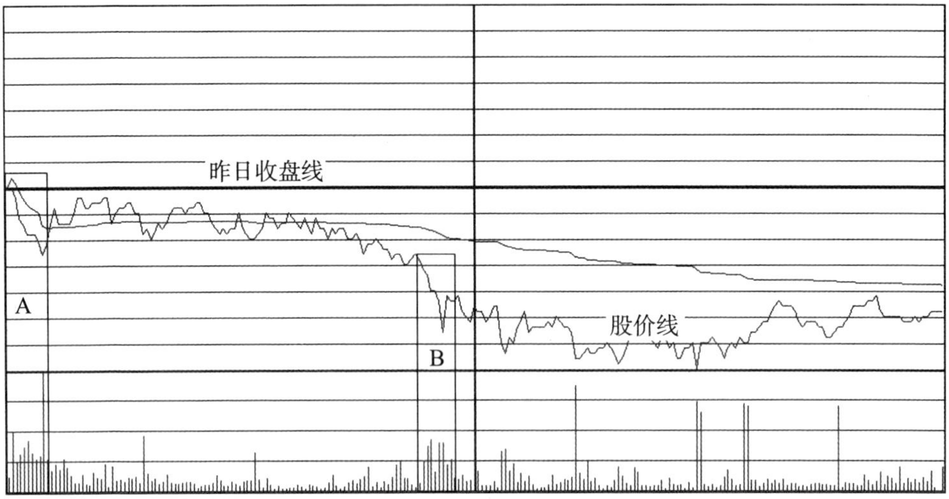

图 8-15　综艺股份（600770）分时走势图（2019.4.8）

（2）实战要点

第一，量价为主的卖出技巧，就是根据分时图上股价线与分时量的形态，来判断卖出股票的时机，如图 8-15 中所示的情况。

第二，以量价为主卖出股票时，一定要根据股价线下跌、分时成交阴量持续放大或格外放大的量价齐跌来判断卖点，如图 8-15 中 A 区域和 B 区域所示的情况。

（3）小贴士

在量价为主的卖出股票操作中，最好能结合日线上股价的趋势，来综合判断趋势是否反转向下，尤其分时图上的量价齐跌不太明显时。

2. 结合日线顶部形态寻找分时图最佳卖点

根据分时图寻找股价线的顶部卖出形态时，因分时图交易是一种短线操作行为，分时图反映的只是一个交易日内的情况，难免会出现过于放大局部而忽略股价整体趋势的情况。即使是短线，这种操作捕捉的也是股价三五日的行情趋势，买入时主要抓的是这只股票快速启动时的一小段行情，在卖出时应根据日线的顶部形态或高位滞涨形态，来决定分时图上的最佳高位卖点。

只有这样操作，才能更准确地捕捉到股价快速上涨的一段完整行情。

（1）案例解读

图 8–16 是桐昆股份（601233）日线图，经过 A 段走势的大幅上涨后，在 C 处的高点位置，股价快速阴量回落，这时应观察 C 处下一个交易日的分时走势来判断卖点。

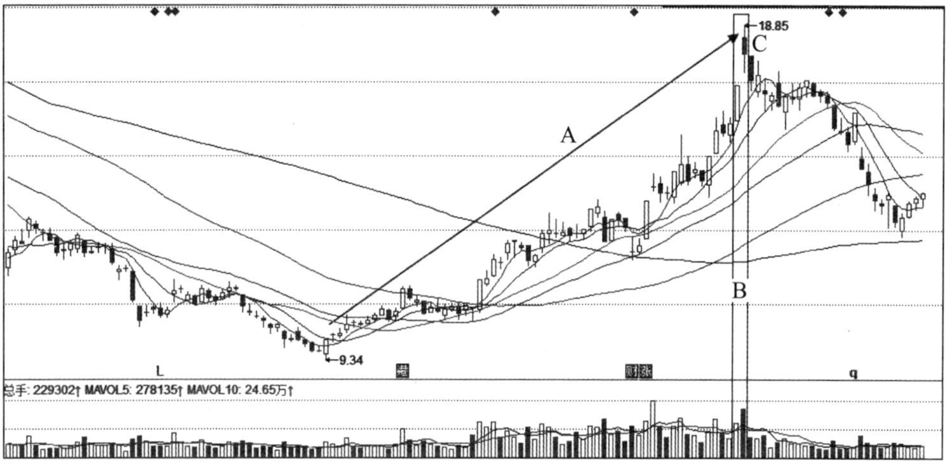

图 8–16　桐昆股份（601233）日线图

图 8–17 是桐昆股份（601233）2019 年 4 月 9 日的分时走势图。股价平淡开盘后，股价线以接近 90° 的角度下行，在 B 区域，成交分量表现为持续的大阴量，形成明显的放量下跌，说明趋势已经快速转跌，建议果断卖出股票。

（2）实战要点

第一，结合日线顶部形态寻找分时图最佳卖点时，并不是一定要日线上形成明显的顶部回落形态时再观察分时图卖点，只要日线上股价大幅上涨后的高位出现滞涨或回落，即可观察分时走势寻找卖点，如图 8–16 中所示的情况，即是日线上形成明显的上影线较长的冲高回落阴线，这时就应观察分时图来确定卖点。

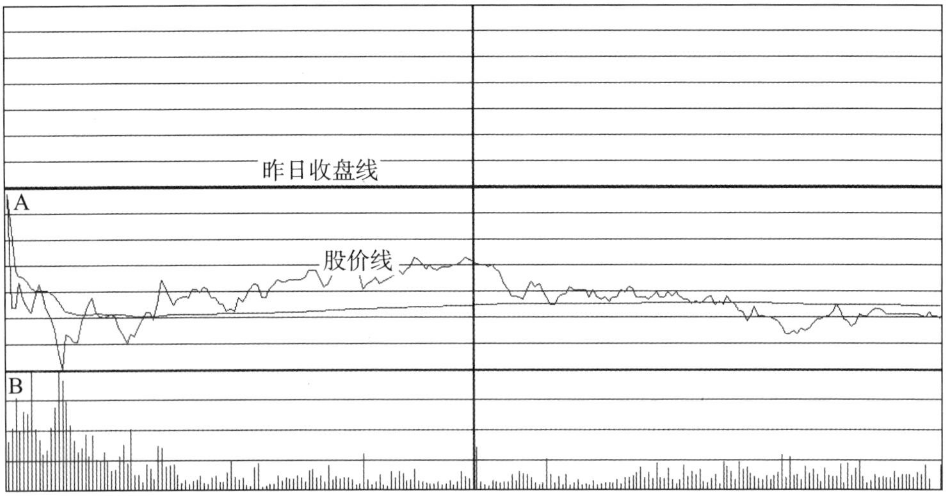

图 8-17　桐昆股份（601233）分时走势图（2019.4.9）

第二，结合日线顶部形态寻找分时图最佳卖点时，只要日线上形成冲高回落，在分时图上呈现出股价快速回落的转弱，即可卖出股票，如图 8-17 中所示的情况。

（3）小贴士

结合日线顶部形态或高位滞涨行情寻找分时图上的最佳卖点时，如果投资者习惯使用 30 分钟图或 60 分钟图，则可放弃日线观察，结合 30 分钟图或 60 分钟图来判断短线趋势即可。

3. 参考盘口信息判断卖点

根据分时图来判断股票卖点时，投资者应参考盘口信息的情况来决定是否卖出股票，如换手率、量比指标、外盘与内盘，甚至委买与委卖时的挂单。量比指标呈不断下降状态，换手较大，内盘大于外盘，往往是股价弱势的表现。

盘口信息只是一种参考，且反映的都是盘中这只股票市场参与的热度，所以只要股价形成明显的持续放量下跌，即可卖出股票，此时应忽略盘口信息。也就是说，分时图上的卖出形态不够明显时，可借助盘口信息的情况来综合判断卖点是否准确。

（1）案例解读

图 8–18 是凯龙股份（002783）2019 年 5 月 17 日的分时图。股价低开后震荡走低，到 E 区域时形成股价线下跌的区间放量，说明趋势转弱。这时就不必再来观察盘口信息，直接卖出股票即可。如果此时未卖出，其后发现在 A 区域又出现缩量后的震荡，在 B 区域形成缩量下跌的情况后再次放量下跌，此时盘口 C 区域的换手已达到 10% 以上，且内盘远大于外盘，量比为绿色值，应果断卖出股票，不要再继续观望。

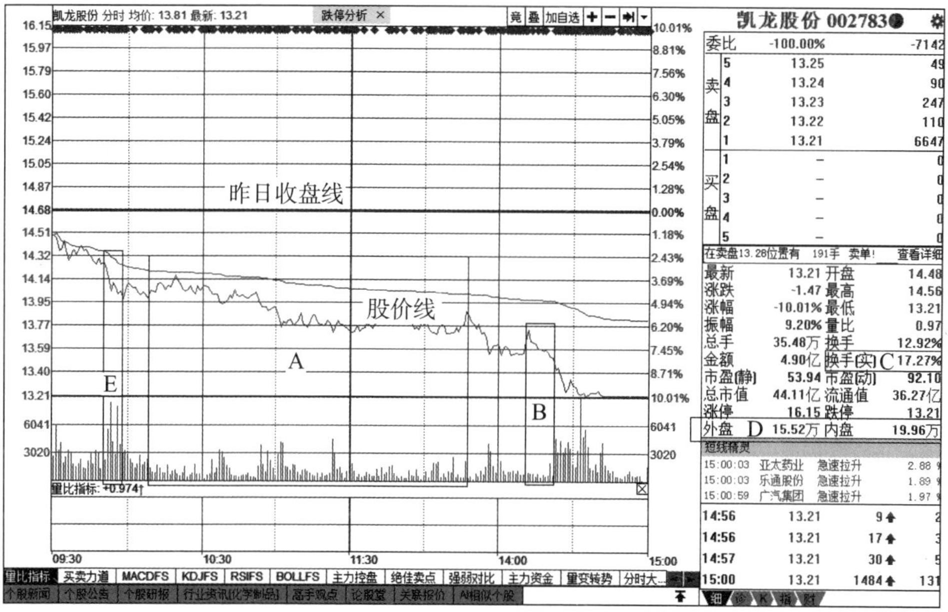

图 8–18　凯龙股份（002783）分时走势图（2019.5.17）

（2）实战要点

第一，参考盘口信息判断卖点时，仍要坚持以量价为主的技巧来判断，也就是只要盘中出现明显的量价齐跌，就应果断卖出股票，如图 8–18 中 E 区域所示的情况。

第二，参考盘口信息判断卖点时，一旦发现放量下跌形态不明显，即可适当参看盘口信息来确定是否卖出，如图 8–18 中 B 区域缩量下跌时，可参照盘口的换手较大，量比为绿色值，或内盘大于外盘，来卖出股票。

（3）小贴士

参考盘口信息判断卖点时，与判断买点时的情况完全相反。买入股票时寻找的是股价向上的快速异动，换手率等盘口信息较为重要，而卖出股票时资金的撤离往往是迅速的，量价为先是此时的第一要素。只有卖出形态不够明显时，才有必要借助盘口信息来综合判断。

第 9 章
分时图 T+0 实战攻略

与依据分时图买卖股票不同的是，利用分时图进行 T+0 操作，一定要先了解 T+0 交易方式、T+0 交易时机、T+0 交易原则，然后才能寻找 T+0 交易的底部形态和顶部形态，从而判断 T+0 交易时的买卖点。

第 1 节　T+0 交易方式

T+0 交易方式包括两种，即顺向 T+0 和逆向 T+0。

1. 顺向 T+0 交易

顺向 T+0 交易就是按照投资者平时的操作习惯，先买入股票，然后再卖出股票的方式。因为这种方式与正常的投资操作相同，所以叫顺向 T+0 交易。

在顺向 T+0 交易时，因是先行买入股票，所以开盘后首先要寻找一只股票，在该股票出现底部止跌回升状态时买入，然后再在股价线冲高回落时卖出，以完成一次买入与卖出的 T+0 交易。

（1）案例解读

图 9-1 是宝丰能源（600989）2019 年 5 月 17 日的分时图。在 A 区域，股价线快速下行时出现明显的反转向上，阳量持续放大，形成 V 型反转。如果事先没有这只股票，应 T+0 买入。至 B 区域时，股价快速上冲，形成快速反转的倒 V 型顶，持续出现阴量，应 T+0 卖出。这种先买后卖的方式，就是顺向 T+0 交易。

（2）实战要点

第一，在顺向 T+0 交易中，是先买入股票，然后再卖出股票，如图 9-1 中 A 区域的买入，以及 B 区域的卖出。

第二，在顺向 T+0 交易时，一定要在股价出现底部反转形态时买入，其后出现顶部反转形态时卖出，如图 9-1 中所示的情况。

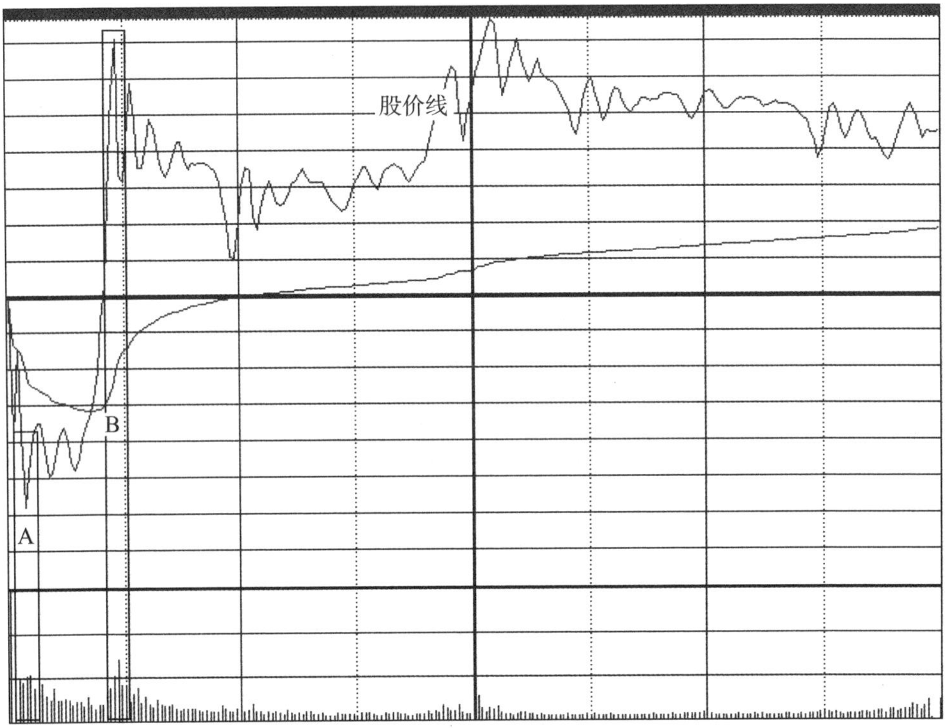

图 9-1　宝丰能源（600989）分时走势图（2019.5.17）

（3）小贴士

在顺向 T+0 操作中，首先股价出现止跌回升的底部，此时买入股票，其后出现冲高回落的顶部时再卖出股票。事先必须先拥有资金，方可进行顺向 T+0 操作。

2. 逆向 T+0 交易

逆向 T+0 交易是跟顺向 T+0 交易顺序相反的操作，先行卖出股票，而后再买入股票，从而完成一次 T+0 交易。由于这种操作方式与平时的操作习惯是完全相反的，所以叫逆向 T+0 交易。

在逆向 T+0 操作时，由于是先卖出股票，所以首先寻找的是股价从高点回落的机会，此时即可先卖出一定数量的股票，待其后股价止跌回升时，再买入与前期卖出的同等数量的股票，以完成一次逆向 T+0 交易。

（1）案例解读

图 9-2 是天银机电（300342）2019 年 5 月 17 日的分时图。股价高开回落后，再次快速缩量上行，在 A 区域，股价线快速上行后，出现快速下跌。如果事先拥有这只股票，可及时卖出股票，待其震荡走低后，到了尾盘的 B 区域，股价线出现快速下跌和触底后，应再买回股票。这种交易即是逆向 T+0 交易。

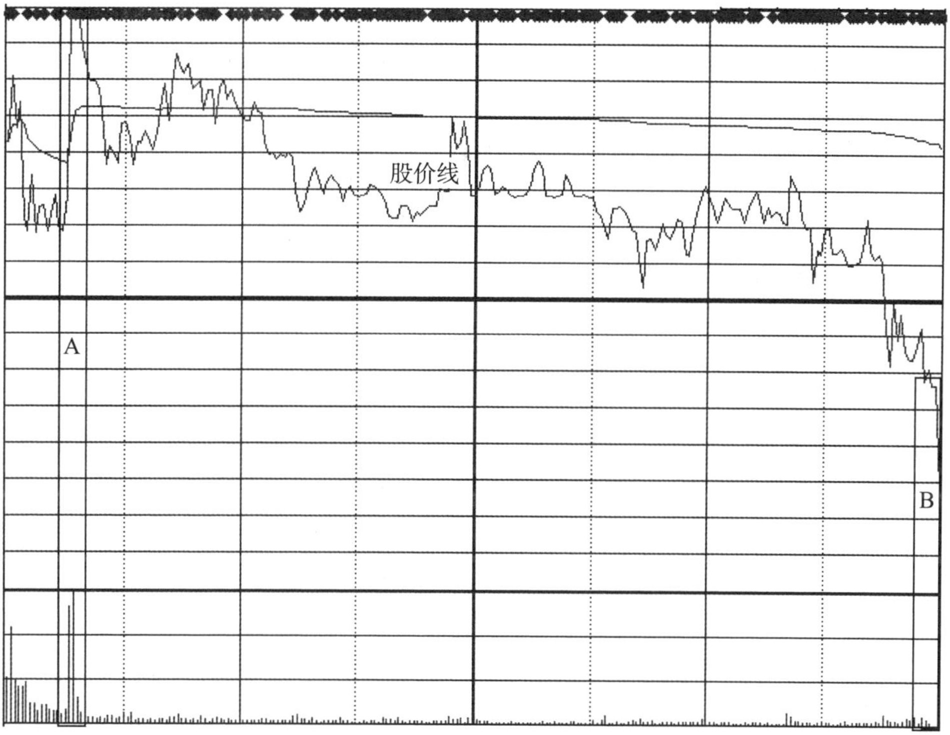

图 9-2　天银机电（300342）分时走势图（2019.5.17）

（2）实战要点

第一，在逆向 T+0 交易中，是先行卖出股票，然后再在低位买回股票，如图 9-2 中 A 区域的卖出和 B 区域的买回。

第二，逆向 T+0 交易时，应在股价从顶部开始回落时卖出股票，其后等到探底回升时再买回股票，如图 9-2 中所示的情况。

（3）小贴士

逆向 T+0 操作的往往是那些分时图中高开或开盘即快速冲高的股票，待冲高后快速回落时，即是卖出股票的时机，其后在股价走低企稳时，再买回与之前卖出的同等数量的股票。

第 2 节　T+0 交易时机

T+0 交易时机，就是把握股价在分时图上形成的明显底部回升形态和顶部回落形态的交易时机。

1. 寻找底部回升形态

寻找底部回升形态，就是在 T+0 交易前，如果股价开盘后持续走弱，就要努力寻找探底回升形态。最直接的判断就是股价线上行中分时阳量放大，即出现持续量价齐升形态，其他如 V 型底、股价线与均价线金叉、双底等形态同样适用。也就是说，只要股价在分时图上表现出明显的底部回升形态，就是底部反转的 T+0 买入时机。这种形态的操作方式，适用于顺向 T+0 的股票操作。

（1）案例解读

图 9-3 是南大光电（300346）2019 年 5 月 17 日的分时图。股价平开后小幅震荡，至 A 区域时，股价线大角度上行，分时阳量持续放大，突破昨日收盘线时形成天量阳量，确认出现底部快速回升走势。因是股价先出现底部回升，所以应采取顺向 T+0 交易方式，及时买入股票。这就是根据股价线底部回升形态进行的 T+0 买入操作。

（2）实战要点

第一，寻找底部回升形态，股价开盘后先呈现出弱势，从底部开始回升时，再完成顺向 T+0 的买入操作，如图 9-3 中 A 区域及之前所示的情况。

第二，寻找底部回升形态时，必须在股价探底回升时再进行 T+0 买入，不应在股价线下跌过程中一出现反弹即买入，如图 9-3 中 A 区域所示的情况。

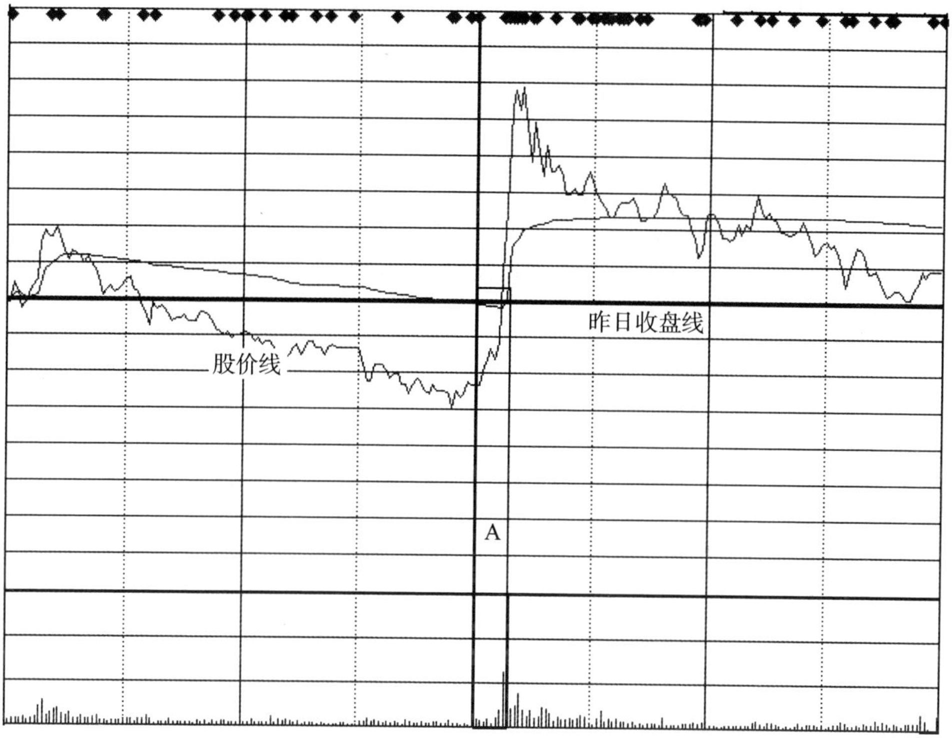

图 9-3　南大光电（300346）分时走势图（2019.5.17）

（3）小贴士

寻找底部回升形态的 T+0 交易，为先行买入股票的顺向 T+0 操作，主要是寻找那些开盘呈现出大幅低开的弱势转强类股票来操作。

2. 把握顶部回落形态

把握顶部回落形态，就是在 T+0 交易前，如果股价开盘后持续走强，那么一旦形成股价短时冲高后的快速回落，就说明短期顶部形成，建议果断卖出股票。需要注意的是，这种股价高开短时冲高形成的顶部，包括倒 V 型顶、股价线与均价线死叉、双顶和股价线大角度下行等形态。最直观的顶部判断是，只要这只股票的股价线冲高回落时放量下跌，即可确认为顶部，这时就可以进行 T+0 交易的卖出操作。

（1）案例解读

图 9-4 是华胜天成（600410）2019 年 5 月 17 日的分时图。股价小幅高开后，出现短时回调，进入 A 区域，股价线快速上冲后急转回落，形成倒 V 型顶，同时量能为持续大阴量，形成顶部反转向下的形态。如果拥有这只股票，应在此时 T+0 卖出股票。

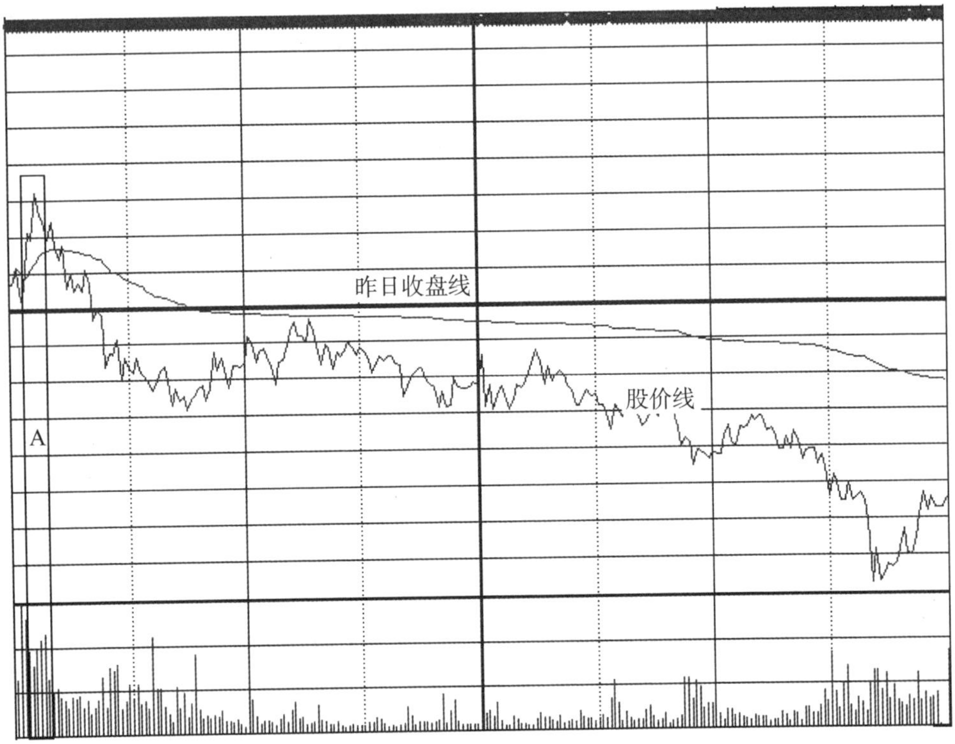

图 9-4　华胜天成（600410）分时走势图（2019.5.17）

（2）实战要点

第一，把握顶部形态，就是逆向 T+0 交易中把握股价开盘后形成的顶部回落，如图 9-4 中 A 区域所示的情况，即为早盘时股价快速上冲后回落形成的倒 V 型顶。

第二，把握顶部形态，确认股价线出现顶部反转时，一定要参看分时量，分时量必须为格外放大或持续大量的阴量，方可 T+0 卖出股票，如图 9-4 中所示的情况。

（3）小贴士

把握顶部形态，就是逆向 T+0 交易中的卖出股票操作。因为逆向 T+0 操作是先行卖出股票，所以适用于那些高开或开盘后快速上涨但上涨难以持续的股票。

第 3 节　T+0 交易原则

与普通操作不同的是，依据分时图进行 T+0 交易时，有着与中短线交易不同的交易原则，操作中一定要严格遵守。

1. 根据最先形成的顶或底判断买卖点

在 T+0 交易中，是采取顺向 T+0 还是逆向 T+0，并不是由投资者决定的。最先卖出还是买入股票，是由股价开盘后的走势决定的。投资者一定要根据股价最先形成的顶或底判断买卖点。那些高开回落或开盘后短时快速上涨即转跌的股票，往往更适合先卖出股票的逆向 T+0，而那些低开后逐步回升或大幅低开、弱势震荡后止跌回升的股票，则更适合先买入股票的顺向 T+0。

（1）案例解读

图 9-5 是顶点软件（603383）2019 年 5 月 17 日的分时图。股价在高开高走状态下，很快形成一个头两个肩的头肩顶形态，同时分时量呈区间放量状态，股价线大角度下行。这只股票刚开盘，股价即快速出现顶部反转。如果拥有这只股票，则应采取逆向 T+0 交易先行卖出，尾盘快速回升时再买回。

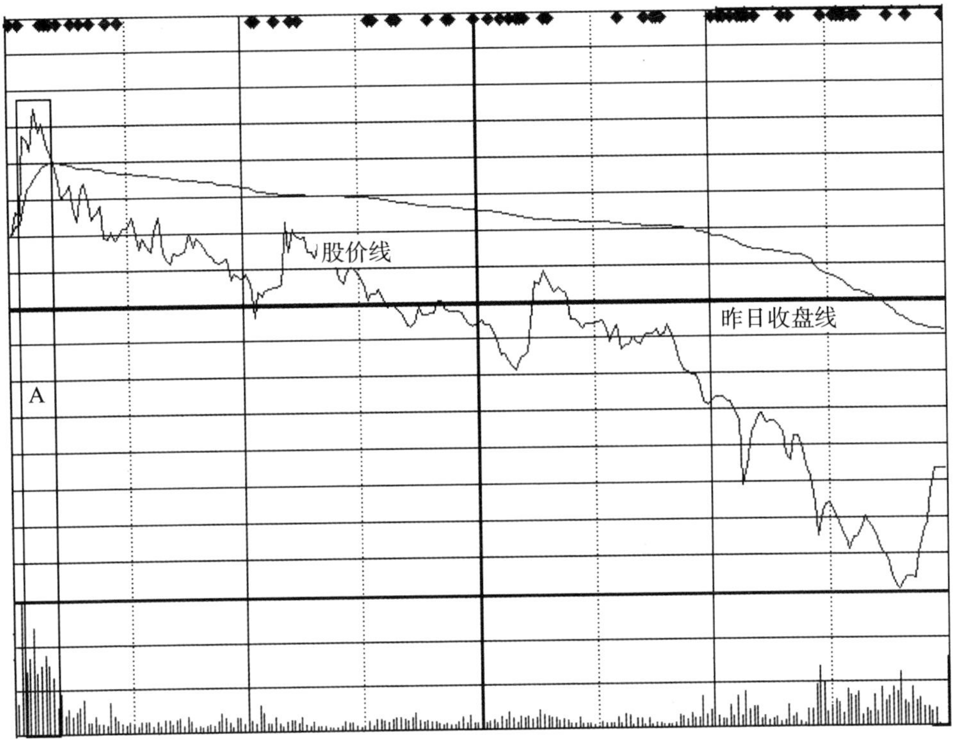

图 9-5　顶点软件（603383）分时走势图（2019.5.17）

（2）实战要点

第一，根据最先形成的顶或底来判断买卖点时，一定要根据开盘后股价形成的顶或底来决定如何操作，图 9-5 中开盘即形成了顶，所以应逆向 T+0 交易，先行卖出股票。

第二，根据最先形成的顶或底判断买卖点时，必须确保事先拥有这只股票，方可按照最先形成的顶或底来进行 T+0 操作，如图 9-5 中所示的情况。

（3）小贴士

根据最先形成的顶或底来判断买卖点，这一交易原则不仅适用于那些开盘不久即出现明显顶或底形态的股票，更适用于那些盘中形成明显顶或底的股票。一旦股价线形成顶或底，就要及时卖出或买入股票，而后再根据对应的底或顶买入或卖出股票，以完成 T+0 交易。

2. 量价为先

量价为先，不仅是分时图操作的一条交易原则，同样是 T+0 交易时应遵守的一条交易原则。无论是依据分时图交易的短线操作，还是超短线的 T+0 交易，都是要捕捉股价在一个交易日内异动时的表现，即走势反转时机。股价在走势反转期间，最明显的就是以量破价，这是所有市场走势运行的规律。只有具备一定的分时量，股价才能在短期内打破之前的走势。

在 T+0 交易时，一定要遵守量价为先的交易原则，放量上涨为 T+0 交易的最佳买入时机，放量下跌为 T+0 交易卖出股票的最佳时机。

（1）案例解读

图 9–6 是苏常柴 A（000570）2019 年 5 月 17 日的分时图，股价开盘快速下跌，之后进入弱势震荡。在 A 区域，股价线快速上行后即阴量急跌，形成量价齐跌的倒 V 型顶。如果拥有这只股票，则应果断卖出，到尾盘 B 区域，股价形成量价齐升的 V 型底时，再买回股票，完成 T+0 操作。

（2）实战要点

第一，量价为先的交易原则，就是进行 T+0 交易时，要根据量价齐升买入，根据量价齐跌卖出，如图 9–6 中所示的情况。

第二，在量价为先交易原则下进行 T+0 操作，一定要在量价齐升或齐跌能够持续的时候再操作，如图 9–6 中 A 区域的卖出或 B 区域的买入。

（3）小贴士

量价为先是所有短线操盘者必须遵守的一条交易原则，也就是量价齐升为买入形态，量价齐跌为卖出形态。但量价齐升或齐跌必须能够持续，方能进行 T+0 交易的买入或卖出操作。

3. 震荡走势不交易

股价处于震荡走势时，股价线往往会反复小幅或较大幅度的上涨与下跌，形成上下震荡。在震荡走势中，股价涨跌幅度较小，且涨跌时间极短，尤其在分时图上，时间更短。进行 T+0 交易时，买点刚刚形成即会出现卖点，卖

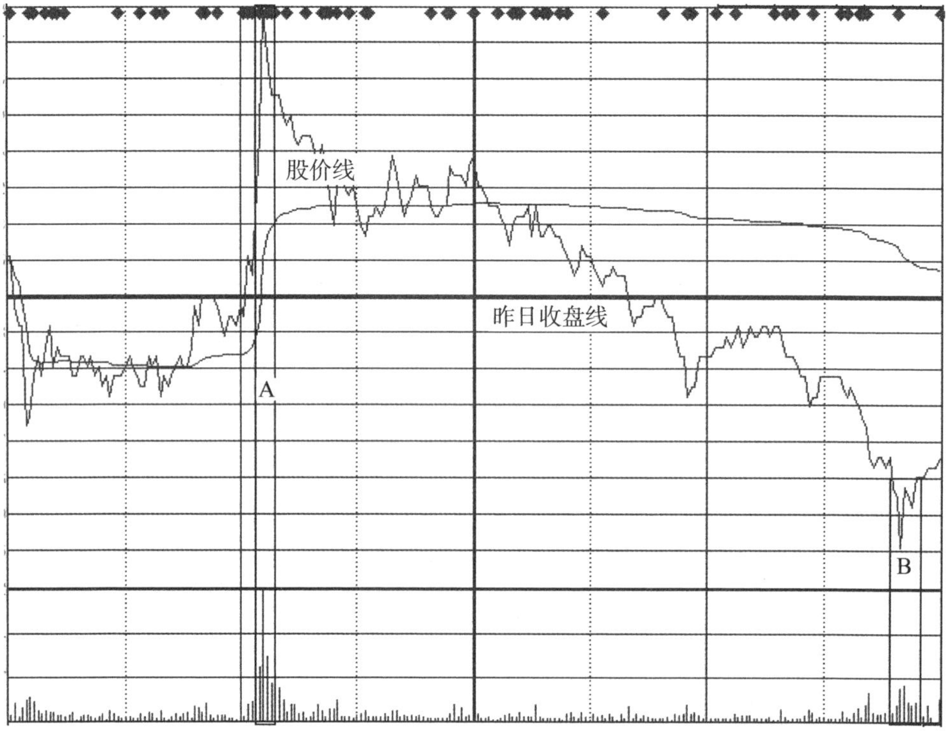

图 9-6 苏常柴 A（000570）分时走势图（2019.5.17）

点刚刚形成又会出现买点……，如此反复，很难准确捕捉到买卖点。因此，一旦分时图上出现震荡走势，就要放弃当日的 T+0 操作，采取观望不交易的策略。

（1）案例解读

图 9-7 是中坚科技（002779）2019 年 5 月 17 日的分时图，股价低开后快速大幅上涨，之后止涨转跌。如果没有把握住这一 T+0 交易的卖出时机，那么步入 A 区域后，股价一直处于小幅震荡走势，价差极小，这时就不要进行 T+0 操作了。

（2）实战要点

第一，震荡走势不交易的原则，是指分时图上股价线处于幅度不大的震荡走势时，不要进行 T+0 交易，如图 9-7 中 A 区域所示的情况。

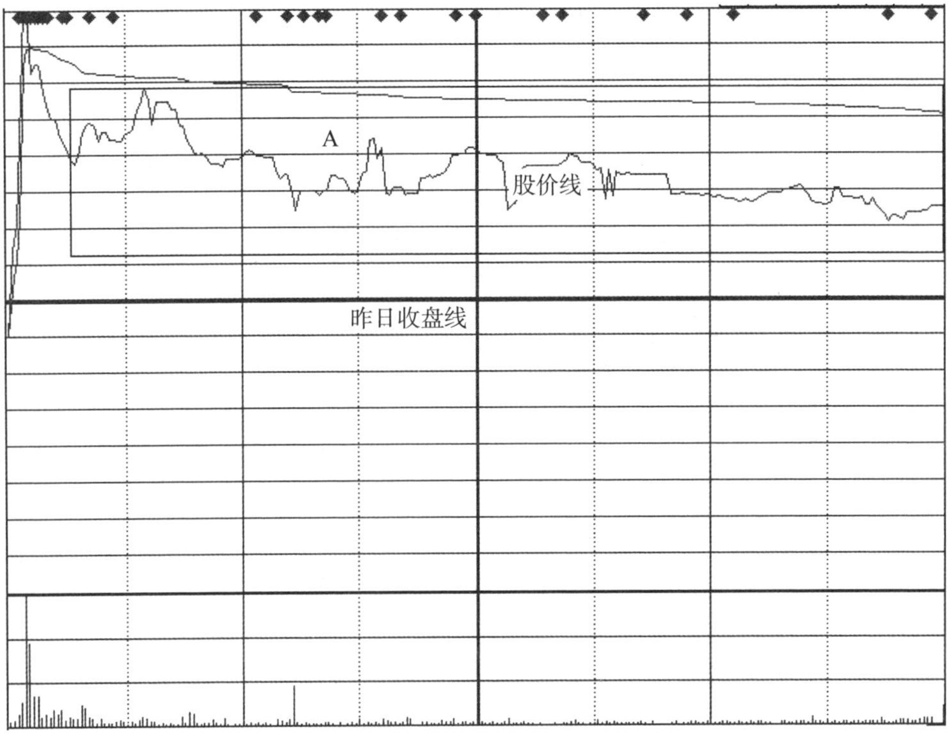

图 9-7　中坚科技（002779）分时走势图（2019.5.17）

第二，在震荡走势中，股价线上下浮动的幅度极小，T+0 买入或卖出极难获利，建议坚守不交易的原则，如图 9-7 中 A 区域所示的情况。

（3）小贴士

分时图上的震荡走势与其他周期图上的震荡走势略有不同。分时图本身就是一个交易日内的股价短期波动，在判断分时图震荡走势时，只要观察股价线的运行状态，即可得出结论。

4. 无量不交易

前面提到"量价为先"时讲过，股价短期走势的变化是由成交量来打破的。一只股票无论是涨还是跌，如果量能不放大，那么这种走势很难持续。股价上涨了，极少人买，股价自然涨势难以持久，属于无量虚涨。反之，股价下跌了，卖出量依然极少，表明盘中压力较小，要么下跌难以持久，要么形成小量盘跌的弱势状态。

在进行 T+0 交易时，应遵守“无量不交易”的原则。只有短期量能明显放大，上涨才能持久，可以买入，下跌才会迅猛，可以卖出。

（1）案例解读

图 9-8 是紫光学大（000526）2019 年 5 月 17 日的分时图。股价平开后，股价线一直处于持续小幅震荡的横盘走势，且分时量一直处于极低水平，这种情况下，应坚守“无量不交易”的原则。虽然尾盘时出现阳量突然放大和股价线快速上行的走势，但持续时间很短，加之是出现在尾盘，建议当日不进行 T+0 交易。

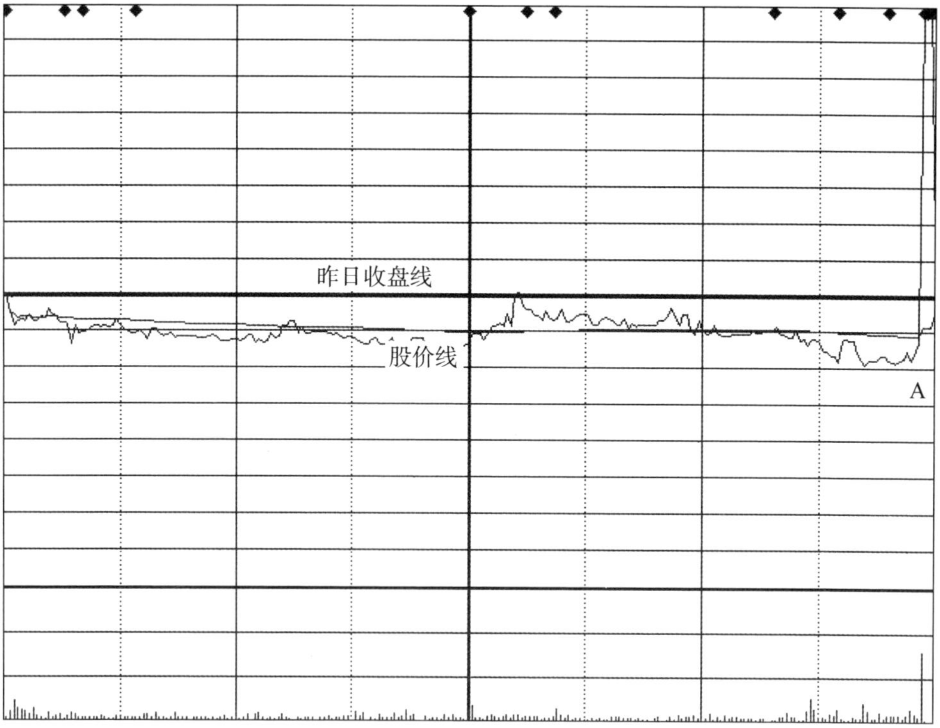

图 9-8　紫光学大（000526）分时走势图（2019.5.17）

（2）实战要点

第一，“无量不交易”的原则，其中的“无量”不是真正意义上的没有成交量，而是分时图上的量柱处于极短状态，如图 9–8 中所示的情况。

第二，当分时量呈现出小量状态时，股价线往往会出现横盘震荡的走势，也就是小幅震荡走势，此时价差极小，要坚持“无量不交易”的原则。

（3）小贴士

小量盘跌的情况，往往出现在弱势已经形成的状态中，此时早已过了 T+0 买入或卖出的最佳时机，因此仍要遵守“无量不交易”的原则。

第 4 节　T+0 交易的底部形态

从形态上看，T+0 交易时的底部形态，与一般操作中的底部形态是一样的，但具体操作时的要求不同。

1. V 型底

在分时图上，V 型底的表现是在弱势下跌中，股价线先快速下跌，然后止跌后快速回升，形成一个明显的英文字母“V”字形。V 型底是股价快速反转时经常出现的一种形态。分时图上的 V 型底，大都会形成股价线大角度上行。

判断 V 型底是否会形成快速反转向上的走势时，最直观的方法是观察分时量。形成 V 型底时，分时量柱一般会出现明显的持续变长，尤其在 V 型底右侧，阳量柱明显持续放大，这时方可确认量价齐升的反转形态，并可进行 T+0 交易的买入操作。

（1）案例解读

图 9–9 是三五互联（300051）2019 年 5 月 17 日的分时图，如果拥有

这只股票，建议在上午的盘中选择 T+0 卖出操作。到了尾盘 A 区域时，股价线先是快速下行，很快又急转向上，形成一个英文字母“V”字的形状，为 V 型底。当时阳量出现持续大量，说明当日的调整已经到位，建议果断进行 T+0 交易，买入股票。

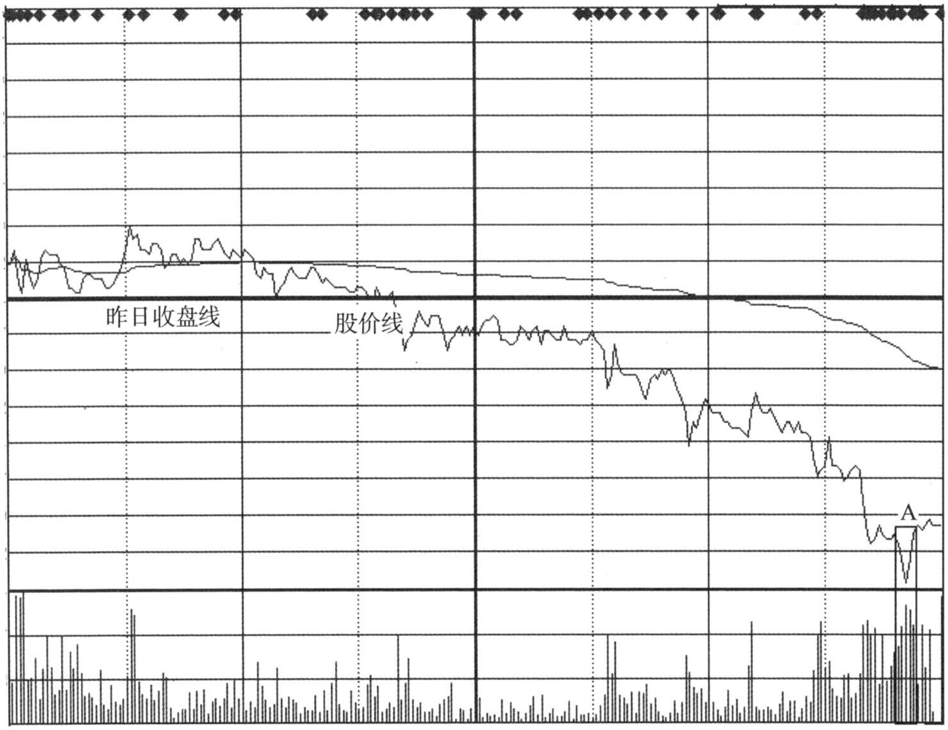

图 9-9　三五互联（300051）分时走势图（2019.5.17）

（2）实战要点

第一，V 型底往往是在股价大幅下跌或快速下跌过程中出现的，如图 9-9 中 A 区域及之前的持续下跌状态。

第二，形成 V 型底时，股价线必须在快速下跌后出现快速上涨，股价线能够保持这种走势，且上涨时阳量持续放大或格外放大，方可进行 T+0 买入，如图 9-9 中 A 区域所示的情况。否则，极易出现 V 型底后再次破位下行的走势。

（3）小贴士

V 型底是股价底部反转向上时经常出现的一种形态。要确认 V 型底造成趋势反转时，必须确保 V 型底右侧出现明显的持续分时阳量，也就是股价线形成明显的放量上涨，方可确认出现趋势反转。

2. 横盘震荡后向上突破

横盘震荡后向上突破，是指分时图上股价线形成较长时间的横盘震荡时，之后突然向上运行，与均价线之间形成明显的向上角度。出现这种形态，说明股价经过横盘震荡整理后出现了向上突破的走势。判断是否为强势向上突破的走势时，重点是横盘震荡期间量能明显萎缩，向上突破时分时阳量又明显放大，这样方可确认弱势已经快速转为强势，此时可进行 T+0 交易的买入操作。

（1）案例解读

图 9–10 是浩丰科技（300419）2019 年 5 月 17 日的分时图。股价小幅高开后，股价线即在 A 区域的昨日收盘线附近横盘震荡，进入 B 区域，股价线快速上行，成交阳量出现格外放大，形成放量上涨的突破形态，建议及时 T+0 买入股票。

（2）实战要点

第一，股价线横盘震荡后向上突破时，之前必须为窄幅或宽幅的横盘震荡走势，图 9–10 中 A 区域的走势，即为窄幅横盘震荡。

第二，股价线横盘震荡后向上突破时，不管股价向上突破是否突破了昨日收盘线，只要股价线快速向上突破，成交量明显放大，即可 T+0 买入，如图 9–10 中 A 区域所示的情况。

（3）小贴士

横盘震荡后向上突破形态时，如果股价线向上运行的角度大于 60°，同时分时量明显放大，则说明快速上涨已经启动。如果此时股价线运行在昨日收盘线上方，那么极易出现快速涨停，建议股价线放量向上突破时果断 T+0 买入股票，其后放弃 T+0 卖出。

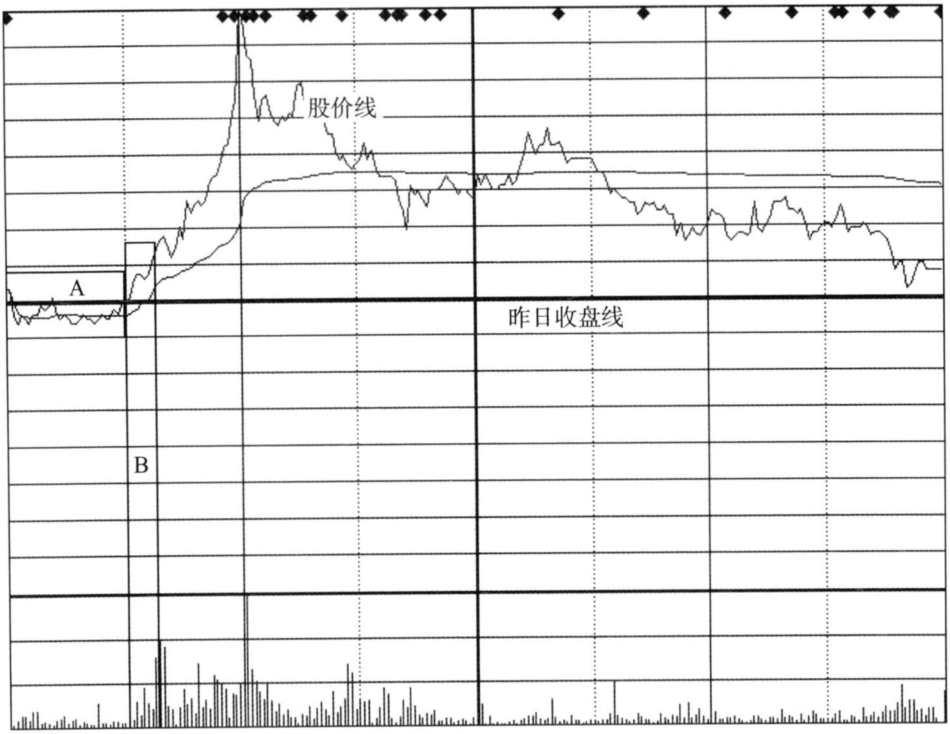

图 9-10　浩丰科技（300419）分时走势图（2019.5.17）

3. 股价线与均价线金叉

股价线与均价线金叉，是指分时图上股价线运行在均价线下方，转为向上运行时出现的向上与均价线交叉。出现这种情况，说明此时股价高于平均成交价，市场大多以高于成交均价的价格成交，表明市场热度较高。一旦分时成交量为阳量并明显放大，即说明开始从底部反转向上，建议及时 T+0 买入股票。

（1）案例解读

图 9-11 是金力永磁（300748）2019 年 5 月 17 日的分时图，在 A 区域，股价线围绕昨日收盘线上下震荡。进入 B 区域后，股价线大角度上行，分时量表现为明显持续放大的阳量，且股价线向上与均价线金叉，建议及时 T+0 买入股票。

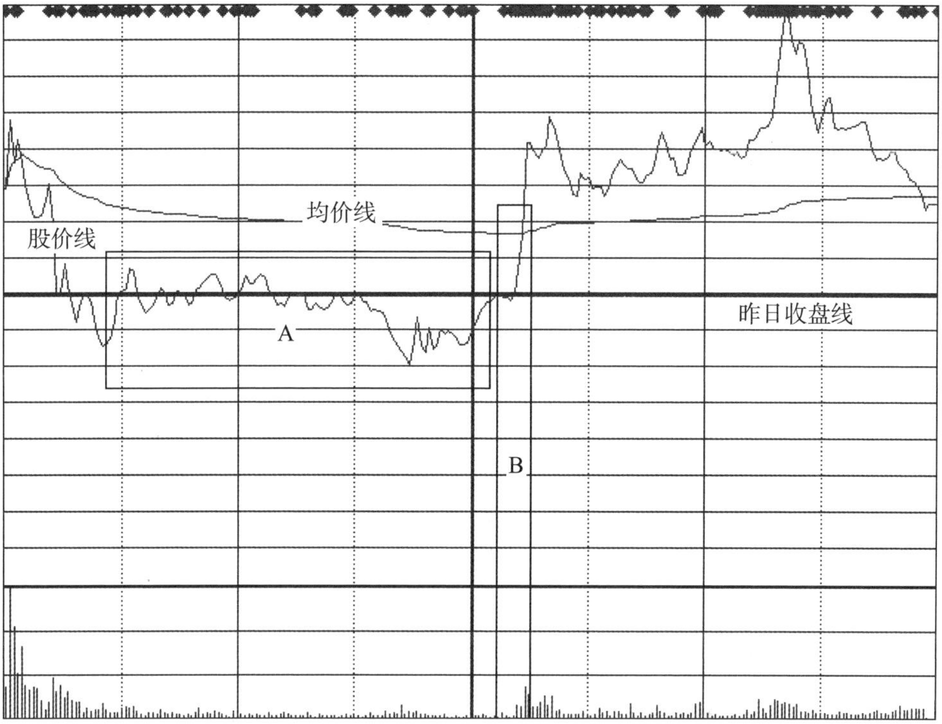

图 9-11　金力永磁（300748）分时走势图（2019.5.17）

（2）实战要点

第一，股价线与均价线金叉时，必须是股价线向上与均价线形成的交叉，分时量为明显的阳量放大，此时可确认为 T+0 买点，如图 9-11 中 B 区域所示的情况。

第二，股价线与均价线金叉时，不管股价线是否向上突破昨日收盘线，只要形成量价齐升的股价线与均价线金叉，即可 T+0 买入股票，如图 9-11 中 B 区域所示的情况。

（3）小贴士

股价线与均价线金叉时，如果出现在昨日收盘线之上，则属于强势调整结束的征兆，更能证明强势，应果断 T+0 买入股票。如果出现在昨日收盘线下方，往往其后会出现股价线与昨日收盘线交叉，这时强势特征才较为明显；

如果股价线不能与昨日收盘线形成金叉即转跌，应及时 T+0 卖出股票。

4. 放量股价线大角度上行

放量股价线大角度上行，是指股价由弱势转为向上运行时，股价线向上的角度大于或等于 60°，分时量表现为明显的阳量放大。出现这种形态，说明股价转为上涨时得到了成交量的支持，属于健康的放量上涨形态，走势已经彻底转强，应果断 T+0 买入股票。

（1）案例解读

图 9-12 是天音控股（000829）2019 年 5 月 17 日的分时图。经过一个上午的横盘震荡，午后开盘的 A 区域，股价线以接近 90° 的大角度向上运行，同时分时量表现为明显的持续放大阳量，建议果断 T+0 买入股票。

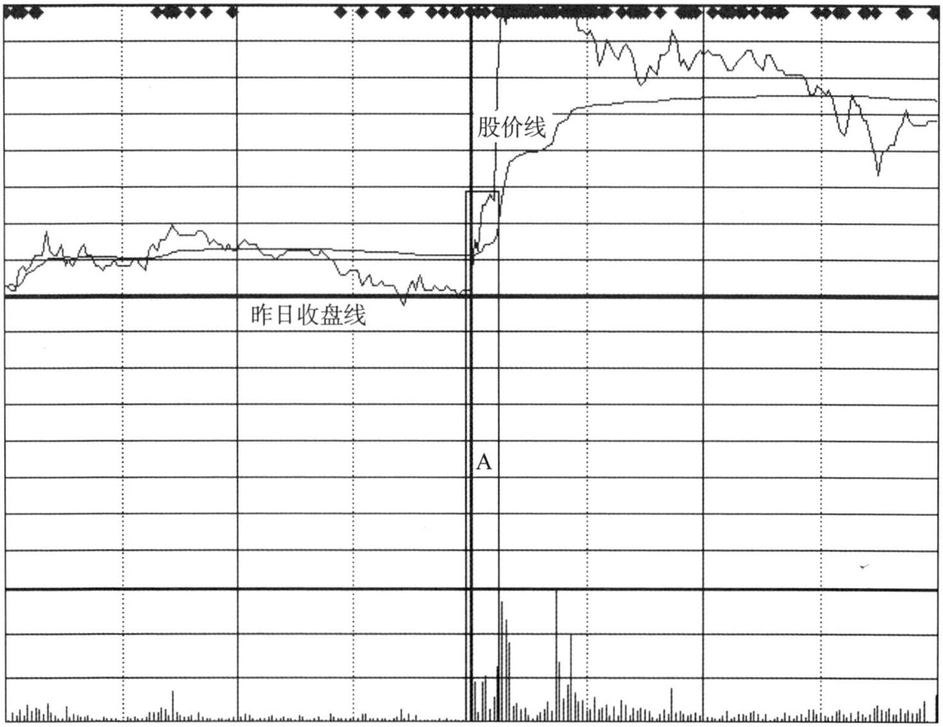

图 9-12　天音控股（000829）分时走势图（2019.5.17）

（2）实战要点

第一，放量股价线大角度上行时，向上的角度必须大于 60°，同时分时量明显放大，此时方为 T+0 交易的买入形态，如图 9-12 中 A 区域所示的情况。

第二，根据放量股价线大角度上行 T+0 买入股票时，只要形成股价线大角度上行的量价齐升即可，无论此时股价线是否向上突破昨日收盘线，均可买入股票，如图 9-12 中 A 区域所示的情况。

（3）小贴士

如果出现放量股价线大角度上行，股价线位于昨日收盘线之上，则是股价强势整理后启动向上的征兆，此时若 T+0 买入了股票，建议不要卖出，因其后股价涨停的概率极高。

第 5 节　T+0 交易的顶部形态

从形态上看，T+0 交易时的顶部形态，与一般短线操作时的顶部形态是一样的，但具体操作时的要求不同。

1. 倒 V 型顶

倒 V 型顶是指股价线在持续快速上行过程中，先快速上行，接着急转下跌，形成倒立的英文字母“V”的形状。倒 V 型顶是股价高位快速反转向下时经常出现的一种形态，在此形态形成的右侧区域，成交量会表现为明显的阴量放大，即分时阴量柱明显变长。一旦形成这种形态，就说明出现顶部反转，建议及时 T+0 卖出股票。

（1）案例解读

图 9-13 是四环生物（000518）2019 年 5 月 17 日的分时图。股价线在持续快速上行过程中，在 A 区域先是继续上行，接着急转向下，形成倒 V 型顶，成交量表现为大阳量后的持续大阴量。如果拥有这只股票，应及时 T+0 卖出。

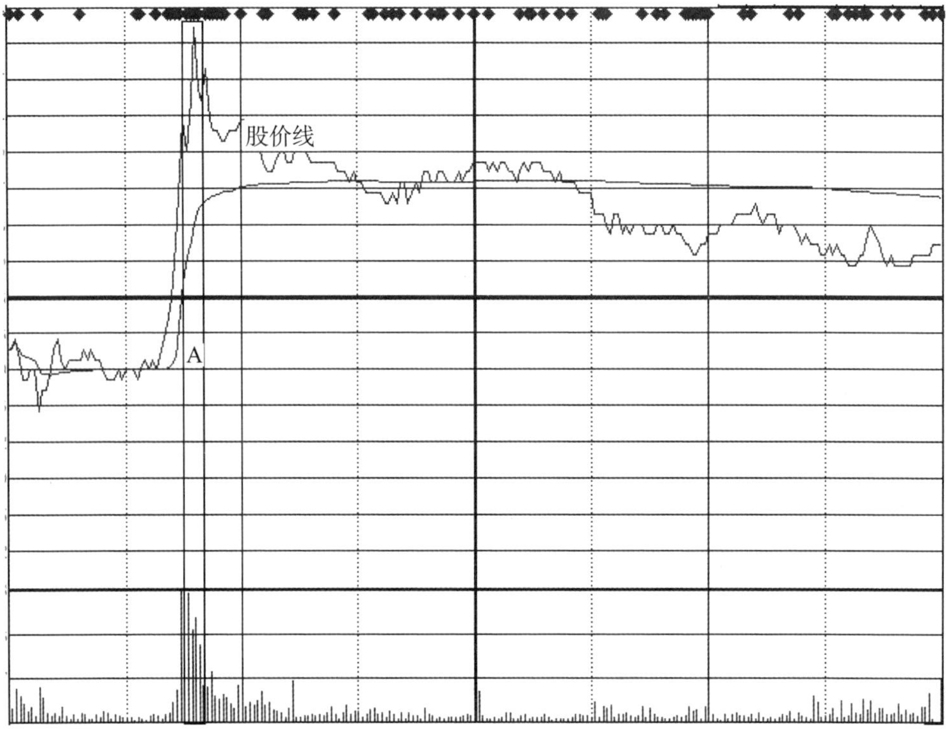

图 9-13　四环生物（000518）分时走势图（2019.5.17）

（2）实战要点

第一，出现倒 V 型顶，是股价线快速上行后急转向下，如图 9-13 中所示的情况。

第二，形成倒 V 型顶时，只有阴量为持续大量或格外放量，才是 T+0 卖出股票的时机，如图 9-13 中 A 区域所示的情况。

（3）小贴士

形成倒 V 型顶时，如果右侧股价线大角度向下，则会形成放大阴量股价线大角度下行，说明股价快速转弱，应及时 T+0 卖出股票。

2. M 顶

M 顶又称双顶，是指股价线在向上运行的过程中，反复小幅下调后回升，呈现出英文字母“M”的形态，且两个高点位置接近。这说明在高点附近，反复出现大量的卖盘，导致股价在高位震荡。一旦分时图上出现双顶，若在右侧区域分时量明显阴量放大，就说明形成了量价齐跌的反转向下，建议果断 T+0 卖出股票。

（1）案例解读

图 9–14 是森源电气（002358）2019 年 2 月 22 日的分时图。股价线在昨日收盘线上方持续震荡上涨，进入 A 区域，快速下跌后即刻转为上行，并在接近前期高点时再次转跌，形成 M 顶，同时成交量转为持续的阴量状态，建议及时 T+0 卖出股票。

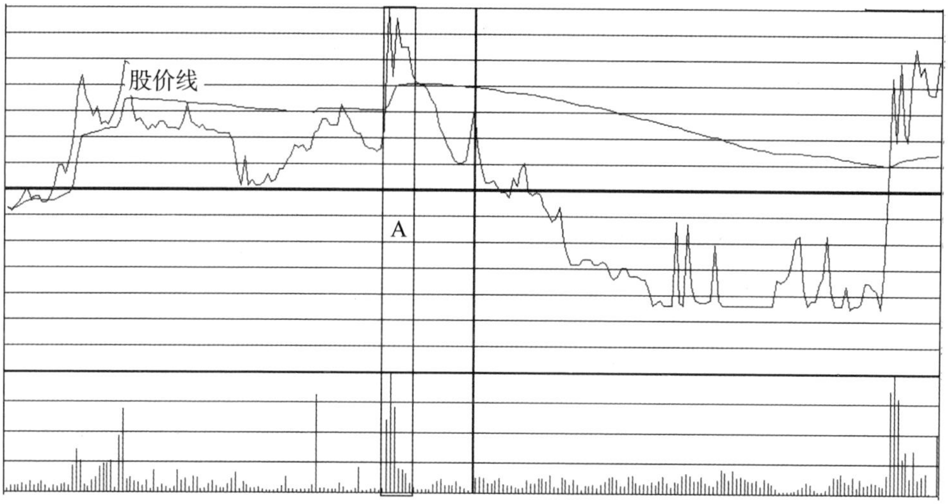

图 9–14　森源电气（002358）分时走势图（2019.2.22）

（2）实战要点

第一，形成 M 顶时，必须出现两个高点在同一水平的情况，方可确认为 M 顶，如图 9–14 中 A 区域所示的情况。

第二，出现 M 顶后，只要成交量在 M 顶期间阴量居多，且在 M 顶右侧为阴量，即可 T+0 卖出股票，如图 9–14 中 A 区域所示的情况。

（3）小贴士

形成 M 顶后，如果 M 顶右侧的股价线大角度向下，同时量能出现明显的阴量放大，则说明股价快速转弱，建议及时 T+0 卖出股票。

3. 放量股价线大角度下行

放量股价线大角度下行，是指股价线在向上运行的过程中，突然转为向下运行，且向下运行的角度大于或等于 60°，分时阴量柱变长。出现这种形态，说明盘中卖盘极大，导致股价快速由涨转跌，建议及时 T+0 卖出股票。

（1）案例解读

图 9-15 是依米康（300249）2019 年 5 月 17 日的分时图，在股价线平开后持续上行过程中出现涨停。但步入 A 区域时，涨停板打开，且股价线以接近 90° 的大角度向下运行，同时持续阴量状态下出现一根天量阴量，形成放量股价线大角度下行，建议果断 T+0 卖出股票。

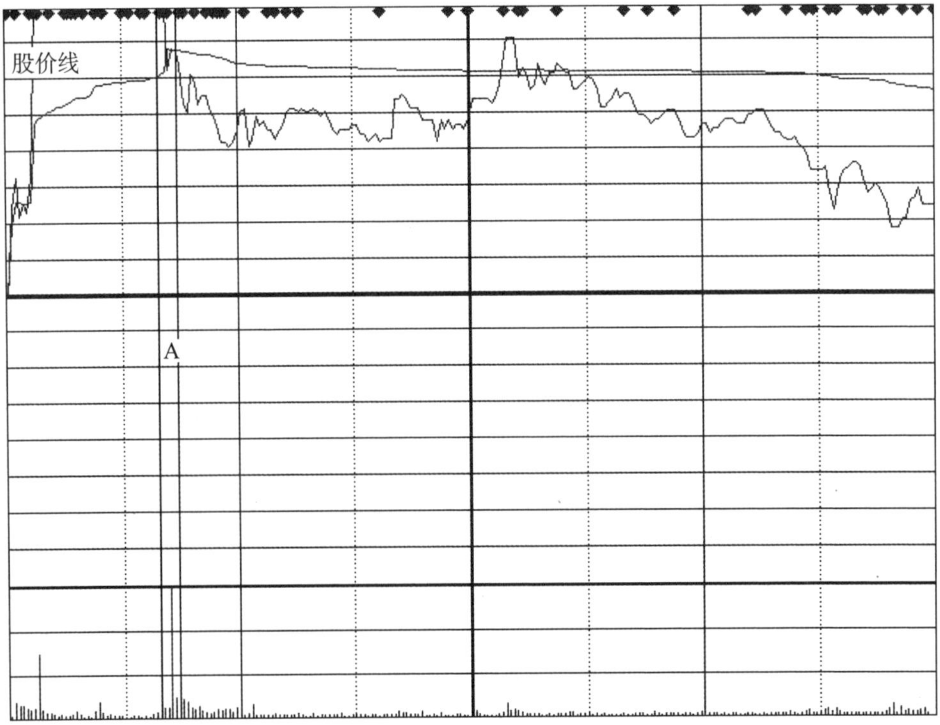

图 9-15　依米康（300249）分时走势图（2019.5.17）

（2）实战要点

第一，放量股价线大角度下行前，股价线必须为持续上涨形态，出现放量股价线大角度下行，才是高位回落的 T+0 卖出时机，如图 9–15 中 A 区域之前所示的情况。

第二，放量股价线大角度下行时，股价线向下的角度至少要大于或等于 60°，同时阴量表现为明显的放量状态，如图 9–15 中 A 区域所示的情况。

（3）小贴士

放量股价线大角度下行时，如果分时成交量形成天量阴量，即分时量柱向上到达区间顶部，则说明盘中的卖单瞬间成交极大，股价快速转跌的力度强大，建议果断 T+0 卖出股票。

4. 横盘震荡后向下破位

横盘震荡后向下破位，是指开盘后股价线形成宽幅或窄幅的横盘震荡后，出现向下破位的走势，即股价线跌破横盘震荡的低点水平线，同时分时量呈阴量放大，说明横盘震荡整理后股价呈现出弱势，建议果断 T+0 卖出股票。

（1）案例解读

图 9–16 是江苏舜天（600287）2019 年 5 月 17 日的分时图，在开盘后的 A 区域，股价线形成围绕昨日收盘线的横盘震荡。但进入 B 区域时，股价线跌破横盘震荡低点，成交阴量持续放量，形成横盘震荡的向下破位，建议及时 T+0 卖出股票。

（2）实战要点

第一，横盘震荡后向下破位时，必须确保之前的股价线形态为横盘震荡，如图 9–16 中 A 区域所示的情况。

第二，横盘震荡后向下破位时，判断是否为向下破位，只要股价线向下跌破横盘震荡的低点，分时阴量呈放大状态，即可确认为破位的 T+0 卖出形态，如图 9–16 中 B 区域所示的情况。

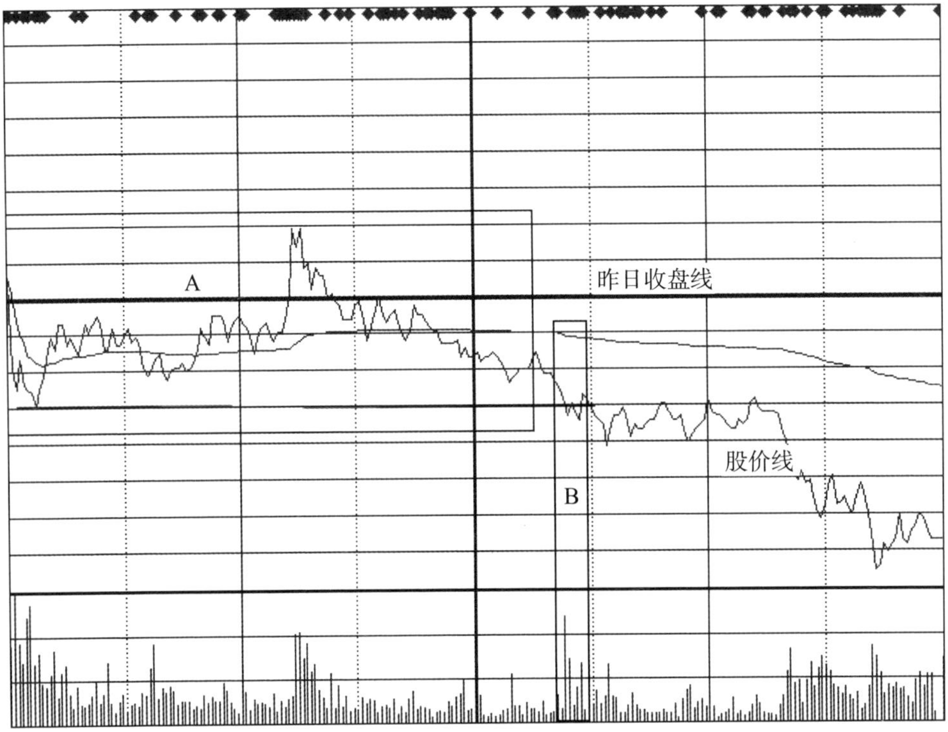

图 9-16 江苏舜天（600287）分时走势图（2019.5.17）

（3）小贴士

横盘震荡后向下破位时，一定要确保分时量出现明显的阴量放大。即使放大不是十分明显，起码阴量应略高于横盘震荡时的量能水平，这样方可确认走势转弱，否则依然为横盘震荡的整理走势。

5. 次高点

次高点是指股价线在向上运行时，运行到高位小幅回落，形成一个高点，在其后的回升中，当股价线接近前期高点时，未向上突破前期高点即转为向下运行，由此形成前高后低两个高点，后一个高点即是次高点。出现次高点，说明股价在走势上变弱了，但在上涨调整行情中，股价经常出现这种高位震荡。因此，利用次高点判断走势转弱的 T+0 卖点，应在次高点形成，成交量为明显放大的阴量时，可 T+0 卖出股票。

（1）案例解读

图 9–17 是保税科技（600794）2019 年 5 月 17 日的分时图。股价线震荡上行过程中，进入 A 区域，先形成一个高点后出现下行，但很快止跌回升。其后的回升未突破前期高点即再次转跌，形成前高后低两个高点，同时成交量表现为持续大阴量，形成走势转弱的次高点，建议及时 T+0 卖出股票。

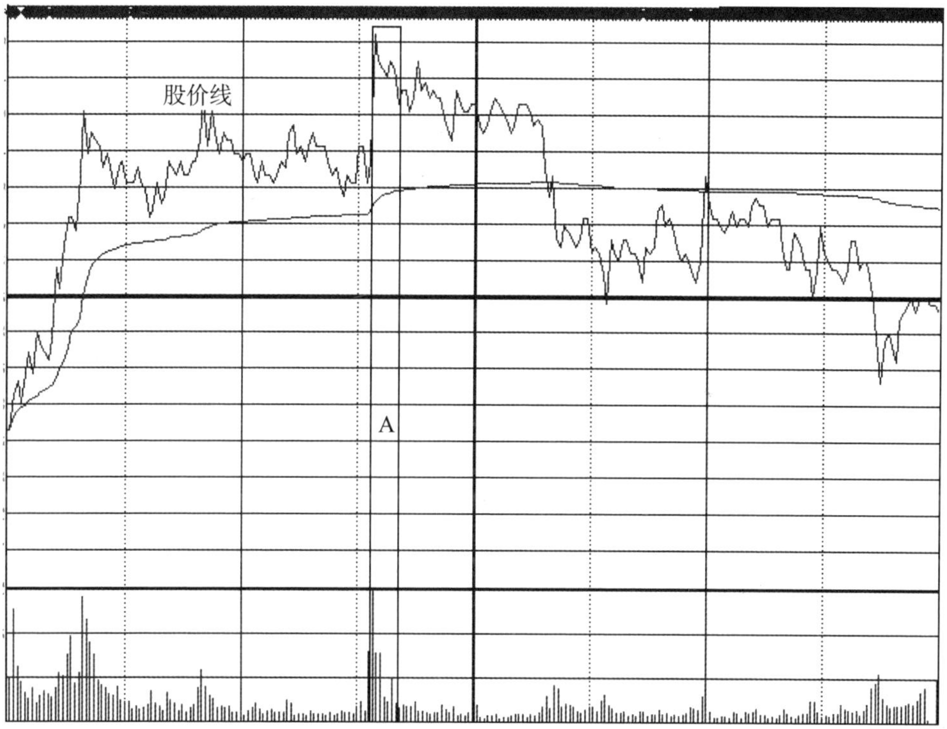

图 9–17　保税科技（600794）分时走势图（2019.5.17）

（2）实战要点

第一，出现次高点时，股价线必须处于上涨走势，且在高位区形成前高后低两个高点，方可确认第二个高点为次高点，如图 9–17 中 A 区域所示的情况。

第二，形成次高点后，通常分时量表现为放大状态的阴量时，方可确认

T+0 卖点，如图 9–17 中 A 区域所示的情况。

（3）小贴士

在上涨走势的回调行情中，股价线经常出现高位震荡。利用次高点判断 T+0 弱势卖出形态时，必须确保出现次高点时分时量为放大阴量。形成次高点时，如果股价线大角度向下，则走势转弱的力度更大，建议果断 T+0 卖出股票。如果股价在第一个高点回落时就形成放量股价线大角度下行，建议及时 T+0 卖出股票，不要等到形成次高点时再卖出。

第 10 章
分时图抢涨停实战攻略

抢涨停是分时图短线操作中对极强股的操作，是众多短线操盘者最青睐的一种操盘模式。一旦抢到涨停股，短期内将获得巨大收益。但对极强股的操作有着一些特别要求，如涨停时间点、涨停时的量价状态、涨停波形态、分时图涨停方式和抢涨停的时间判断等。由于股价涨停后是很难买入的，所以必须掌握一些抢涨停的技巧，才能抢在股价即将封涨停前买入。

第 1 节　涨停时间点

股价涨停通常出现在某些特殊时间，如早盘、上午收盘前、下午开盘后、尾盘。

1. 早盘

很多强势股涨停时，大多出现在早盘。如果主力资金强势做多，集合竞价时往往会拉高股价，使股价高开，然后在开盘不久的早盘即发动攻势，使股价快速涨停，因此早盘是捕捉涨停股的一个重要时间段。在捕捉涨停牛股时，投资者应充分利用早盘这一时间，观察那些高开后快速高走的股票，一旦形成明显放量上涨的高开高走形态，即可果断买入。

（1）案例解读

图 10–1 是天津松江（600225）2019 年 5 月 23 日的分时图。在 A 区域，股价线明显出现在昨日收盘线上方，形成小幅高开。其后出现持续大角度上行，在 B 区域分时量呈现出持续放大的阳量，说明早盘股价持续强势，建议果断买入。观察发现，股价仅在开盘后不到 30 分钟即冲上涨停。

（2）实战要点

第一，从时间上看，早盘特指早上开盘后 30 分钟的时间段，是最容易出现涨停的时间，如图 10–1 中所示的情况。

第二，早盘股价涨停前，上涨时必然会出现明显的量价齐升状态，且股价线多以大角度上行，如图 10–1 中所示的情况。

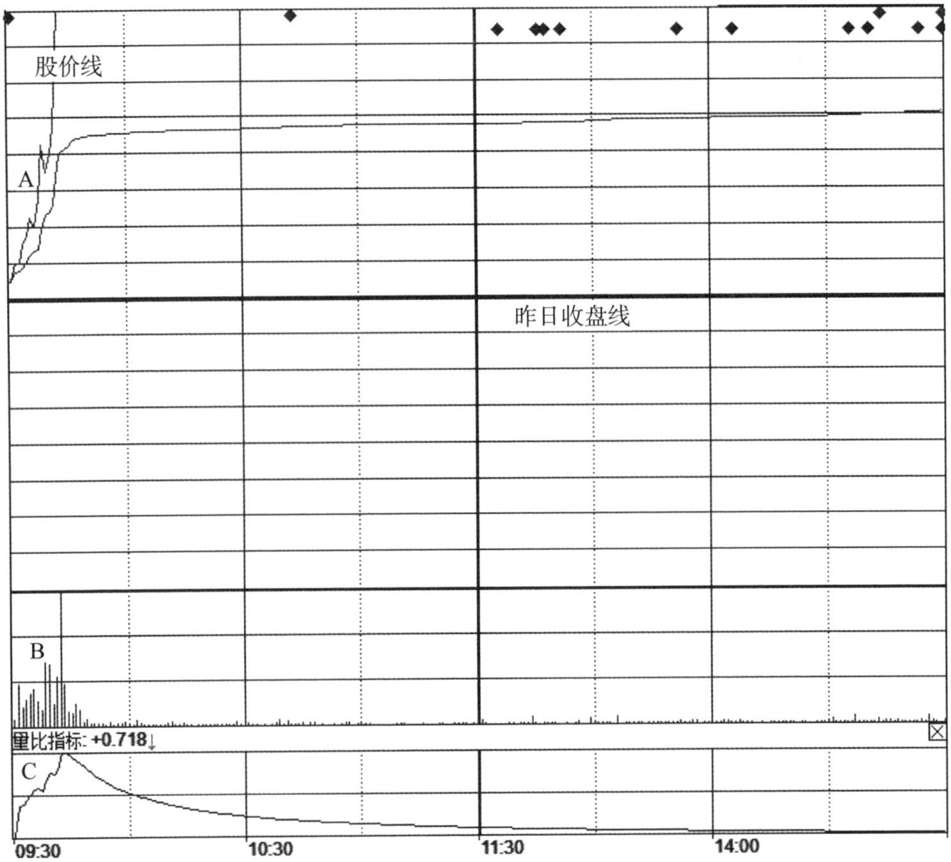

图 10-1　天津松江（600225）分时走势图（2019.5.23）

（3）小贴士

早盘是喜欢捕捉涨停牛股的投资者不容忽视的一个时间段，尤其是9:00—9:30之间，甚至可以延长至10:00。一旦股价出现快速持续上涨，应及时把握时机，在涨停前买入股票。

2. 上午收盘前

上午收盘前，就是上午11:00—11:30之间这段时间，也是许多股票容易冲上涨停的时间段。在这段时间里，多空双方经过开盘后的奋力厮杀，极易产生疲劳，做多的主力资金往往喜欢此时出手，将股价快速拉升至涨停。与早盘涨停牛股不同的是，上午收盘前涨停的牛股，容易突然出现数倍放大的大买单，股价线呈几近直线的角度上涨，这是主力迅速拉升股价的方式，看盘时应引起注意。一旦发现这种情况，可在股价涨停前及时买入股票。

（1）案例解读

图 10-2 是恒铭达（002947）2019 年 5 月 23 日的分时图。股价小幅高开后持续震荡上行，到即将收盘的 11:00 后，股价线在 A 区域突然加速上行，在 C 区域出现一根天量阳量，在 B 区域的换手率超过 10%，说明股价即将涨停，建议果断买入股票。

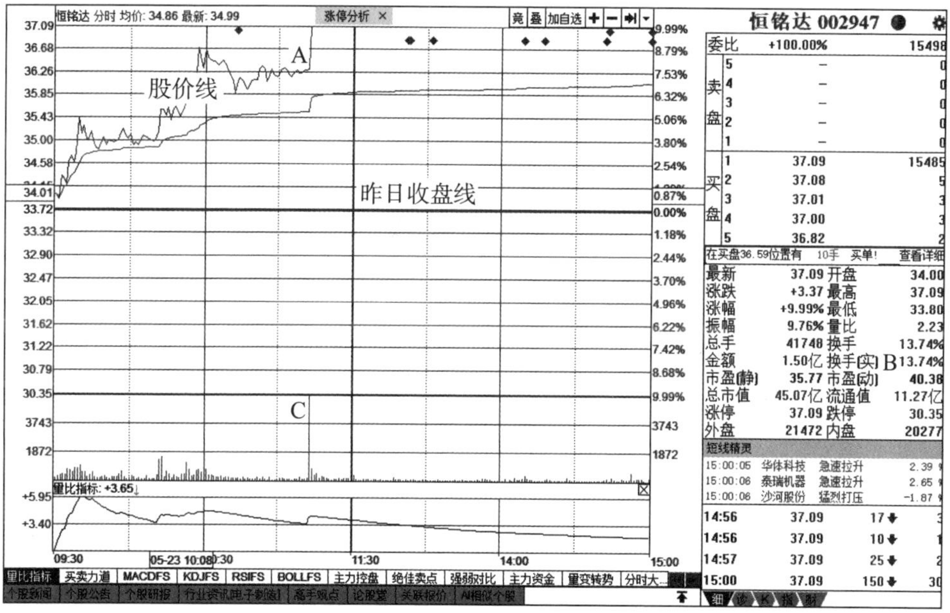

图 10-2　恒铭达（002947）分时走势图（2019.5.23）

（2）实战要点

第一，上午收盘前，特指 11:00—11:30 这一时间段，这也是股票极易出现涨停的时间段，如图 10-2 中所示的情况。

第二，上午收盘前涨停的股票，涨停前往往会突然向上发力，股价线大角度上行，成交阳量持续放大或格外放大，图 10–2 中的情况即为分时量格外放大和股价线大角度上行。

（3）小贴士

利用上午收盘前这一时间段捕捉涨停牛股时，这些强势股在分时图上的股价线往往在昨日收盘线上方呈强势运行状态。当然，不排除之前股价线位于昨日收盘线下方的情况，若要实现快速涨停，即使股价运行在昨日收盘线下方，也会接近昨日收盘线。

3. 下午开盘后

下午开盘后，也是容易出现涨停牛股的一个时间段。经过整整一个上午的较量后，多空双方均较为疲惫，中午休市的时间又较短，人在进食后容易产生一种放松的状态，做多的主力就利用操盘手的这一情况精心准备，在上午的交易时间内有意示弱，午后开盘则突然发力，全力做多。

午后开盘冲上涨停的股票，通常会出现在下午 1:00—1:30 之间，股价在快速上涨的过程中出现涨停。下午开盘后的 30 分钟，是捕捉涨停牛股时一个重要的时间段。

（1）案例解读

图 10–3 是鲁信创投（600783）2019 年 2 月 22 日的分时图。整个上午，股价线平淡开盘后，一直在昨日收盘线上方持续震荡上涨。午后开盘，股价线在 A 区域大角度上行，在 B 区域表现为一根天量阳量，建议在涨停前果断买入股票。

（2）实战要点

第一，下午开盘后，特指下午 1:00—1:30 这一时间段，同样是容易出现涨停的时间，如图 10–3 中所示的情况。

第二，下午开盘后出现涨停的股票，往往会呈现出股价线快速上行且明显放量的走势，如图 10–3 中所示的情况。尤其是股价线在昨日收盘线附近启动快速上涨的股票，会出现持续大阳量。

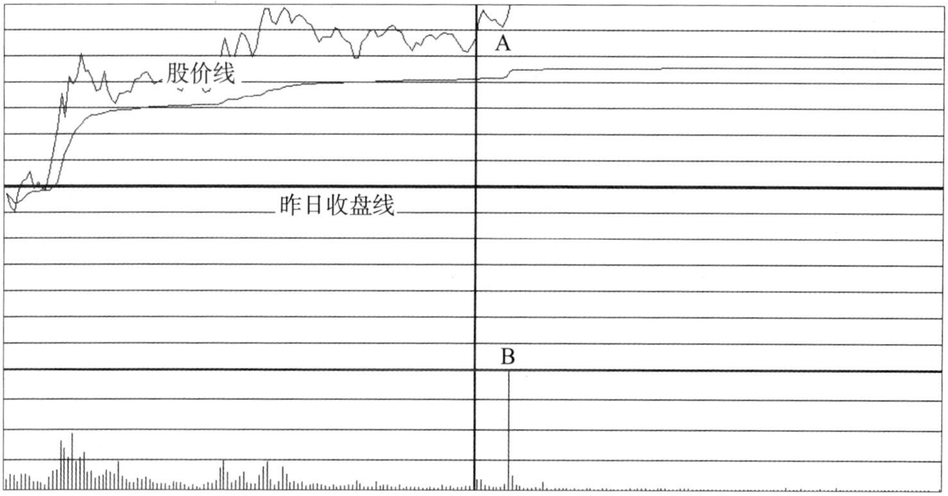

图 10-3　鲁信创投（600783）分时走势图（2019.2.22）

（3）小贴士

下午开盘的涨停牛股，如果是强势牛股，多数会在下午 1:30 之前冲上涨停，不会向后拖延，因为时间越向后推，行情越容易出现变数。下午开盘后出现的涨停牛股，启动后拉至涨停的时间大多不会太久。

4. 尾盘

尾盘也是容易出现涨停的一个时间段。经过全天的较量后，至尾盘 30 分钟，多空双方均较为疲惫，容易放松警惕，因为股价走到尾盘时，多空局面基本已经定了下来。强势做多的主力，最喜欢利用这种心理突然在尾盘发难，打对手一个措手不及，实现股价快速转强后的涨停。

尾盘涨停，从强势上涨至拉上涨停的时间往往不会过长，最多在 20 分钟左右的时间，即会将股价推至涨停价。如果是尾盘前 5 分钟仍然无法封死涨停板，应谨慎参与。

（1）案例解读

图 10-4 是北矿科技（600980）2019 年 5 月 23 日的分时图。股价平淡开盘后，一直处于持续震荡上行的状态，A 段走势的高点不断震荡抬高，B

段走势的低点也在不断上升。在尾盘的 C 区域，股价线快速上行，成交量持续阳量放大，强势特征明显，建议果断买入股票。

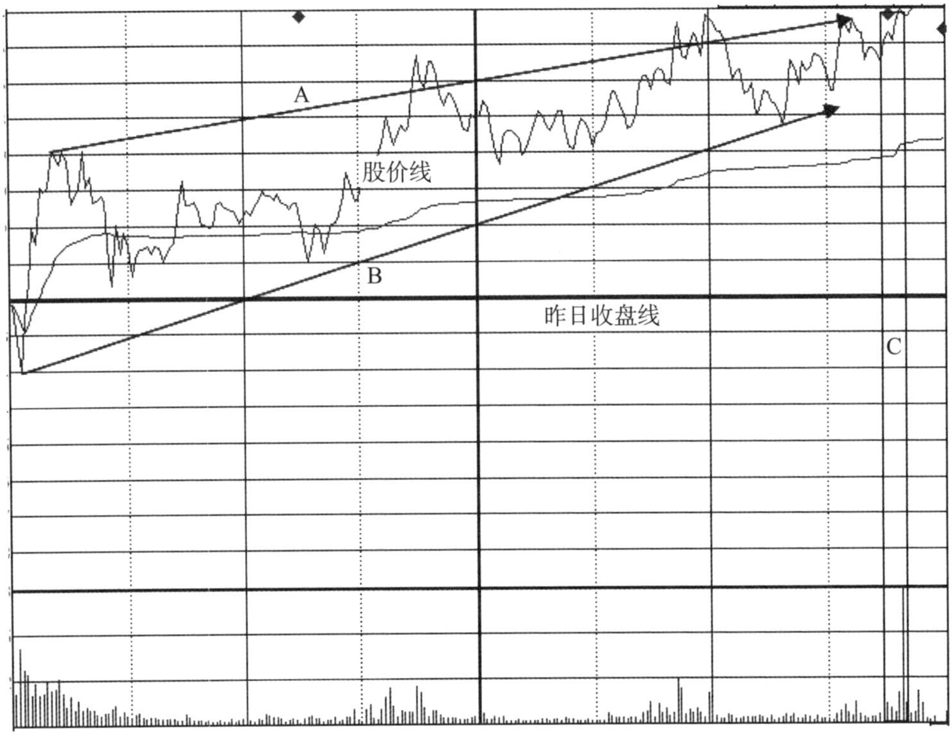

图 10-4 北矿科技（600980）分时走势图（2019.5.23）

（2）实战要点

第一，尾盘特指收盘前的 30 分钟，即下午 2:30—3:00 之间，这也是容易出现涨停的时间段，如图 10-4 中 C 区域所示的情况。

第二，尾盘冲上涨停的股票，如果是短线强势股，必然会出现持续的量价齐升状态，如图 10-4 中所示的情况。

（3）小贴士

利用尾盘捕捉涨停牛股时，一定要留意某些特殊的股价线尾盘形态，以免落入主力出货时刻意营造的虚假强势陷阱。

第 2 节　涨停时的量价形态

股价涨停前，有两种特殊的量价形态，即大幅高开后放量高走和股价线大角度上行且区间放量。

1. 大幅高开后放量高走

大幅高开后放量高走，是指当日股价向上远离昨日收盘线高位开盘后，股价线持续向上运行，同时分时量表现为较大的阳量。大幅高开后，出现放量高走走势，往往说明这只股票开盘时即表现出强烈的上涨愿望，开盘后又极力走出快速持续上涨，这类股票最容易在早盘出现快速涨停，一旦发现，应果断买入。高开的股价离涨停价较近，高开高走的股票很容易出现涨停，买入时一定要快，甚至可以向上作价挂单委托，以便利于成交。

（1）案例解读

图 10–5 是森远股份（300210）2019 年 5 月 23 日的分时图。股价线出现在昨日收盘线上方较远的位置，说明这只股票大幅高开。其后，股价线在 A 区域以接近 90° 的角度上行，在 B 区域量能持续放大，出现明显的量价齐升状态，建议封板前及时买入股票。

（2）实战要点

第一，大幅高开后出现放量高走时，往往股价会以超过 5 个点的价位开盘，在分时图上，股价线出现在昨日收盘线上方较远的位置，如图 10–5 中 A 区域所示的情况。

第二，大幅高开后放量高走类的强势股，股价线高走时往往会以大角度上行，同时阳量明显放大，如图 10–5 中所示的情况。

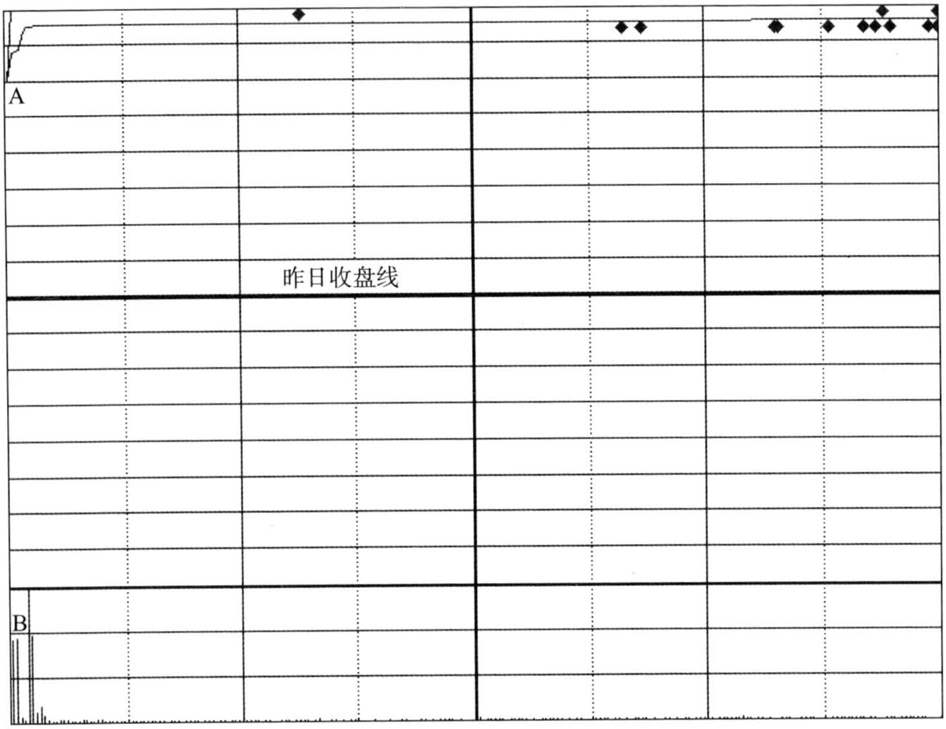

图 10-5　森远股份（300210）分时走势图（2019.5.23）

（3）小贴士

利用大幅高开后放量高走形态捕捉涨停牛股时，股价往往高开 5 个点左右，高开高走时最容易升至涨停价。

2. 股价线大角度上行且区间放量

股价线大角度上行且区间放量，是指股价线在弱势运行中，一旦出现向上运行，向上的角度至少在 60° 以上，同时分时量能整体较大，即分时量柱呈现较长的区间放量形态。这说明，该只股票形成明显的放量上涨形态，后市快速涨停的概率极高。一旦发现这种情况，应果断买入股票。

（1）案例解读

图 10-6 是富满电子（300671）2019 年 5 月 23 日的分时图。在股价高开震荡后启动上涨的 A 区域，股价线以接近 90° 的大角度上行，分时量呈区

间放量状态，形成股价线大角度上行且区间放量，说明后市极易引发涨停，建议果断买入股票。

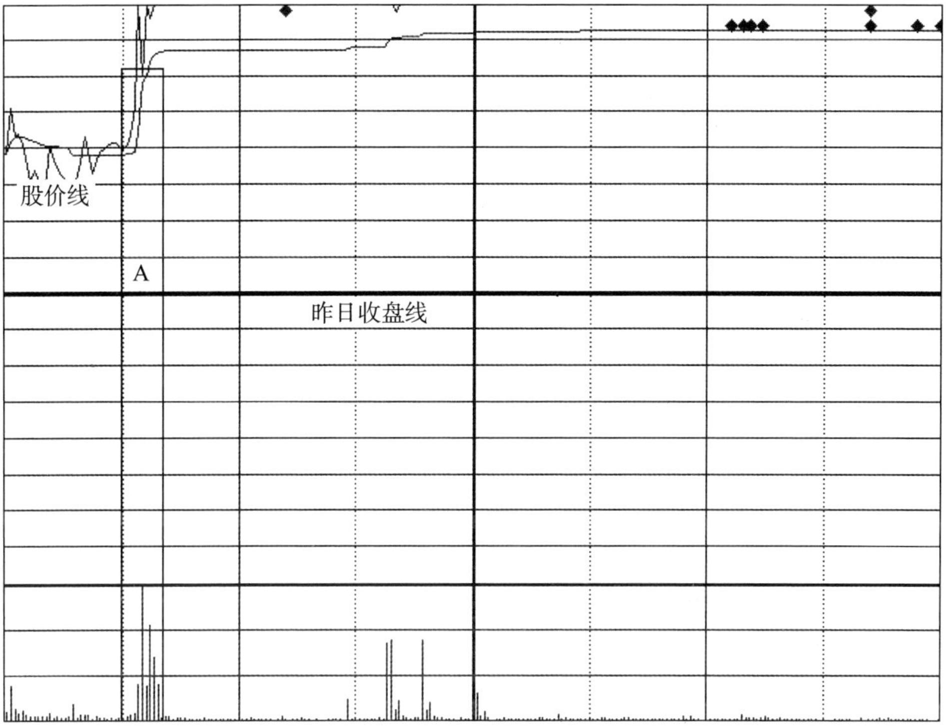

图 10-6　富满电子（300671）分时走势图（2019.5.23）

（2）实战要点

第一，股价线大角度上行且区间放量时，股价线位于昨日收盘线上方的股票，往往更容易涨停，如图 10-6 中所示的情况。

第二，股价线大角度上行且区间放量时，股价线以大于 60° 的角度向上运行，分时量呈明显的持续放量，如图 10-6 中 A 区域所示的情况。

（3）小贴士

股价线大角度上行且区间放量时，如果是涨停牛股，此时的股价线往往位于昨日收盘线之上。即使在昨日收盘线之下，往往距昨日收盘线也较近。这种弱势整理状态的股票，一旦形成股价线大角度上行且区间放量，很容易将股价快速推升至涨停。

第 3 节　涨停波形态

涨停波有两种，即平波、阶梯波。只要出现涨停波，后市涨停的概率极高，看盘时应引起注意。

1. 平波

平波是指在分时图上股价运行期间，成交量缩减至均衡的情况。股价线小幅横盘震荡，股价上下波动的幅度不大，几乎处于“一”字形的横盘震荡，也就是所谓的窄幅横盘震荡，震荡幅度一般为股价的 1%~3%。一旦出现平波形态，当日股价出现涨停的概率极高，因此这是一种抓涨停牛股的形态。但是平波形成后，抓涨停一定要选择股价放量上涨改变这种平波状态时，切不可过早买入。

（1）案例解读

图 10-7 是泰达股份（000652）2019 年 5 月 23 日的分时图。在 A 区域，股价小幅低开后，即形成“一”字横盘小幅震荡的形态，即平波。在 B 区域，股价线突然大角度上行，同时分时阳量持续放大，快速向上突破昨日收盘线后依然保持这一状态，说明股价已经启动快速上涨，建议及时买入股票。

（2）实战要点

第一，出现平波时，股价线往往表现为“一”字形的小幅水平震荡形态，如图 10-7 中 A 区域的形态，上下震荡的幅度一般为股价的 1%~3%。

第二，虽然平波非常容易引发股价涨停，但要在股价线突然放量快速上涨时买入，如图 10-7 中 B 区域所示的情况。

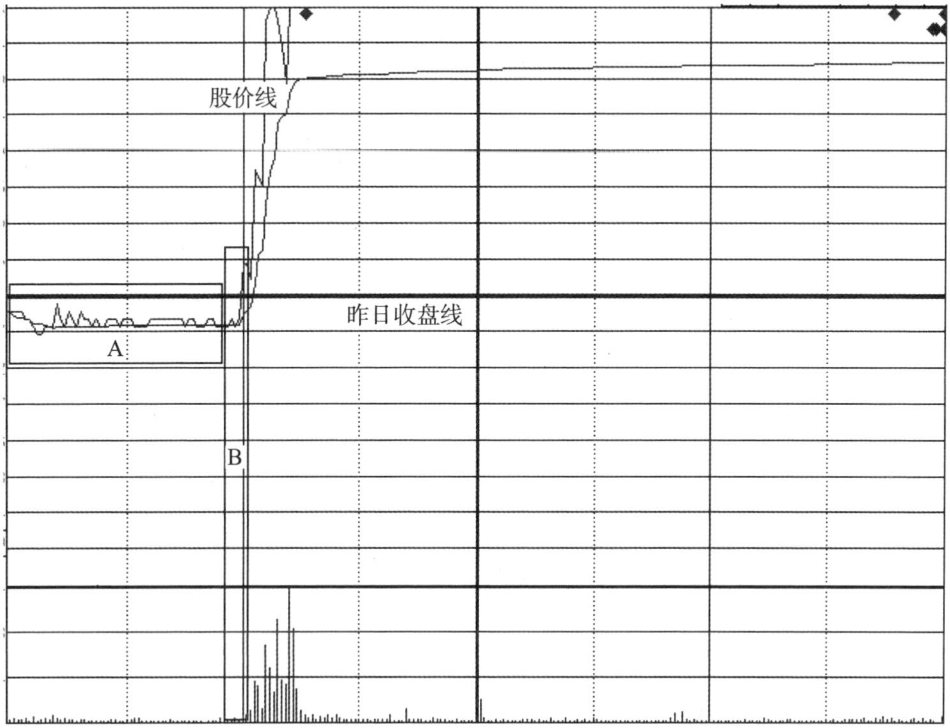

图 10-7　泰达股份（000652）分时走势图（2019.5.23）

（3）小贴士

出现平波后，如果平波是在昨日收盘线下方较远的位置，启动上涨时量能必须能够持续。此时安全的买点是，股价线放量快速上行突破昨日收盘线，之后依然保持这种上涨状态时。

2. 阶梯波

阶梯波是一种波段性的震仓波，是指在分时图上，一只股票开盘后，股价线以阶段性有节奏的阶梯方式向上拉升，其波形呈阶梯状。一旦出现阶梯波，股价往往会像上台阶一样，一级一级地缓步上行，最后突然出现涨停。阶梯波是一种短线抓涨停牛股的形态。利用阶梯波抓涨停时，一定要看到股价在阶梯处向上运行，量能出现明显放大时，方可买入股票。

（1）案例解读

图 10-8 是长荣股份（300195）2019 年 5 月 23 日的分时图。股价平开后持续上行，在 A 区域、B 区域和 C 区域，形成明显的上涨后停歇，像 3 个上升的台阶，形成阶梯波，后市极易引发涨停。在 M 区域股价线大角度上行，阳量持续放大时，应果断买入股票。

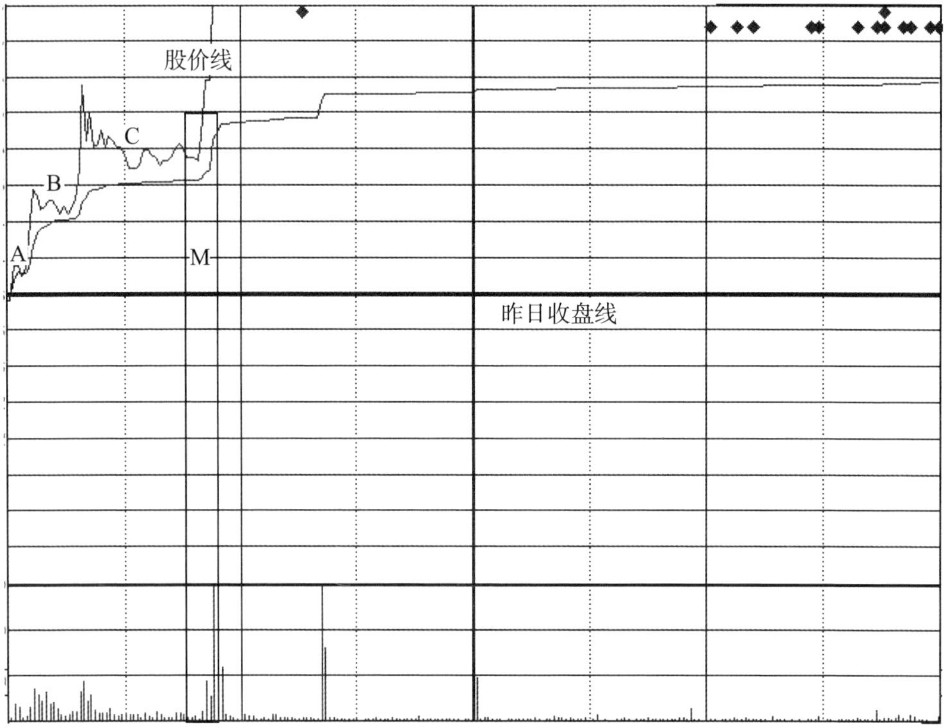

图 10-8　长荣股份（300195）分时走势图（2019.5.23）

（2）实战要点

第一，出现阶梯波时，股价线快速上涨后会不断停歇。回落幅度不会太大，通常是小幅回落后即横盘震荡，如图 10-8 中 A 区域、B 区域和 C 区域所示的情况。

第二，出现阶梯波时，如果是抢涨停操作，在股价离涨停价较近的位置形成明显的放量上涨时，应果断买入股票，如图 10-8 中 M 区域所示的情况。

（3）小贴士

阶梯波是很容易引发股价涨停的形态。如果股价线仅仅出现一个上涨的阶梯波，则为一波涨停线，建议快速买入股票。

第 4 节　涨停方式

涨停方式是股价涨停时的具体形态，包括平波封板、阶梯波封板、慢牛封板、杠上开花。

1. 平波封板

平波封板就是股价震荡调整时，是以股价线横盘小幅震荡方式出现的。股价线呈现一条横躺的线，期间成交量极低，形成平波形态。一旦股价线向上运行，分时量出现明显的放量，就说明股价结束震荡整理，后市出现平波涨停的概率极高，尤其启动时形成股价线放量大角度上行形态，或之前平波状态出现在昨日收盘线之上。一旦启动拉升，短期快速涨停的概率更高。发现这种形态，应果断买入股票。

（1）案例解读

图 10–9 是楚天高速（600035）2019 年 3 月 12 日的分时图。股价小幅高开后，在 A 区域股价线形成“一”字横盘小幅震荡，且量能极小。到午后开盘的 B 区域时，股价线大角度上行，阳量持续快速放大，说明股价已经快速启动上涨，后市极易快速涨停，建议果断买入股票。

（2）实战要点

第一，出现平波封板前，必须先形成平波，即股价线形成“一”字小幅横盘震荡形态，如图 10–9 中 A 区域所示的情况。通常来说，平波时间持续越长，后市启动后涨停的时间越短。

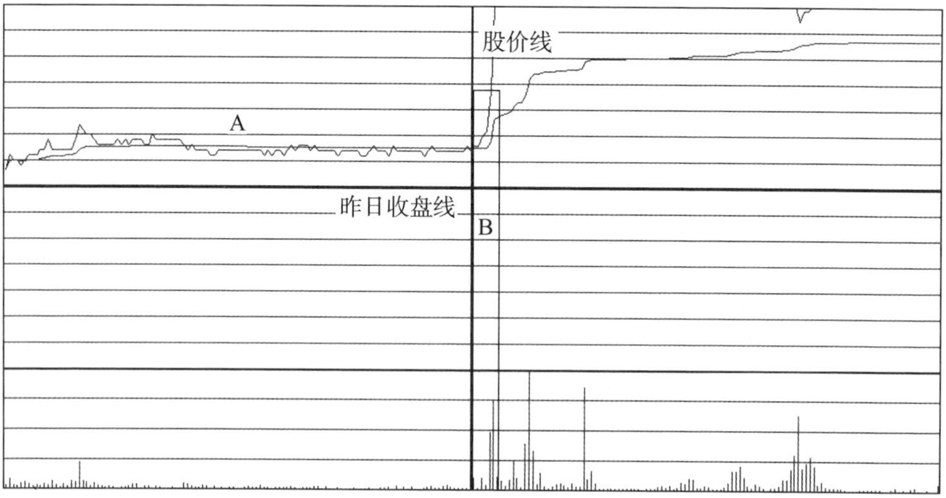

图 10-9　楚天高速（600035）分时走势图（2019.3.12）

第二，出现平波封板时，不是在平波形态中买入股票，而是在股价线结束平波震荡启动快速上涨并且量能放大时买入，如图 10-9 中 B 区域所示的情况。

（3）小贴士

平波出现在昨日收盘线下方时，因离涨停价相对较远，所以在启动上涨时，必须形成格外放量的股价线大角度上行，其后平波封板的概率才更高。

2. 阶梯波封板

阶梯波封板是指开盘后，股价持续向上运行，运行一定幅度后，即出现短时停歇，但回落幅度极小。再次上涨时，又将股价线向上推升一个高度，再次回落时，不会回落到前期整理平台即再次上涨，也就是股价形成上涨的阶梯。出现这种形态时，后市股价很容易涨停。尤其高开高走的股票，一旦形成阶梯波式上涨，应及时买入股票。

（1）案例解读

图 10-10 是康强电子（002119）2019 年 2 月 18 日的分时图。股价平开后，出现 1 段走势、2 段走势、3 段走势的震荡上行，形成不断抬高的阶梯

波。这说明该只股票极易涨停，应在 3 段走势初期的 A 区域，股价线快速上行且阳量明显持续放大时，果断买入股票。

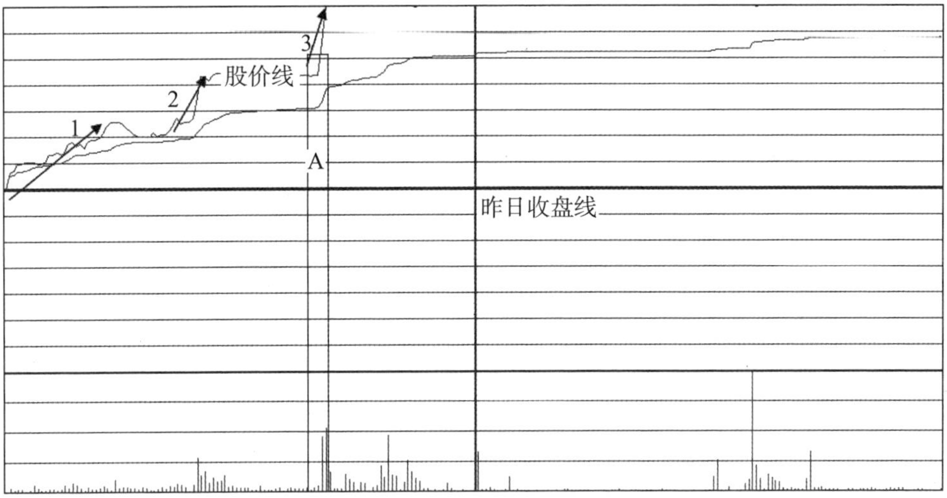

图 10-10　康强电子（002119）分时走势图（2019.2.18）

（2）实战要点

第一，出现阶梯波封板时，股价线持续上涨中必须出现不断小幅回落的停歇，甚至出现横盘整理状态，这样方可确认为阶梯波，如图 10-10 中 1、2、3 段走势所示的情况。

第二，出现阶梯波封板时，最佳买点不是在阶梯波末端和封板前，而是在股价线启动上行并放大量时，如图 10-10 中 A 区域所示的情况。

（3）小贴士

依据阶梯波捕捉涨停牛股时，如果股价高开后向上运行，中途没有出现间歇，即出现股价线一路上行直至封板的情况，则属于一波涨停形态，这时只要量能持续放大，就应在封板前果断买入股票。

3. 慢牛封板

慢牛封板是指股价缓慢持续上涨直至涨停，股价线转为向上运行时，并没有形成一条直线，或中途出现阶梯式缓冲，而是股价线像小锯齿一样持续向上运行。从整体走势看，股价线处于一路斜向上运行的状态，向上的角度时大时小。在分时量上表现为持续缩量后的放量状态。

出现慢牛封板形态，往往说明主力资金已经实现筹码高度集中，一直在盘中缓步向上推升股价，证明股价处于持续上涨的超强状态，其后股价很容易一路升至涨停。一旦发现这种状态，就应果断买入股票。

（1）案例解读

图 10-11 是紫光国微（002049）2019 年 3 月 29 日的分时图。在 A 段走势中，股价线向上突破昨日收盘线后，出现持续小幅的震荡上涨，这从 B 区域、C 区域、D 区域的 3 个低点中可以看出。这说明该只股票处于慢牛上涨的强势状态，一旦发现这种走势形态，就应果断买入股票。比如，可在 A 区域、B 区域和 C 区域的 3 个低点连线呈向上不断抬高趋势时买入股票。

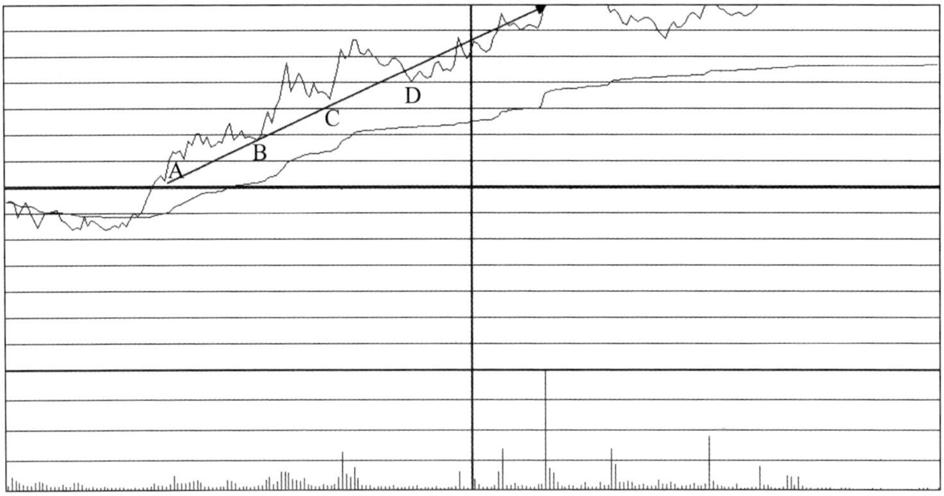

图 10-11　紫光国微（002049）分时走势图（2019.3.29）

（2）实战要点

第一，慢牛封板在封板前会呈现出股价线慢牛走势形态，即持续向上运行的状态，判断的标准是回调低点不断抬高，如图 10-11 中所示的情况。

第二，出现慢牛封板时，不是在封板前买入股票，而是在确认回调低点不断抬高后放量止跌回升时，如图 10–11 中 C 区域所示的情况，或在股价线快速放量上涨时。

（3）小贴士

出现慢牛形态的牛股时，如果股价线位于昨日收盘线下方，则应在股价线向上突破昨日收盘线依然保持这种上涨状态时买入股票，而不一定非要等到封板前再买入。同时，也不要过早买入，过早买入，股价尚处于昨日收盘线之下的弱势状态，能不能冲上涨停板，还存在很大的变数。

4. 杠上开花

杠上开花是指在一只股票强势运行中，封于涨停后，接着又打开涨停板，然后很快又封死在涨停板上，其后直到收盘再未打开涨停板。

根据杠上开花判断股价买入时机时，在股价打开涨停板后，只要发现股价线回落过程中回落幅度并不大，当股价再次放量回升时，就可以在封板前果断买入这只股票。如果回落幅度过大，极易引起恐慌盘大量抛售，导致股价难以再次封板的情况，甚至在其后的交易日中造成股价大幅回落。

（1）案例解读

图 10–12 是天富能源（600509）2019 年 5 月 16 日的分时图。股价线直接在区间最上方开盘，说明股价直接以涨停价开盘，其后在打开涨停的回落中，回落幅度并不大，量能缩减后，在 A 区域出现明显的大阳量回升，这只股票出现打开涨停接着封上涨停的杠上开花形态的概率极高，建议果断买入股票。

（2）实战要点

第一，杠上开花就是打开涨停接着封涨停的形态，也就是股价在封涨停后打开涨停板，其后又封于涨停板的情况，如图 10–12 中所示的情况。

第二，出现杠上开花走势时，不是在股价再次封板后买入股票，涨停的股票是极难买入的，而是在股价线打开涨停后回调并明显放大量时买入，如图 10–12 中 A 区域所示的情况。

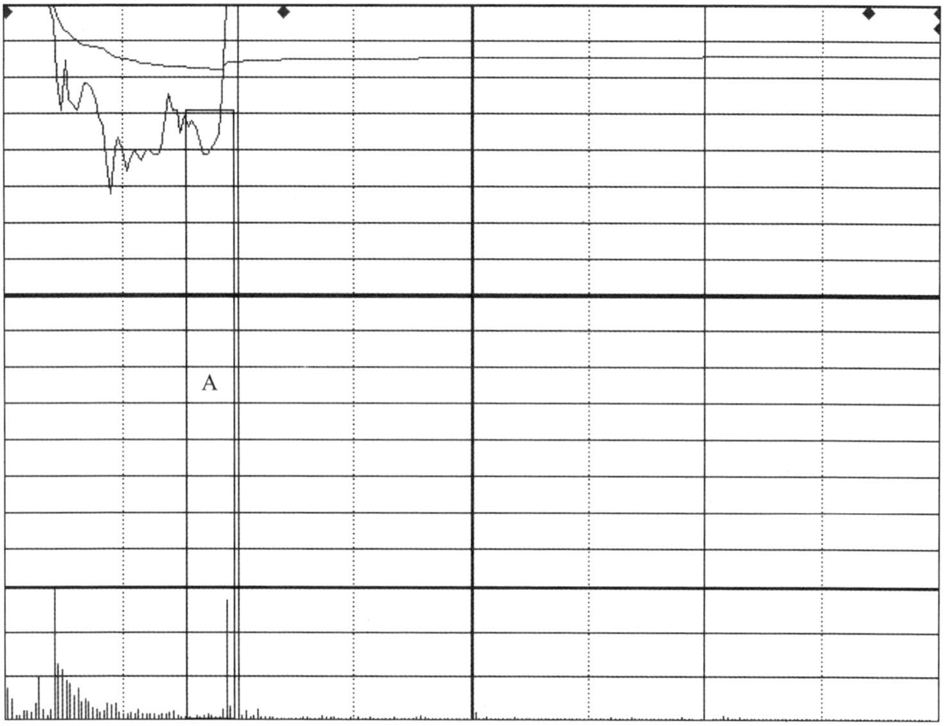

图 10-12 天富能源（600509）分时走势图（2019.5.16）

（3）小贴士

出现杠上开花走势时，往往是主力资金利用打开涨停板快速吸纳筹码的表现。杠上开花是股价短期快速上涨前的最后一次买入时机，其后的短线上涨中，极有可能出现股价的“一”字涨停。这种情况大多出现在日线股价刚刚启动时，是主力资金最后一次快速洗盘吸纳筹码的表现。

第 5 节 抢涨停时机判断

抢涨停时，关键是把握买入时机，因为一旦错过，股价就会快速涨停，无法再买入。

1. 股价线大角度上行且区间放量

股价线大角度上行且区间放量，是指股价线由弱势转为向上运行时，向上的角度至少达到 60° 以上，且在股价线转为上行的初期，分时量显示区域显示为持续较高水平的量柱。这种形态是一种明显的持续放量上涨形态，是牛股量价齐升状态下快速发动上涨的表现，只要区间放量后量能不明显回落，就应果断买入这只股票。其后这类股票极易快速冲上涨停，尤其股价线在昨日收盘线上方由跌转涨区间放量，或股价线向上突破昨日收盘线大角度上行且区间放量时，后市出现股价快速涨停的概率更高。

（1）案例解读

图 10-13 是森远股份（300210）2019 年 5 月 22 日的分时图。股价平开后，经过小幅震荡，进入 A 区域，股价线向上突破昨日收盘线后大角度向上运行，同时分时量表现为明显的持续大量状态，形成股价线大角度上行的区间放量，后市极易出现涨停，建议果断买入股票。

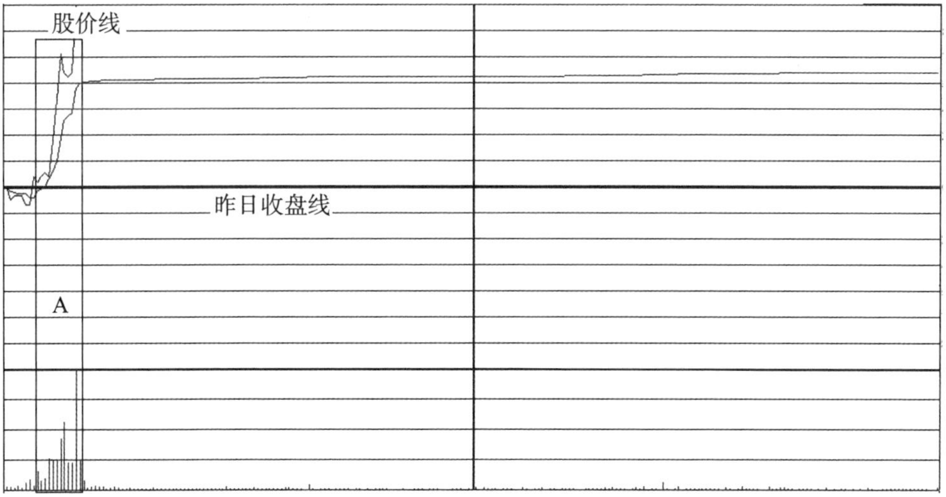

图 10-13　森远股份（300210）分时走势图（2019.5.22）

（2）实战要点

第一，股价线大角度上行且区间放量时，股价线必须以大于 60° 的角度向上运行，同时分时量形成区间放量，如图 10–13 中 A 区域所示的情况。

第二，股价线大角度上行且区间放量时，股价线必须突破昨日收盘线后持续上升，方可确认为涨停牛股的启动形态，如图 10–13 中所示的情况。如果发生在昨日收盘线下方，则必须确保股价线突破昨日收盘线后依然放量上涨，才可确认强势。

（3）小贴士

股价线大角度上行且区间放量时，往往股价线位于昨日收盘线之上，或股价线刚刚向上突破昨日收盘线即形成区间放量，后市股价涨停的概率更高。

2. 突破昨日收盘线且持续量价齐升

突破昨日收盘线且持续量价齐升，是指股价线运行在昨日收盘线下方，转为向上运行后，与昨日收盘线金叉，分时量形成明显的持续放量或格外放量。出现这种形态时，往往说明股价已经快速转为强势，即使后市没有快速涨停，也依然是一只强势上涨的股票，一旦发现，就应果断买入。

（1）案例解读

图 10–14 是北矿科技（600980）2019 年 5 月 21 日的分时图。股价小幅低开后震荡走低，但进入 A 区域后，出现持续的阳量放大，股价线大角度上行，一直向上突破昨日收盘线，之后依然保持这种明显的放量上涨状态，说明股价快速转强的态势未变，建议果断买入股票。

（2）实战要点

第一，突破昨日收盘线且持续量价齐升之前，股价线往往在昨日收盘线下方呈现弱势状态，如图 10–14 中 A 区域之前所示的情况。

第二，突破昨日收盘线且持续量价齐升，必须确保股价线快速上行时明显放量，同时突破昨日收盘线后依然保持这种明显的量价齐升，方可确认为强势牛股，如图 10–14 中 A 区域所示的情况。

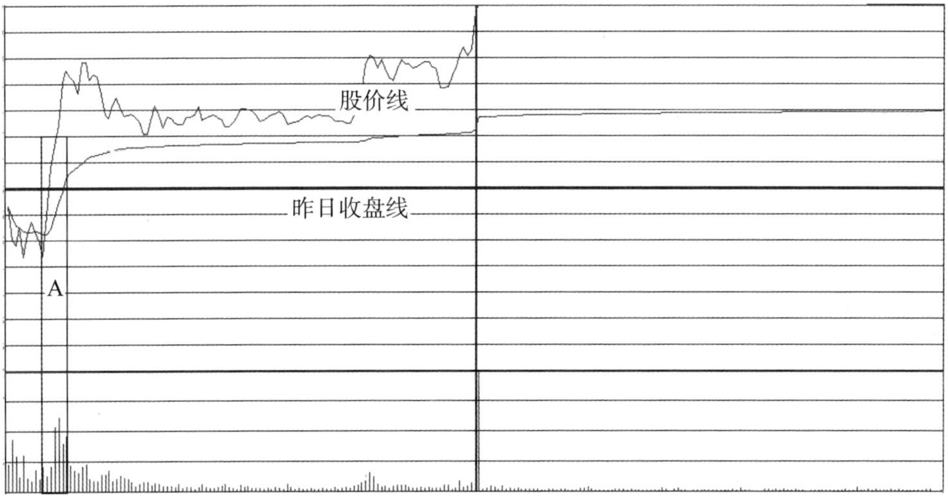

图 10-14　北矿科技（600980）分时走势图（2019.5.21）

（3）小贴士

突破昨日收盘线且持续量价齐升，如果股价线向上的角度达到 60° 以上的大角度，则后市快速涨停的概率更高。

3. 股价异动时的盘口特征

股价异动时的盘口特征，主要观察内盘与外盘、量比和换手率这 3 个指标。其中，最有效的是换手率，通常容易快速涨停的强势牛股，涨停前的换手率一般保持在 3%~7% 之间，甚至更大，同时，分时图下方的量比指标线持续上行。一旦股价呈现明显的持续快速放量上涨，就说明这只股票处于超强状态，后市极易封于涨停板。只要是量价齐升状态的股票，出现这些盘口信息时，就应果断买入股票。

（1）案例解读

图 10-15 是天山生物（300313）2019 年 5 月 4 日分时图。股价在 C 区域平开后，B 区域股价线以接近 90° 的大角度向上运行，D 区域为持续大阳量，盘口处 F 区域量比为红色数值，下方量比线出现明显快速上行，A 区域的换手率快速放大，说明股价开盘即形成快速上涨的异动。市场资金快速

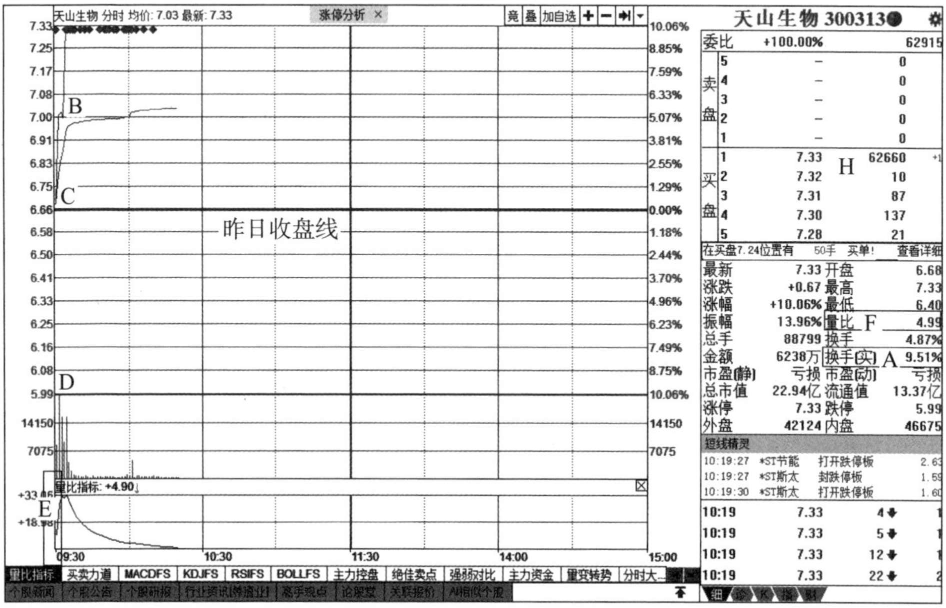

图 10-15 天山生物（300313）分时走势图（2019.5.4）

大笔买入这只股票，导致股价快速上涨，后市极易短线涨停，建议果断买入股票。

（2）实战要点

第一，股价异动时，首先必须形成量价齐升的走势，并且这种量价齐升的放量上涨状态越明显，后市越容易涨停，图 10-15 中 B 区域股价线大角度上行，D 区域阳量持续大量，即为明显的放量上涨，这时再去查看盘口特征。

第二，股价异动时，盘口特征中，最明显的是量比为红色数值，换手率快速放大，这类股票最容易快速涨停，如图 10-15 中所示的情况。

（3）小贴士

根据股价异动时的盘口特征买入强势牛股时，如果这只股票是一只次新股，那么换手率往往较大，可以达到 20% 左右甚至更高。因为次新股的流通筹码较少，必须更多地换手，才能在筹码不断滚动中推动股价快速上涨。

投资理财类书目

书名	作者	定价（元）
股市擒牛 15 式	李星飞	38.00
零基础学股票投资从入门到精通	股震子	58.00
零基础学基金投资从入门到精通	股震子	48.00
零基础学期货投资从入门到精通	刘振清	59.00
短线操盘术	麻道明	59.00
看图学 K 线——实用 K 线图解大全	麻道明	69.00
看图学技术指标——实用技术指标图解大全	麻道明	59.00
阳线核心战法	麻道明	59.00
阴线核心战法	麻道明	59.00
K 线实战技术分析	张文	48.00
选对保险避开坑——保险业务员不会告诉你的事	周小树	52.00
从零开始学炒股：波浪理论	股震子	42.00
从零开始学炒股：道氏理论	股震子	42.00
教你炒股票：缠论精解与实战应用	培峰	58.00
强势股操盘技术入门与精解	股震子	38.00
股市交易圣典	谢锐	58.00
八大涨停板战法	马重祥　马　超	38.00
涨停起爆战法	马重祥　马　超	38.00
成长股操盘技术入门与实战精解	股震子	35.00
从零开始学炒股：背驰操盘术	黄凤祁	48.00
从零开始学炒股：MACD操盘术	黄凤祁	48.00
外汇交易精解	邢孝寒	58.00
选出大牛股——波浪理论实战技巧	戈　岩	48.00
四大经典技术指标必胜术	戈　岩	48.00
一把直尺闯天下——股票操作中的画线方法与应用技巧	戈　岩	48.00
精准把握买卖点	戈　岩	48.00
成交量核心技术	金　铁	45.00
主力行为分析核心技术	金　铁	45.00
金属期货	付上金	58.00
玩转大非农——黄金、外汇、原油非农行情实战技法	刘堂鑫	49.00
波段交易技术入门与技巧	黄金磊	38.00
涨停板交易技术入门与技巧	郭晓静	38.00
财务指标解析与实战	曹明成　谭　文	29.80
RSI指标入门与实战精解	刘振清	35.00
股价结构：波浪与形态	华　强	35.00
神秘均线擒牛股——股市南山兵法	周国夫	32.00
从零开始学看盘	付　刚	58.00

续 表

书名	作者	定价（元）
盘口分时图核心技术	金　铁	45.00
K线图核心技术	金　铁	45.00
均线核心技术	金　铁	45.00
缠中说禅：教你炒股票（解盘答问篇）（上、下）	培　峰	108.00
趋势交易实战——象限四度交易法	张文义	42.00
孝寒点位交易法	邢孝寒	38.00
新股民炒股全攻略	黄　金	58.00
涨停盘口定式	曹明成　谭　文	38.00
短线炒股必杀技	曹明成　谭　文	38.00
成交量分析入门与实战精解	刘振清	35.00
分时图分析入门与实战精解	刘振清	35.00
均线指标入门与实战精解	刘振清	35.00
宝塔线指标入门与实战精解	刘振清	35.00
筹码分布技术入门与实战精解	刘振清	35.00
现货石油交易实战宝典	张耿豪　饶　斌	38.00
股市晴雨表	［美］威廉·P.汉密尔顿	36.00
农产品期货	付上金	58.00
教你炒股票：缠论与K线分析技术	培　峰	48.00
短线炒股全攻略	付　刚	49.00
磁区理论点评升级版	江南小隐	38.00
分时图必杀技	曹明成　谭　文	38.00
龙头股必杀技	曹明成　谭　文	38.00
三步掌握波段买卖	曹明成　谭　文	38.00
黑马捕捉术	曹明成　谭　文	36.00
阴阳K线的奥秘	曹明成　谭　文	38.00
相对波浪理论	唐桂华	42.00
波段操盘秘法	何瑞东	38.00
布林线指标入门与实战精解	刘振清	35.00
MACD指标入门与实战精解	刘振清	35.00
KDJ指标入门与实战精解	刘振清	35.00
一本书读懂互联网投资理财	蔡余杰	38.00
玩转技术指标：九种技术指标精讲	金　铁	45.00
新手学炒股快速入门与技巧	刘振清	38.00
银行理财产品全攻略	薄志红	35.00
决战牛熊：股市获利之道	曹明成　谭　文	35.00
短线出击：股市快速获利核心战术	麻道明	49.00
聚沙成塔：T+0交易绝杀技	江南小隐	35.00
短线实战操盘技巧	伟　晴	42.00